五年制高职专用教材

建筑工程经济

主　编　顾荣华　张劲松
副主编　冒顾慧　顾官琴　石　磊　吴东华
主　审　赵新铭

北京理工大学出版社
BEIJING INSTITUTE OF TECHNOLOGY PRESS

内容提要

本书共分为9个项目，主要内容包括建筑工程经济概论、资金的时间价值、工程经济分析的基本要素、工程经济效果评价方法、不确定性分析、设备更新的经济分析、投资项目可行性研究、价值工程、工程项目资金筹措与融资等。

本书内容全面，语言通俗易懂，具有较强的实用性，可作为高职高专院校建筑工程技术等相关专业的教材，也可作为工程建设领域相关技术及工程管理人员的参考用书。

图书在版编目（CIP）数据

建筑工程经济 / 顾荣华，张劲松主编.—北京：北京理工大学出版社，2023.1重印

ISBN 978-7-5682-4730-6

Ⅰ.①建…　Ⅱ.①顾… ②张…　Ⅲ.①建筑经济学－工程经济学－高等学校－教材

Ⅳ.①F407.9

中国版本图书馆CIP数据核字（2017）第205702号

出版发行 / 北京理工大学出版社有限责任公司

社　　址 / 北京市海淀区中关村南大街5号

邮　　编 / 100081

电　　话 / （010）68914775（总编室）

（010）82562903（教材售后服务热线）

（010）68944723（其他图书服务热线）

网　　址 / http://www.bitpress.com.cn

经　　销 / 全国各地新华书店

印　　刷 / 河北鑫彩博图印刷有限公司

开　　本 / 787毫米×1092毫米　1/16

印　　张 / 14

字　　数 / 329千字

版　　次 / 2023年1月第1版第4次印刷

定　　价 / 45.80元

责任编辑 / 李玉昌

文案编辑 / 瞿义勇

责任校对 / 周瑞红

责任印制 / 边心超

图书出现印装质量问题，请拨打售后服务热线，本社负责调换

PUBLISHER'S NOTE

出版说明

五年制高等职业教育（简称五年制高职）是指以初中毕业生为招生对象，融中高职于一体，实施五年贯通培养的专科层次职业教育，是现代职业教育体系的重要组成部分。

江苏是最早探索五年制高职教育的省份之一，江苏联合职业技术学院作为江苏五年制高职教育的办学主体，经过20年的探索与实践，在培养大批高素质技术技能人才的同时，在五年制高职教学标准体系建设及教材开发等方面积累了丰富的经验。“十三五”期间，江苏联合职业技术学院组织开发了600多种五年制高职专用教材，覆盖了16个专业大类，其中178种被认定为“十三五”国家规划教材，学院教材工作得到国家教材委员会办公室认可并以“江苏联合职业技术学院探索创新五年制高等职业教育教材建设”为题编发了《教材建设信息通报》（2021年第13期）。

“十四五”期间，江苏联合职业技术学院将依据“十四五”教材建设规划进一步提升教材建设与管理的专业化、规范化和科学化水平。一方面将与全国五年制高职发展联盟成员单位共建共享教学资源，另一方面将与高等教育出版社、凤凰职业教育图书有限公司等多家出版社联合共建五年制高职教育教材研发基地，共同开发五年制高职专用教材。

本套“五年制高职专用教材”以习近平新时代中国特色社会主义思想为指导，落实立德树人的根本任务，坚持正确的政治方向和价值导向，弘扬社会主义核心价值观。教材依据教育部《职业院校教材管理办法》和江苏省教育厅《江苏省职业院校教材管理实施细则》等要求，注重系统性、科学性和先进性，突出实践性和适用性，体现职业教育类型特色。教材遵循长学制贯通培养的教育教学规律，坚持一体化设计，契合学生知识获得、技能习得的累积效应，结构严谨，内容科学，适合五年制高职学生使用。教材遵循五年制高职学生生理成长、心理成长、思想成长跨度大的特征，体例编排得当，针对性强，是为五年制高职教育量身打造的“五年制高职专用教材”。

江苏联合职业技术学院

教材建设与管理工作领导小组

2022年9月

FOREWORD

前言

建筑工程经济是建筑工程管理、工程造价等相关专业的专业学习领域课程，是由建筑、经济与管理等学科相互融合渗透而形成的一门综合性学科，具有理论面宽、实践性强、政策性高等特点。

本书是一门研究工程项目技术方案经济效益的理论和方法的专业基础课，共分9个项目。本书内容突出对学生职业能力的训练，同时又充分考虑了职业教育对理论知识学习的需要，并融合了相关执业资格考试对知识、技能和态度的要求。本书在编写上将工程经济的基本知识和基本技能，融于各项目之间及项目之下，全面而合理地覆盖工程经济领域所涉及的理论知识与实践知识，分析建筑工程基本经济规律及工程项目经济效果的分析原理和方法。

本书具有如下特点：

1. 坚持“以就业为导向，以能力为本位”的理念，兼顾项目教学和传统教学课程体系；
2. 理论教学以“必需、够用”为度，突出实践性和实用性，培养学生的职业能力；
3. 基于工程施工过程和建造师执业资格考试的要求编写教材；
4. 采用最新国家标准和相关技术规范进行编写；
5. 体现工学结合的办学理念，由骨干教师和一线工程技术人参与编写。

本书由江苏联合职业技术学院通州分院顾荣华、张劲松担任主编，由江苏城市职业学院冒顾慧、扬州高等职业技术学院顾官琴、江苏省南京工程高等职业学校石磊、通州中专吴东华担任副主编，具体编写分工如下：顾荣华编写项目一、项目三及附录；张劲松编写项目六；冒顾慧编写项目二、项目四；顾官琴编写项目五，项目七的任务一、任务三；石磊编写项目八；吴东华编写项目九、项目七的任务二。全书由南京航空航天大学赵新铭教授主审。

本书在编写过程中参阅了国内外相关教材和资料，在此一并表示感谢。同时，苏州建设交通高等职业技术学校董硕、海安中专戴霞为本书的编写做了许多工作，在此向他们表示衷心的感谢。由于编者水平有限，编写时间仓促，书中难免有不妥之处，恳请读者批评指正。

编　者

CONTENTS

目录

项目一　建筑工程经济概论

知识目标

了解工程经济学的产生与发展过程；理解并掌握建筑工程经济的基本概念；了解建筑工程经济的研究对象及内容。

技能目标

能够正确理解建筑经济基础知识，认识建筑工程经济的相关知识在工程管理中的作用。

素质目标

营造课堂活跃气氛；提升规范意识、质量意识、绿色环保意识，强化动手能力、社会责任心、合作意识及沟通协调能力。

导　入

建造师作为工程项目管理的第一责任人，通过建筑工程经济的学习，有助于增强经济观念，掌握工程经济分析的基本理论和经济效果的评价方法，将建设工程管理建立在更加科学的基础之上，提高经济管理效益。

本章内容

任务一　工程经济学的产生与发展

建筑工程经济属于工程经济学，是工程经济学在建筑工程中的应用学科，还是介于工程技术学科与经济学科之间的一门新兴科学，也称为技术经济学。

一、工程经济学的产生阶段

工程经济学于 20 世纪 30 年代产生于美国，是在研究投资发展大型项目时如何规避风险的背景下产生的，它产生的基础是管理学科的不断发展。经历了 100 多年的发展，工程

经济学已经成为较为成熟的应用经济学的学科之一。

工程经济学可追溯到1887年美国工程师惠灵顿出版的《铁路布局的经济理论》一书，该书开创性地开展了工程领域中的经济评价工作。惠灵顿认为资本化的成本分析法，可应用于铁路最佳长度或路线曲率的选择。在该书中，铁路路线的计算首次应用了资本费用分析法，并提出了工程利息的概念。惠灵顿精辟地阐述了工程经济的重点："不把工程学简单地理解和定义为建造艺术是很有好处的。从某种重要意义来说，工程经济并不是建造艺术。我们不妨把它粗略定义为一门少花钱多办事的艺术。"

惠灵顿的观点被后来的工程经济学家所接受。20世纪初，斯坦福大学教授菲什出版了第一本《工程经济学》专著。他将投资模型与证券市场联系起来，分析包括投资、利率、初始费用与运营费用、商业组织与商业统计、估价与预测、工程报告等。

1920年，戈尔德曼教授在其《财务工程学》一书中提出了决定相对价值的复利模型，人们就可以利用复利法确定方案的比较价值，从而为工程经济学中许多经济分析的产生奠定了基础。同时，戈尔德曼还指出："有一种奇怪而遗憾的现象，许多作者在他们的工程著作中，没有或者很少考虑成本问题。实际上工程建设中最基本的是考虑成本，以便取得真正的经济效益，即赢得最大可能数量的货币，获得最佳的效率。"

二、工程经济学的发展阶段

第二次世界大战结束后，随着西方经济的复兴，投资规模急剧增加，出现资金短缺的局面。因此，如何使有限的资金得到最有效的利用，成为投资者与经营者普遍关心的问题。这种客观形势进一步推动了工程投资经济分析理论与实践的发展。工程经济受凯恩斯主义经济理论的影响，研究内容从单纯的工程费用效益分析扩大到了市场供求和投资分配领域，取得了重大的进展。

1951年，J. 迪安出版了《管理经济学》，开创了应用经济学新领域，1961年，他在《资本预算》一书中提出贴现法(即动态经济评价法)，发展了折现现金流量法和资金分配法。

1978年，布西的《工业投资项目的经济分析》一书出版。该书全面地总结了工程项目的资金筹措、经济评价、优化决策以及项目的风险分析和不确定因素分析等。

1982年，里格斯的《工程经济学》系统地阐述了货币的时间价值、时间的货币价值、货币理论、经济决策和风险以及不确定性等，把工程经济学向前推进了一大步。

三、我国及世界工程经济学发展的新趋势

20世纪90年代以后，工程经济学在世界各国得到了广泛的重视和应用，其理论方法仍然在不断发展中。

西方工程经济学理论逐渐突破了传统的对工程项目或技术方案本身经济效益的研究，出现了研究中微观经济与宏观经济的新趋势。如对某些工程项目，分析它对行业技术进步、所在地区经济发展的影响，对大多数的项目还要考察它对生态环境的影响、对可持续发展的影响。工程经济中的微观经济效益分析，正逐渐同宏观经济研究分析、社会效益研究、环境效益有机结合在一起。

在工程实践活动中追求经济效果，我国由来已久。战国时期，李冰父子设计和修建的都江堰水利工程(图1-1)，巧妙的采用了"鱼嘴"分洪、"飞沙堰"排沙、"宝瓶口"引水等技术

方案，至今被学者们推崇为我国古代讲求技术经济效果的典范。

图 1-1　都江堰水利工程

从功用上看，都江堰具有以下特点：

(1)都江堰引来的水，总共汇集下游川西平原四十多个县，一万多平方公里，一千多万亩田地，旱涝保收，从此四川出现沃野千里。

(2)都江堰是两千多年前修筑的，至今仍发挥功效，这在全世界历史上绝无仅有。

(3)都江堰因势利导，朴实无华。虽然修建都江堰也耗费了十几年时间，而且以后历朝历代都要组织人们对内江进行掏挖疏浚，但是相对于它发挥的功效，这个成本收益就太合算了。

我国是在 1963 年经中央和国务院批准的第二个科学技术发展规划纲要，开始进行技术经济学研究的。20 世纪 60 年代初是我国国民经济调整时期，当时有了第一个五年计划的正面经验，比较注意技术和经济相结合，深感有必要建立一门专门研究技术和经济相结合的科学，并加强在这方面的研究工作。

我国于 1978 年 11 月成立了中国技术经济研究会，现在许多省市和部门也都成立了技术经济研究会。1980 年中国社会科学院成立了全国第一个技术经济研究所，许多理工大学开设了技术经济课程，一些大学和研究机构开始培养技术经济专业硕士、博士研究生。

当前，对技术实践的经济效果进行研究，在我国建设项目的前期决策中已得到广泛的应用，特别是引进了西方的投资项目可行性研究后，更加丰富了经济效果的理论。技术实践如下：

(1)研究技术创新的规律及其与经济发展的关系，探求如何建立和健全技术创新的机制，为制定有关的经济政策和技术政策提供理论依据。

(2)宏观、中观工程经济规划的论证。例如，全国的或某一地区的科技发展、经济发展规划的合理性与可行性论证，国家或某一地区某一种资源开采、合理利用的工程经济论证，以及行业发展规划的工程经济论证等。

(3)各级各类建设项目论证。例如，新建项目、技术改造项目、技术引进项目等的工程经济论证。

(4)各种技术开发、产品开发与设计、工艺选择、设备更新等技术方案、技术措施的工程经济论证等。

任务二　建筑工程经济相关概念

工程与经济是密切相关的，而建筑工程经济就是工程与经济的交叉学科，是研究工程技术实践活动经济效果的学科，是对工程技术问题进行经济分析的系统理论和方法。

一、建设项目

1. 建设项目的概念

建设项目是指在总体设计和总概算控制下建设的，以形成固定资产为目的的所有工程项目的总和。

例如，中国国家大剧院(图 1-2)位于北京市中心天安门广场西侧，是中国国家表演艺术的最高殿堂，中外文化交流的最大平台，中国文化创意产业的重要基地。

国家大剧院从第一次立项到正式运营，经历了 49 年，设计方案经历了三次竞标、两次修改，总造价为 30.67 亿元。它由法国建筑师保罗·安德鲁主持设计，设计方为法国巴黎机场公司。国家大剧院占地 11.89 万平方米，总建筑面积约为 16.5 万平方米，其中主体建筑为 10.5 万平方米，地下附属设施为 6 万平方米。其设有歌剧院、音乐厅、戏剧场，以及艺术展厅、艺术交流中心、音像商店等配套设施。

作为新北京十六景之一的地标性建筑，国家大剧院造型独特的主体结构，一池清澈见底的湖水，以及外围大面积的绿地、树木和花卉，不仅极大地改善了周围地区的生态环境，更体现了人与人、人与艺术、人与自然和谐共融、相得益彰的理念。

图 1-2　中国国家大剧院

2. 建设项目的特征

(1)投资额巨大，建设周期长。

(2)建设项目是按照一个总体设计建设的，是可以形成生产能力或使用效益的若干单项工程的总体。

(3)建设项目一般在行政上实行统一管理，在经济上实行统一核算。

(4)建设项目建成后能独立地对外进行工作和经济往来。

3. 建设项目的分类

(1)按建设性质可将建设项目分为基本建设项目和更新改造项目。

1)基本建设项目是指建筑、购置和安装固定资产的活动，以及与此相联系的其他工作。基本建设是存在于国民经济各部门、以获得固定资产为目的的经济活动。简而言之，其是一种投资的经济活动。基本建设项目又可分为新建项目、扩建项目、迁建项目、恢复项目。

2)更新改造项目是指建设资金用于对企、事业单位原有设施进行技术改造或固定资产更新的项目，或者为提高综合生产能力增加的辅助性生产、生活福利等工程项目和有关工作。

更新改造工程包括挖潜工程、节能工程、安全工程、环境工程等。例如，设备更新改造，工艺改革，产品更新换代，厂房生产性建筑物和公用工程的翻新、改造，原燃材料的综合利用和废水、废气、废渣的综合治理等，主要目的就是实现以内涵为主的扩大再生产。

(2)按投资作用可将建设项目分为生产性建设项目和非生产性建设项目。

(3)按项目规模，基本建设项目可分为大、中、小型三类；更新改造项目可分为限额以上及以下两类三级。

(4)按项目的经济效益、社会效益和市场需求可将建设项目分为竞争性项目、基础性项目、公益性项目。公益性项目的投资主要由政府用财政资金安排。

(5)按项目的投资来源可将建设项目分为政府投资项目和非政府投资项目。政府性投资项目又可分为经营性政府投资项目和非经营性政府投资项目。

二、工程与工程技术

1. 工程

工程是指人们应用科学的理论、技术的手段和先进的设备来完成的大而复杂的具体实践活动。其包括建筑工程、水利工程、航天工程、机械工程、电气工程、采矿工程等。

工程是利用自然和改造自然的活动，体现技术与经济的结合。一项工程必须满足两个条件：一是技术上可行；二是经济上合理。

2. 工程技术

技术是人类在认识自然和改造自然的反复实践中积累起来的有关生产劳动的经验、知识、技巧和设备等，如各种建筑施工技术、工程管理技术等。

(1)狭义的工程技术，是指劳动者的劳动技能和技巧，是其知识和经验的具体体现；也是指劳动工具的总称，如企业的装备水平等。其代表性分别有以下几项：

1)代表了人们劳动中的工程技术水平、效率；

2)表明了一个国家、企业的工程技术水平、发展水平；

3)代表了人类社会不同的发展时期(如人类的代步工具的发展：马车、自行车、火车、汽车、轮船、火箭、航天飞机等)。

(2)广义的工程技术，是指人类认识和改造客观世界的能力。其具体内容包括劳动工具、劳动对象以及具有一定经验、知识和技能的劳动者，即生产力的三要素。

但是工程技术并非三要素的简单相加，而是三者的相互渗透和有机结合成的整体。例如，必须由掌握先进经验、知识和技能的劳动者，使用先进的劳动工具作用于相应的劳动对象，才能成为先进的工程技术，并转化为先进的生产力。因此，可以说工程技术是指一定时期、一定范围的劳动工具、劳动对象和劳动者经验、知识和技能有机结合的总称。

工程技术是多种多样的，但生产活动中的工程技术大致可以分为两类：一类体现为机器、设备、厂房、建筑物、原材料、燃料与动力等的物质形态工程技术，又称硬工程技术；另一类体现为工艺、方法、配方、程序、信息、经验、技能、规划和谋略等管理能力的非物质形态的工程技术，又称软工程技术。

三、经济与建筑工程经济

1. 经济

经济是指社会的经济活动，社会的生产再生产过程；也是指一个国家的国民经济总体或其中的一个部门；经济还有节约的意思，就是如何讲究用有限的人、财、物等资源投入获得最大的产出或效益。

2. 建筑工程经济

经济学是研究各种经济关系和经济活动规律的科学，即研究如何使有限的生产资源得到有效的利用，从而获得不断扩大、日益丰富的商品和服务。

工程经济学是工程与经济的交叉学科，是研究工程技术实践活动经济效果的学科。

建筑工程经济是在建筑工程领域运用工程学和经济学有关知识相互交融而形成的工程经济分析原理与方法，对能够完成建筑工程项目预定目标的各种可行技术方案进行技术经济论证、比较、计算和评价，优选出技术上先进、经济上有利的方案，从而为实现正确的投资决策提供科学依据的一门应用型经济学科。

建筑工程经济是以建筑工程项目为主体，以技术与经济系统为核心，研究如何有效利用资源，提高经济效益的学科。建筑工程经济研究各种工程技术方案的经济效益，研究各种技术在使用过程中如何以最小的投入获得预期产出，或者说如何以等量的投入获得最大产出，如何用最低的寿命周期成本实现产品、作业以及服务的必要功能。

四、工程技术与经济的关系

工程技术与经济既相互联系又相互制约，是矛盾的统一体。

(1)经济是技术进步的目的，技术是达到经济目标的手段，是推动经济发展的动力。在工程技术和经济的关系中，经济是主导，处于主体地位，工程技术进步是为经济发展服务的，工程技术发展的过程也是经济效益不断提高的过程。

例如，18世纪末，从英国开始的以蒸汽机的应用为标志的工业革命，使生产效率提高到手工劳动的4倍多，促进了经济的巨大发展；进入21世纪以来，互联网技术的发展推动了社会生产力的前进更是有目共睹的。

(2)技术与经济还存在相互制约和相互矛盾的一面。任何一项新技术一定要受到经济发展水平的制约和影响，而技术的进步又促进了经济的发展，是经济发展的动力和条件。

世界上第一辆汽车是19世纪80年代由戴姆勒和本茨制造的，由于生产成本太高，在相当长一段时间内汽车仅是贵族们的一种玩物。后来，经过亨利·福特(Henry Ford)

的改造，每辆车的售价降到1 000～1 500美元，进而又降到850美元，到1916年甚至降到360美元。这为汽车的广泛使用创造了条件，最终使汽车工业成为美国经济的一大支柱。汽车工业的发展又推动了钢铁、石油、橡胶等一系列工业部门的发展，同时极大地改变了人们的生活方式。这一实例说明，在产品(作业、服务)技术可行的前提下，只有不断追求更低的成本，追求产品的经济效果，对于社会经济的发展才具有现实意义。

总之，工程技术和经济辩证统一地存在于生产建设过程中，是相互促进又相互制约的。经济发展是技术进步的目的，技术是经济发展的手段。

任务三　建筑工程经济的内容、研究对象和特点

一、建筑工程经济的内容

建筑工程经济作为应用学科，其研究内容相当广泛，横向看涉及国民经济所有物质生产部门和某些非物质生产部门；纵向看涉及生产建设过程的各个阶段和经济活动的各个环节。为使本门学科的内容体系具有相对的完整性与条理性，现将本课程的学习内容分为以下三个部分：

第一部分为基本原理，包括概述、资金的时间价值、工程经济分析的基本要素。

第二部分为工程经济分析和经济效益评价方法，包括工程经济效果评价方法和不确定性分析。

第三部分为专题方法研究与应用，包括设备更新的经济分析、建筑工程项目可行性研究及企业技术改造经济分析，价值工程、资金筹措与融资。

(1)可行性研究与建设项目规划研究和分析方案的可行性。如可行项目规划与选址、项目建设方案设计。

(2)建筑工程项目的投资估算与融资分析。研究如何建立筹资主体与融资方式的成本和风险，具体包括建设项目投资估算、资金筹措、融资结构分析。

(3)投资方案选择。实现一个投资项目往往有多个方案，分析多种可行方案，多方案选择是建筑工程经济研究的重要内容，包括方案比较与优化，研究项目对各投资主体的贡献，从企业财务分析方案的可行性。

(4)项目费用效益分析。研究项目对国民经济和社会的贡献，评价项目对环境的影响，从国民经济和社会角度分析项目的可行性。

(5)风险和不确定性分析。由于各种不确定因素的影响，会使项目建成后期望的目标与实际状况发生差异，可能会造成经济损失。为此，需要识别和估计风险，进行不确定性分析。具体包括不确定性分析、投资风险及其控制和风险管理分析等内容。

工程经济分析与评价可以帮助我们确定究竟采用哪种新技术、新设备、新材料、新工艺，才更加符合我国的自然条件和社会条件，取得更大的经济效果；可以帮助我们在多个工程技术方案的条件下根据经济效果进行方案的比选和评价；可以帮助我们提高资源利用的经济效果和投资的经济效果。这对节约国家的人力、物力和财力具有很大的作用，对于

加快国民经济发展速度也具有重大的现实意义。

二、建筑工程经济的研究对象

建筑工程经济的研究对象就是解决各种建筑工程项目（或投资项目）问题的方案或途径。其核心是建筑工程项目的经济性分析。这里所说的项目是指投入一定资源的计划、规划和方案，并可以进行分析评价的独立单元。它在建设工程领域的研究客体是由建设工程生产过程、管理过程等组成的一个多维系统，通过所考察系统的预期目标和所拥有的资源条件，分析该系统的现金流量情况，选择合理的技术方案，以获得最佳的经济效果。

传统建筑工程经济面对的主要是一些微观技术经济问题，如某项工程的建设问题，某企业的技术改造问题，某项技术措施的评价问题，多种技术方案的选择问题等。随着社会和经济的发展，现代建筑工程经济面对的问题越来越广泛，从微观的技术经济问题延伸到宏观的技术经济问题，如能源问题、环境保护问题、资源开发利用问题、国家的经济政策和体制问题等。

建筑工程经济为具体建筑工程项目分析提供方法基础，而工程经济分析的对象则是具体的建筑工程项目。运用建筑工程经济的理论和方法可以解决建设工程从决策、设计到施工及运行阶段的许多技术经济问题，例如，在施工阶段，要确定施工组织方案、施工进度安排、设备和材料的选择等，如果我们忽略了对技术方案进行工程经济分析，就有可能造成重大的经济损失。

建筑工程经济解决问题的延伸产生了新的工程经济分析的方法，丰富了建筑工程经济的内容，但不应将建筑工程经济研究的对象与这些问题的经济研究完全等同起来。

三、建筑工程经济的特点

建筑工程经济是介于工程学科和经济学科之间的边缘学科，属于经济学科范畴。它既不是纯工程学科，也不是纯经济学科；它与两者有着密切联系，是这两个学科领域交叉而形成的实践性很强的应用学科。

建筑工程经济具有如下特点。

1. 综合性

建筑工程经济从工程技术方案的角度去考虑经济问题，又从经济的角度去考虑技术方案问题，工程技术方案是基础，经济是目的。建筑工程经济的研究是在工程技术方案可行的基础上，进行经济合理性的研究与论证工作。它为技术可行性提供经济依据，并为改进技术方案提供符合社会采纳条件的改进方案和途径。

2. 实用性

建筑工程经济的研究对象来源于工程建设或生产实际，并紧密结合生产技术和经济活动进行，它所分析和研究的成果直接应用于生产，并通过实践来验证分析结果是否正确。

3. 定量性

如果没有定量分析，工程技术方案的经济性就无法评价，不同方案的经济效果也就无法表示，方案之间的比较和选优也就无法实现。因此，建筑工程经济的研究方法以定量分析为主，对难以量化的因素也要通过主观判断的形式给予量化表示。

4. 比较性

建筑工程经济的分析是通过经济效果的比较，从多个可行的技术方案中选择最优的方案或最满意的方案。这种比较是对各种可行方案的未来“差异”进行经济效果分析比较，即把各方案中相等的因素在具体分析中略去，以简化分析和计算。

5. 预测性

建筑工程经济的分析活动是在技术方案实施之前进行的，是对即将实施的技术政策、技术方案、技术措施进行的预先分析评价，是着眼于“未来”，对技术政策、技术措施制定后，或技术方案被采纳后，将要带来的经济效果进行计算、分析与比较。建筑工程经济关心的不是某方案已经花费了多少代价，它不考虑过去发生的、在今后决策过程中已无法控制的、已用去的那一部分费用的多少，而只考虑从现在起为获得同样使用效果的各种方案的经济效果。既然建筑工程经济讨论的是各方案未来的经济效果问题，那就意味着它们会有“不确定因素”与“随机因素”的预测与估计，这将关系到技术效果评价的结果。因此，建筑工程经济是建立在预测基础上的科学。

综上所述，建筑工程经济具有很强的综合性、实用性、定量性、比较性和预测性等特点。

四、建筑工程经济的研究方法

我国的工程建设程序分为 8 个步骤，即编报项目建议书、进行可行性研究和项目评估、编报设计任务书、编报设计文件、编报年度建设计划、进行施工准备和生产准备、组织施工以及竣工验收交付使用。工程经济研究的核心问题，是运用工程经济分析的原理与方法，对各种工程技术活动进行综合的技术经济分析与经济效益评价，优选可行方案。其主要的研究方法如下：

(1)必须坚持运用辩证唯物主义的观点和方法来分析问题。要坚持事物相互联系的观点，透过各种复杂的现象找出事物的本质，抓住主要矛盾，探讨技术与经济协调发展的客观规律性。

(2)必须贯彻理论联系实际的原则，注重调查研究。

(3)建筑工程经济的研究，必须注意运用系统论的原理和分析方法，对各方面的问题进行全面的、系统的论证与评价。

(4)由于建筑工程经济研究的问题面向生产实践，而且大都是与生产技术密切相关的措施方案，所以在某种情况下，也可以采用试验研究的手段来取得技术经济数据与资料。

本章重点

1. 建筑工程经济的概念。
2. 建筑工程经济的研究对象与研究内容。

本章难点

建筑工程经济的知识在工程管理中的作用。

本章课时

2 课时

本章要求

通过本章的学习，学生应了解建筑工程经济的产生与发展，掌握建筑工程经济的概念、研究对象和分析方法，了解建筑工程经济与相关学科的关系，为以后各章的学习打下理论基础。

思考与练习

一、单项选择题

1. 工程经济学产生阶段的代表是(　　)。

A. J. 迪安　　B. 里格斯　　C. 布西　　D. 惠灵顿

2. 在工程技术和经济的关系中，经济是主导，处于(　　)地位。

A. 主体　　B. 客体　　C. 服务　　D. 次要

3. 下列属于工程经济专题方法研究与应用的是(　　)。

A. 资金的时间价值　　B. 工程经济分析的基本要素

C. 不确定性分析　　D. 建筑工程项目可行性研究

4. 下列(　　)不是建筑工程经济的特点。

A. 比较性　　B. 定性性　　C. 预测性　　D. 定量性

二、多项选择题

1. 按建设项目的性质分类，基本建设可分为(　　)。

A. 新建　　B. 改建　　C. 扩建　　D. 迁建

E. 恢复

2. 在工程技术和经济的关系中，(　　)。

A. 经济是主导　　B. 技术是主导　　C. 相互制约　　D. 相互矛盾

3. 下列(　　)是建筑工程经济的特点。

A. 比较性　　B. 重复性　　C. 预测性　　D. 定量性

E. 定性性

三、思考题

1. 什么是建设项目，并举例说明。
2. 简述工程经济的产生与发展过程。
3. 工程与经济有什么关系？
4. 什么是建筑工程经济？
5. 简述建筑工程经济的研究对象和特点。
6. 建筑工程经济的内容有哪些？

项目二　资金的时间价值

知识目标

了解现金流量的概念；熟悉名义利率、实际利率的含义；了解资金时间价值的概念；熟悉资金等值的影响因素。

技能目标

能够熟练掌握现金流量表和现金流量图的绘制；熟练掌握等值计算的基本公式，并能进行资金等值的计算。

素质目标

营造课堂活跃气氛；提升规范意识、质量意识、绿色环保意识，强化动手能力、社会责任心、合作意识及沟通协调能力。

导　入

红旗建筑有限公司拟建一个工业项目，第1、2、3年年初的投资分别是100万元、150万元和180万元；第三年至第十年获得收益，其中每年的营业收入为200万元，经营成本为80万元，不考虑税收缴交，投资者希望的收益率为20%，试问企业投资该项目是否合算？

本章内容

任务一　现金流量

一、现金流量的概念与构成

项目在其寿命周期内，总可以表现为投入一定量的资金，花费一定量的成本，通过产品销售获得一定量的货币收入。在技术经济分析中，我们把项目视为一个系统，投入的资金、花费的成本、获得的收益等都是发生在一定的时间点上，这种以货币的计算方式发生的资金流出或流入就是现金流量。

简单来说，现金流量是指拟建项目在整个项目计算期内各个时点上实际发生的以现金或现金等价物表现的资金流入和资金流出的总称。现金流量可分为现金流入量、现金流出量和净现金流量。

(1)现金流入量是指在整个计算期内所发生的实际现金流入，或者说是某项目引起的企业现金收入的增加额，通常来自于营业(销售)收入、固定资产报废时的残值收入以及项目结束时收回的流动资金。这里的中心指标是营业现金流入。

(2)现金流出量是指在整个计算期内所发生的实际现金支出，或者说是某项目引起的企业现金支出的增加额，通常支付于企业的投入资金(建设投资和流动资金投资)、税金及附加和经营成本等。

(3)净现金流量是指某个时点上实际发生的现金流入与现金流出的差额。流入量大于流出量时，其值为正；反之，其值为负。

现金流量一般以计息期(年、季、月等)为时间量的单位，用现金流量图或现金流量表来表示。

二、现金流量的表示方法

1. 现金流量表

现金流量表(表2-1)是指能够直接、清楚地反映出项目在整个计算期内各年现金流量(资金收支)情况的一种表格，利用它可以进行现金流量分析，计算各项静态和动态评价指标，是评价项目投资方案经济效果的主要依据。

表2-1　现金流量表　　万元

序号	年序 项目	建设期		投产期		达到生产能力生产期				合计
		1	2	3	4	5	6	…	n	
1	现金流入									
1.1	产品销售(营业收入)									
1.2	回收固定资产余值									
1.3	回收流动资金									
2	现金流出									
2.1	固定资产投资(含投资方向调节税)									
2.2	流动资金									
2.3	经营成本									
2.4	销售税金及附加									
2.5	所得税									
3	净现金流量(1−2)									
4	累计净现金流量									
5	所得税前净现金流量(3+2.5)									
6	所得税前累计净现金流量									

从表 2-1 中可以看出，现金流量表的纵列是现金流量的项目，其编排按现金流入、现金流出、净现金流量等的顺序进行；表的横行是年序，按项目计算期的各个阶段来排列。在整个现金流量表中，既包含现金流量各个项目的基础数据，又包含计算的结果；既可纵向看各年的现金流动情况，又可横向看各个项目的发展变化，直观方便，综合性强。

根据现金流量表中的净现金流量，我们可直接计算净现值、静态投资回收期、动态投资回收期等主要的经济评价指标，非常直观、清晰。现金流量表是实际操作中常用的分析工具。

2. 现金流量图

一个项目的实施，往往要延续一段时间。在项目寿命期内，现金流量的流向(支出或收入)、数额和发生时点都不尽相同，为了正确地进行经济效果评价，我们有必要借助现金流量图来进行分析。

所谓现金流量图，就是一种描述现金流量作为时间函数的图形，即把项目经济系统的现金流量绘入一副时间坐标图中，表示出各项资金流入、流出与相应的对应关系。

现金流量图包括大小、流向、时间点三大要素。其中，大小表示资金数额；流向表示项目的现金流入或流出；时间点表示现金流入或流出所发生的时间。

现以图 2-1 为例说明现金流量图的作图方法和规则。

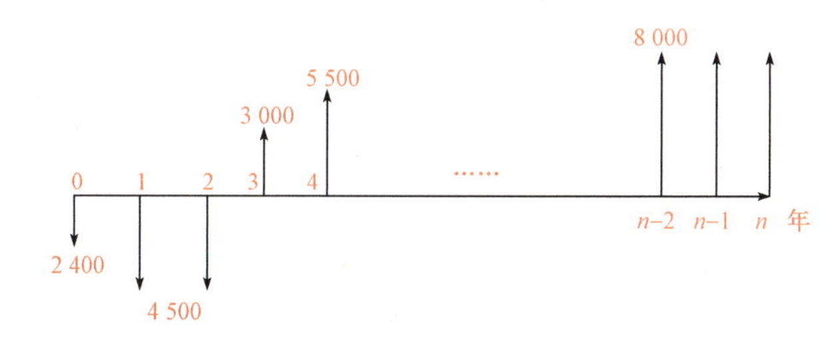

图 2-1　现金流量图

(1)横轴称为时间轴，表示一个从 0 开始到规定的时间序列，每一个刻度表示一个计息周期，例如，按年计息，则时间轴上的刻度单位就为年。在时间轴上，0 代表时间序列的起始点(表示投资起始点或评价时刻点)，从 1 到 n 分别代表各计息期的终点(结束)。除 0 和 n 外，每个数字都有两个含义。如 3，既代表第三个计息期的终点，又代表第四个计息期的始点。

(2)时间坐标上的垂直箭线代表不同时点的现金流量，在横轴上方的箭线表示现金流入，即效益；在横轴下方的箭线表示现金流出，即费用或损失。箭线的长度与流入或流出的金额成正比，金额越大，其相应的箭线的长度就越长。箭线长短应适当体现各时点现金流量数值的差异，并在各箭线上方(或下方)注明该现金流量的数值。

(3)现金流量的方向(流入与流出)是针对特定的主体而言的。贷款方的流入就是借款方的流出；反之亦然。通常，工程项目现金流量的方向是针对资金使用者的系统而言的。

(4)箭线与时间轴的交点即为现金流量发生的时点。

从上述内容可知，现金流量图包括三个要素：大小——现金流量的数额；流向——现金流入或流出；时间点——现金流入或流出所发生的时间点。

现金流量图是经济分析的有效工具，其重要性有如力学计算中的结构受力图，是正确进行经济分析计算的基础。

任务二　资金的时间价值

一、资金时间价值概述

1. 资金时间价值的含义

资金时间价值是指资金在生产和流通过程中随着时间推移而产生的增值。例如，今天我们将100元存入银行，若银行的一年定期存款利率是1.5%，一年以后的今天，我们将得到101.5元。其中的100元是本金，1.5元是利息，这个利息就是资金时间价值。

两笔等额的资金，由于发生在不同的时期，它们在价值上就存在着差别，发生在前的资金价值高，发生在后的资金价值低。产生这种现象的根源在于资金具有时间价值。

资金的时间价值是商品经济中的普遍现象，资金之所以具有时间价值，概括地讲，是基于以下两个原因：

(1)从社会再生产的过程来讲，对于投资者或生产者，其当前拥有的资金能够立即用于投资并在将来获取利润，而将来才可取得的资金则无法用于当前的投资，因此，也就无法得到相应的收益。正是由于资金作为生产的基本要素，进入生产和流通领域所产生的利润，使得资金具有时间价值。

(2)从流通的角度来讲，对于消费者或出资者，其拥有的资金一旦用于投资，就不能再用于消费。消费的推迟是一种福利损失，资金的时间价值体现了对牺牲现期消费的损失所应作出的必要补偿。

2. 资金时间价值的意义

在方案的经济评价中，时间是一项重要的因素，研究资金时间因素，就是研究时间因素对方案经济效果(或经济效益)的影响，从而正确评价投资方案的经济效果(或经济效益)。具体来讲，研究资金时间价值在宏观方面可以促进有限的资金得到更加合理的利用。

(1)资金时间价值是市场经济条件下的一个经济范畴。无论社会是何种体制，只要存在商品生产和商品交换，就必然存在资金的时间价值，而且随时在发生作用。因此，必须对它进行研究。

(2)重视资金时间价值可以促使建设资金合理利用，使有限的资金发挥更大的作用。随着我国财政体制的变革，基本建设投资已由国家无偿拨款改为由建设银行有息贷款，并要求在预定的时间内按复利还本付息，这将促进资金使用效益的提高。因此，在基本建设投资活动中，必须充分考虑资金的时间价值，千方百计地缩短建设周期，加速资金周转，提高建设资金的使用效益。

(3)我国加入世贸组织后，市场进一步开放，我国企业也要参与国际竞争，要用国际通行的项目管理模式与国际资本打交道。只有考虑资金的时间价值，才能平等地参与国内、国际的市场竞争。

资金时间价值有两个含义：一是将货币用于投资，通过资金的运动而使货币增值；二

是将货币存入银行，相当于个人失去了对这些货币的使用权，按时间计算这种牺牲的代价。

在社会主义市场经济条件下，存在着商品的生产，其受商品生产的规律所制约，必须通过生产与流通，货币的增值才能实现。因此，为了使有限的资金得到充分的利用，就必须运用“资金只有运动才能增值”的规律，加速资金周转，提高经济效益。

二、资金时间价值的影响因素与衡量尺度

(一)资金时间价值的影响因素

从投资者的角度来看，资金时间价值主要受以下因素影响：

(1)投资额。投资的资金额度越大，资金的时间价值就越大。例如，如果银行存款年利率为1.5%，那么将200元存入银行，一年后的现值为203元；400元存入银行，一年后的现值为406元。显然，400元的时间价值比200元的时间价值大。

(2)利率。一般来讲，在其他条件不变的情况下，利率越大，资金时间价值越大；利率越小，资金时间价值越小。例如，如果银行存款年利率为1.5%时，将100元存入银行，一年的时间价值是1.5元；如果银行存款年利率为5%，将100元存入银行，一年的时间价值是5元。显然，银行存款年利率为5%时的时间价值比存款年利率为1.5%时的时间价值大。

(3)时间。在其他条件不变的情况下，时间越长，资金时间价值越大；反之，越小。

(4)通货膨胀。如果出现通货膨胀，会使资金贬值，贬值会减少资金时间价值。

(5)风险。投资是一项充满风险的活动。项目投资以后，其寿命期、每年的收益、利率等都可能发生变化，也可能使项目获得意外的收益，这就是风险的影响。但是，风险往往同收益成比例，风险越大的项目，一旦经营成功，其收益也越大。

(二)资金时间价值的衡量尺度

衡量资金时间价值的尺度有两种：一是绝对尺度，即利息、盈利或收益；二是相对尺度，即利率、盈利率或收益率。资金时间价值一般用利息和利率来衡量。利息是利润的一部分，是利润的分解或再分配。利率是指一定时期内积累的利息总额与原始资金的比值，即利息与本金之比。它是国家调控国民经济、协调部门经济的有效杠杆之一。

资金时间价值的计算方法与复利方式计息的方法完全相同，因为利息就是资金时间价值的一种重要表现形式，而且通常用利息作为衡量资金时间价值的绝对尺度，用利率作为衡量资金时间价值的相对尺度。

1. 利息与利率

(1)利息。在借贷过程中，债务人支付给债权人超过原借贷款金额(原借贷款金额常称作本金)的部分，就是利息。其计算公式为

$$I=F-P \tag{2-1}$$

式中 I——利息；

F——还本付息总额；

P——本金。

从本质上看，利息是由贷款产生的利润的一种再分配。在工程经济研究中，利息常被看作是资金的一种机会成本，这是因为如果放弃资金的使用权力，相当于失去了获取收益

的机会，也就相当于付出了一定的代价。所以，利息就成了投资分析平衡现在与未来的杠杆，投资这个概念本身就包含着现在和未来两个方面的含义。事实上，投资就是为了在未来获得更大收益而对目前的资金进行某种安排，很显然，未来收益应当超过现在的投资，正是这种预期的价值增长才能刺激人们从事投资。因此，在工程经济学中，利息是指占用资金所付出的代价或者是放弃现期消费所得的补偿。

(2)利率。利率就是在单位时间内(如年、半年、季、月、周、日等)所得利息与借款本金之比，通常用百分数表示，即

$$i=\frac{I_t}{P}\times 100\% \tag{2-2}$$

式中 i——利率；

I_t——单位时间内的利息；

P——借款本金。

用于表示计算利息的时间单位称为计息周期，计息周期通常为年、半年、季，也可以为月、周或日。

【例 2-1】 李四做蔬菜生意借得本金 10 000 元，一年后付息 800 元，试求这笔借款的年利率。

【解】根据式(2-2)计算年利率为

$$i=\frac{I_t}{P}\times 100\%=(800/10\ 000)\times 100\%=8\%$$

利率是各国发展国民经济的杠杆之一，利率的高低由以下因素决定：

1)利率的高低首先取决于社会平均利润的高低，并随之变动。通常情况下，平均利润率是利率的最高界限。因为如果利率高于利润率，借款者就会因无利可图而不去借款。

2)在平均利润率不变的情况下，利率高低取决于金融市场上的借款资本的供求情况。借款资本供过于求，利率便下降；反之，求过于供，利率便会上升。

3)借出资本要承担一定的风险，而风险的大小也影响利率的高低。风险越大，借出方要求的利率也就越高。

4)通货膨胀对利率的波动有直接影响。

5)借出资本的期限长短对利率也有重大影响。贷款期限长，不可预见因素多，风险大，利率也就高；反之，贷款期限短，不可预见因素少，风险小，利率也就低。

2. 单利与复利

利息的计算方法可分为单利法与复利法两种。

(1)单利法。单利计息是指每期利息的计息基数都是以本金来计算，不把先前计息周期中的利息累加到本金中，即利息不再计利。因此，每期的利息是固定不变的，其总利息与利息的期数成正比。其计算公式为

$$F=P(1+in) \tag{2-3}$$

式中 F——第 n 期期末的本利和(本金与全部利息之总和)；

P——本金；

i——利率；

n——计息期数(资金占用期内计算利息的次数)。

【例 2-2】 王某借款 1 000 元，按 8%的年利率单利计息，求第四年年末的本金与全部利息之和(即所欠的总金额)。

【解】$F=P(1+in)=1\ 000\times(1+8\%\times4)=1\ 320$(元)

即到期后应归还的本利和为 1 320 元。

单利法虽然考虑了资金时间价值，但仅针对本金而言，而没有考虑每期所得利息再进入社会再生产过程从而实现增值的可能性，这是不符合资金运动实际情况的。因此，单利法不能完全反映资金时间价值，在应用上有局限性，通常仅适用于短期投资及期限不超过一年的借款项目。

(2)复利法。所谓复利法，即不但对初始本金计算利息，而且对期间产生的利息也计算利息的计息方式，即“利生利”“利滚利”。其一般计算公式为

$$F=P(1+i)^n \tag{2-4}$$

式中 F——第 n 期期末的本利和(本金与全部利息之总和)；

P——本金；

i——利率；

n——计息期数(资金占用期内计算利息的次数)。

【例 2-3】 张某现在把 1 000 元存入银行，年利率为 8%，问 4 年后有存款多少元？

【解】$F=1\ 000\times(1+8\%)^4=1\ 360.5$(元)

即 4 年后有存款 1 360.5 元。

从上面的计算结果可以看出，单利计息与资金占用时间之间呈直线形变化关系，利息额与时间按等差级数增值；而复利计息与资金占用时间之间则是指数变化关系，利息额与时间按等比级数增值。当利率较高、资金占用时间较长时，复利所需支付的利息额就比单利要大得多。

所以，复利计息方法对资金占用的数量和时间有较好的约束力。目前，在工程经济分析中，一般都采用复利法，单利法仅在我国银行储蓄存款中采用。

任务三　等值计算

一、资金等值的概念

发生在不同时间点上的两笔或一系列绝对数额不等的资金额，按资金的时间价值尺度，所计算出的价值保持相等。不同时间的资金存在着一定的等价关系，这种等价关系称为资金等值。通过资金等值计算，可以将不同时间发生的资金量换算成某一相同时刻发生的资金量，然后即可进行加减运算。

例如，当年利率为5%时，现在的1 000 元，等值于1 年末的1 050 元，或5 年末的1 276 元，或 10 年末的 1 629 元，或 20 年末的 2 653 元。把一个时间点发至的资金金额换算成另一个(或一系列)时间点的等值的资金金额，这样的一个转换过程就称为资金的等值计算。

二、资金等值的影响因素

影响资金等值的因素有三个，即资金金额大小、资金发生的时间和利率，它们构成现金流量的三要素。在方案比较中，资金时间价值的作用，使得各方案在不同时间点上发生的现金流量无法直接比较，利用等值的概念，可以将一个时点发生的资金额换算成另一时间点的等值金额，这一过程称为资金等值计算。进行资金等值计算要涉及以下五个基本参数。

1. 利率或收益率

利率或收益率 i 一般是指年利率(收益率)。其含义是一年内投资所得的利润与本金(投资额)之比，通常用百分数表示，即

利率(收益率)＝(年)利息(利润)/本金(投资额)×100%

需要注意的是，利率与收益率是有差别的。一般来讲，利率是一个固定值，即一定时间内得到规定的固定利息。而收益率是一个变数，它反映的是一个投资收益指标。例如，年初投资 1 000 万元，年终收回 1 100 万元，则收益率＝(1 100－1 000)/1 000＝10%。

2. 计算期数

计算期数 n，是指在某一时期计算利息的次数。在技术经济分析中一般指年数，一年为一期。

3. 现金(现值)

现金(现值)P，是指资金在现在时点上的价值，因此，也称为时值，也就是计算周期开始时的资金价值。它属于一次性支付(或收入)的资金，一般代表着投资额。

4. 终值(未来值)

终值(未来值)F，是指一笔资金在利率 i 的条件下经过若干计息周期终了时的价值。其大小为全部计息周期的本利和。在一个经济投资运行系统中，F 的值应恒大于 P 的值。

5. 等额年金或年值

等额年金或年值 A，是指按年分次等额收入(或支出)的资金。等额年金在应用时必须符合以下三个条件：

(1)各期收入(或支出)的资金相等。

(2)各期的时间间隔相等。

(3)每一次的收(或支)都是在每期的期末(或期初)。

在全部 n 期中，nA 与 P 应该“等值”，虽然就绝对值而言，nA 值必大于 P 值(注意到利率 i)。在这五个参数中，利率或收益率是核心。进行技术经济分析时，通常是从利率出发进行比较，作出决策，利率应该是指导投资活动的第一指南。例如，银行利率为 10%，而某一新建项目的利润率估计为 10%，则很多人将会把这笔钱存于银行，坐收利息，而不愿冒风险从事一种利润不高的投资活动；如果银行利率为 5%，则会有很多人投资这一项目。

三、资金等值的计算

由于利息是资金时间价值的主要表现形式，因此，对于资金等值计算来讲，其方法与

采用复利法计算利息的方法完全相同，即以年复利率计息，按年进行支付。下面简单介绍一些常用的计算公式。

1. 一次支付系列

一次支付又称整存整付，是指所分析系统的现金流量，无论是流入还是流出均在某一个时间点上一次发生。它又包括以下两个计算公式：

(1)一次支付终值公式。如果有一笔资金，按年利率 i 进行投资，n 年后本利和应该是多少？也就是已知 P，i，n，求终值 F。解决此类问题的公式称为一次支付终值公式。其计算公式为

$$F=P(1+i)^n \tag{2-5}$$

式(2-5)表示在利率为 i、计息期数为 n 的条件下，终值 F 和现值 P 之间的等值关系。

一次支付终值公式的现金流量图如图 2-2 所示。

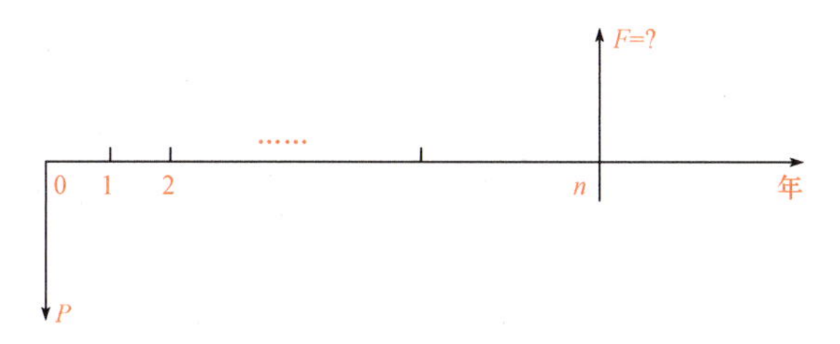

图 2-2　一次支付终值公式的现金流量图

在式(2-5)中，$(1+i)^n$ 又称为终值系数，记为$(F/P，i，n)$。

这样，式(2-5)又可写为

$$F=P(F/P，i，n) \tag{2-6}$$

在实际应用中，为了计算方便，我们按照不同的利率 i 和计息期 n，分别计算出$(1+i)$的值，排列成一个表，称为终值系数表(见附录)。在计算时，根据 i 和 n 的值，查表得出终值系数，然后与 P 相乘即可求出 F 的值。

【例 2-4】 现在把 500 元存入银行，银行年利率为 4%，计算 3 年后该笔资金的实际价值。

【解】这是一个已知现值求终值的问题，其现金流量图如图 2-3 所示。

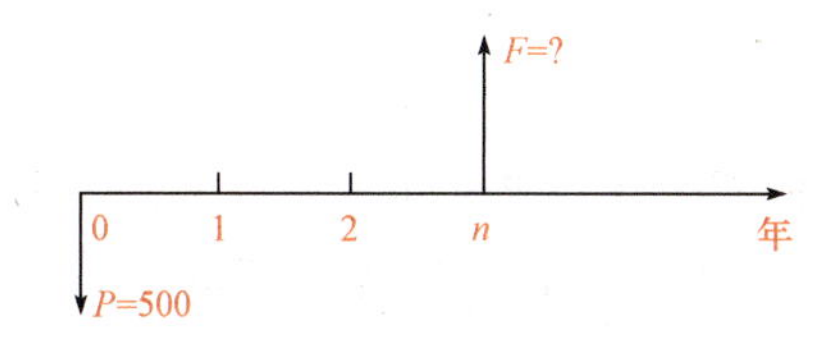

图 2-3　现金流量图(单位：元)

由式(2-5)可得：

$F=P(1+i)^n=500\times(1+4\%)^3=562.43$(元)，即 500 元资金在年利率为 4%时，经过 3 年后变为 562.43 元，增值 62.43 元。

(2)一次支付现值公式。如果我们希望在 n 年后得到一笔资金 F，在年利率为 i 的情况下，现在应该投资多少？也就是已知 F，i，n，求现值 P。解决此类问题用到的公式称为一

次支付现值公式。其计算公式为

$$P=F(1+i)^{-n} \tag{2-7}$$

其现金流量图如图 2-4 所示。

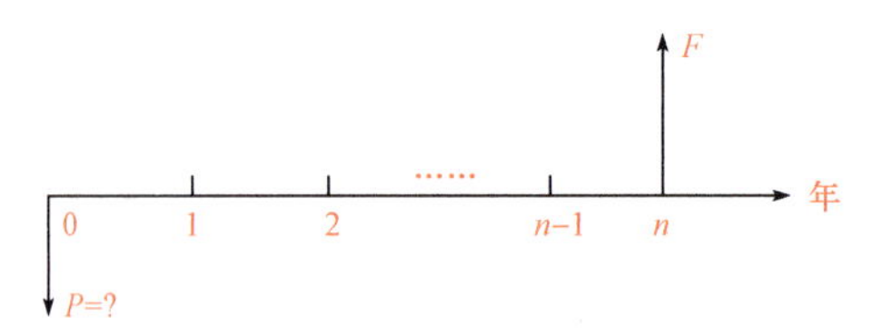

图 2-4　一次支付现值公式的现金流量图

在式(2-7)中，$(1+i)^{-n}$又称为现值系数，记为$(P/F, i, n)$，它与终值系数$(P/F, i, n)$互为倒数，可通过查表求得。因此，式(2-7)又可写为

$$P=F(P/F, i, n) \tag{2-8}$$

【例 2-5】 某企业 6 年后需要一笔 500 万元的资金，以作为某项固定资产的更新款项，若已知年利率为 8%，问现在应存入银行多少钱？

【解】这是一个根据终值求现值的问题，其现金流量图如图 2-5 所示。

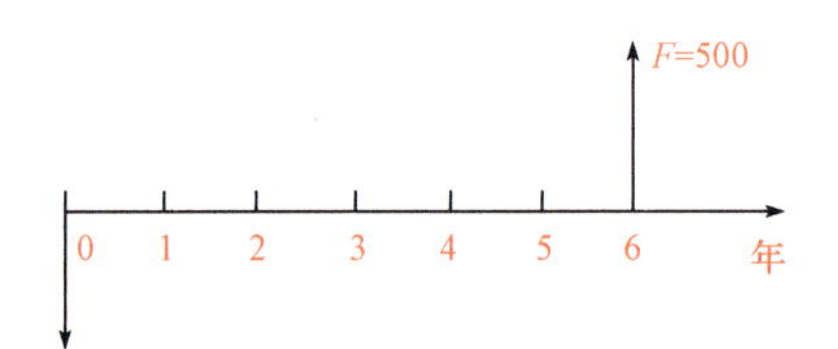

图 2-5　一次支付求现值现金流量图(单位：万元)

根据式(2-7)可得：

$P=F(1+i)^{-n}=500\times(1+8\%)^{-6}=315.10$(万元)

即现在应存入银行 315.10 万元。

2. 等额支付系列

等额支付系列是多次收付形式的一种。多次收付是指现金流量不是集中在一个时间点上发生，而是发生在多个时间点上。现金流量的数额大小可以是不等的，也可以是相等的。它包括以下四个基本公式：

(1)等额支付终值公式。其含义是：在一个时间序列中，在利率为 i 的情况下连续在每个计息期的期末支付一笔等额的资金A，求 n 年后由各年的本利和累计而成的终值F。也即已知 A，i，n，求 F。类似于我们平常储蓄中的零存整取。其现金流量图如图 2-6 所示。各期期末年金 A 相对于第 n 期期末的本利和可用表 2-2 表示。

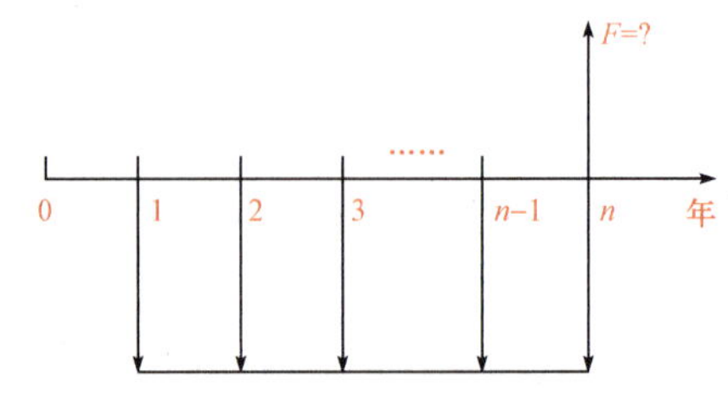

图 2-6　年终值公式现金流量图

表 2-2　普通年金复利终值计算表

期数	1	2	3	…	$n-1$	n
每期期末年金	A			…	A	A
n期期末年金终值	$A(1+i)^{n-1}$	$A(1+i)^{n-2}$	$A(1+i)^{n-3}$	…	$A(1+i)$	A

$$F=A(1+i)^{n-1}+A(1+i)^{n-2}+A(1+i)^{n-3}+\cdots+A(1+i)+A$$

上式两边同时乘以$(1+i)$则有：

$$F(1+i)=A(1+i)^{n}+A(1+i)^{n-1}+A(1+i)^{n-2}+\cdots+A(1+i)^{n-3}+A(1+i)$$

后式减前式得：

$$F(1+i)-F=A(1+i)^{n}-A$$

即

$$F=\frac{(1+i)^{n}-1}{i}\times A \tag{2-9}$$

式(2-9)即为复利年金终值(未来值)公式。式中$\frac{(1+i)^{n}-1}{i}$称为年金终值系数，记为$(F/A,i,n)$，因此式(2-9)也可以表示为

$$F=A(F/A,i,n) \tag{2-10}$$

【例 2-6】 某大型工程项目总投资为 10 亿元，5 年建成，每年年末投资 2 亿元，年利率为 7%，求 5 年末的实际累计总投资额。

【解】这是一个已知年金求终值的问题，其现金流量图如图 2-7 所示。

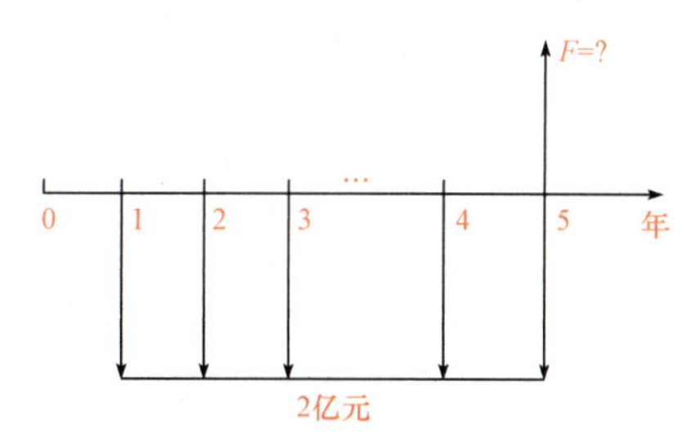

图 2-7　已知年金求终值现金流量图(单位：亿元)

根据式(2-9)可得：

$$F=\frac{(1+i)^{n}-1}{i}\times A=2\times\frac{(1+7\%)^{5}-1}{7\%}=11.5(\text{亿元})$$

此题表示若全部资金是贷款得来，需要支付 1.5 亿元的利息。

也可以通过查表，根据式(2-10)得出。

(2)等额支付偿债基金公式。其含义是：为了筹集未来 n 年后需要的一笔偿债资金，在利率为 i 的情况下，求每个计息期末应等额存储的金额。也即已知 F，i，n，求 A。类似于我们日常商业活动中的分期付款业务。其现金流量图如图 2-8 所示。

其计算公式可根据式(2-10)推导得出：

$$A=F\frac{i}{(1+i)^{n}-1} \tag{2-11}$$

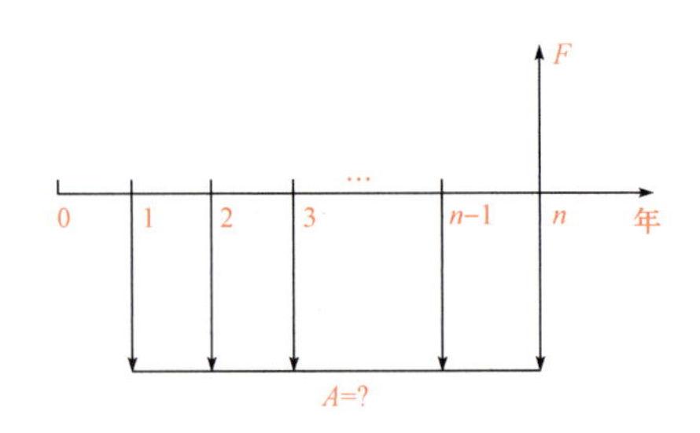

图 2-8　偿债基金公式现金流量图

式(2-11)中，$\frac{i}{(1+i)^n-1}$称为偿债基金系数，记为$(A/F, i, n)$，它与年金终值系数$(F/A, i, n)$互为倒数。

式(2-11)又可写为

$$A=F(A/F, i, n) \tag{2-12}$$

【例 2-7】 某企业 5 年后需要一笔 50 万元的资金用于固定资产的更新改造，如果年利率为 5%，问从现在开始该企业每年应存入银行多少钱？

【解】这是一个已知终值求年金的问题，其现金流量图如图 2-9 所示。

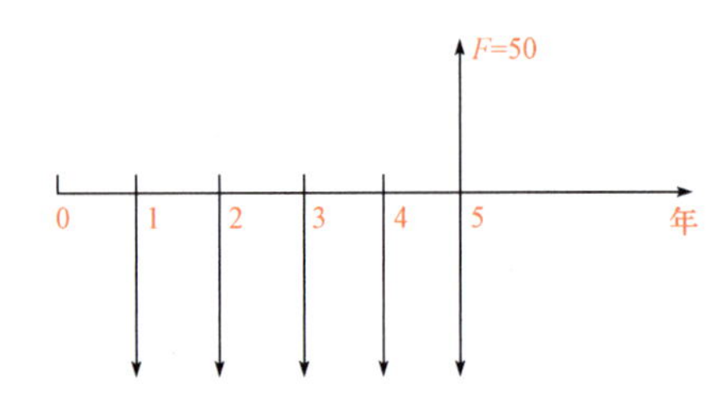

图 2-9　已知终值求年金现金流量图(单位：万元)

根据式(2-12)有：

$$\begin{aligned}A&=F(A/F, i, n)\\&=50\times(A/F, 5\%, 5)\\&=50\times0.1810\\&=9.05(\text{万元})\end{aligned}$$

即每年末应存入银行 9.05 万元。

(3)等额支付资金回收公式。其含义是：期初一次投资数额为 P，欲在 n 年内将投入资金全都收回，则在利率为 i 的情况下，求每年应等额回收的资金。也即已知 P，i，n，求 A。其现金流量图如图 2-10 所示。

资金回收公式可根据偿债基金公式和一次支付终值公式来推导，即

$$A=F\frac{i}{(1+i)^n-1}=P\frac{i(1+i)^n}{(1+i)^n-1} \tag{2-13}$$

式(2-13)中，$\frac{i(1+i)^n}{(1+i)^n-1}$称为资金回收系数，记为$(A/P, i, n)$。因此，资金回收公式(2-13)又可写为

$$A=P(A/P, i, n) \tag{2-14}$$

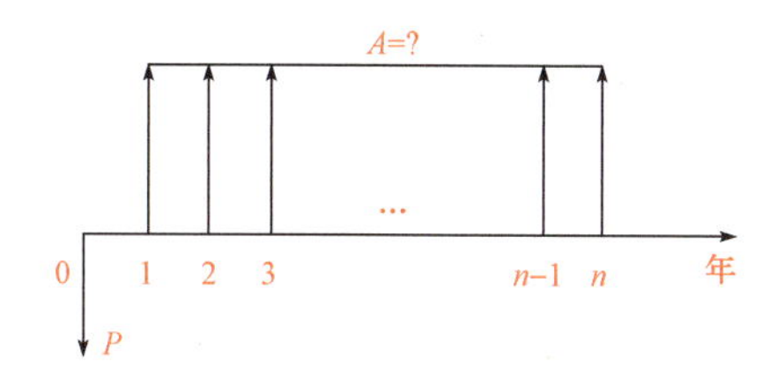

图 2-10　资金回收公式现金流量图

注意：资金回收系数是一个重要的系数，它的含义是对应于工程项目的单位初始投资，在项目寿命周期内每年至少应该回收的金额。在工程项目经济分析中，如果对应于单位初始投资的每年实际回收金额小于相应的资金回收金额，就表示在给定利率 i 的条件下，在项目的寿命周期内不可能将全部投资收回。

【例 2-8】 某项目投资 100 万元，计划在 8 年内全部收回投资，若已知年利率为 8%，问该项目每年平均净收益至少应达到多少？

【解】这是一个已知现值求年金的问题，其现金流量图如图 2-11 所示。

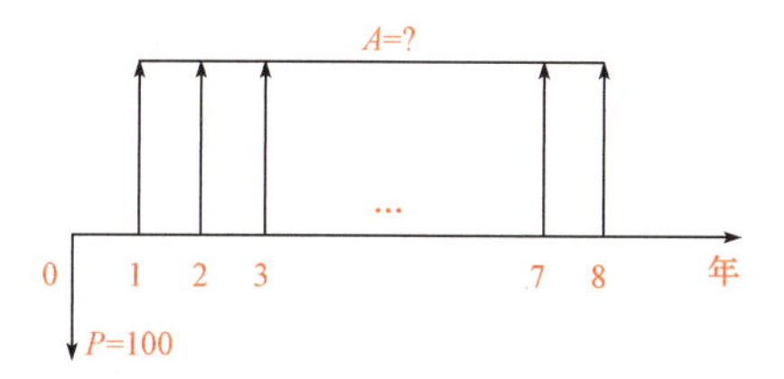

图 2-11　已知现值求年金现金流量图(单位：万元)

根据式(2-13)、式(2-14)有：

$$A=P\frac{i(1+i)^n}{(1+i)^n-1}=P(A/P,\ i,\ n)$$

$$=100\times0.174=17.40(\text{万元})$$

即每年的平均净收益至少应达到 17.40 万元，才可以保证在 8 年内将投资全部收回。

(4)等额支付现值公式。其含义是：在 n 年内每年等额收支一笔资金 A，则在利率为 i 的情况下，求此等额年金收支的现值总额。也即已知 A，i，n，求 P。其现金流量图如图 2-12 所示。

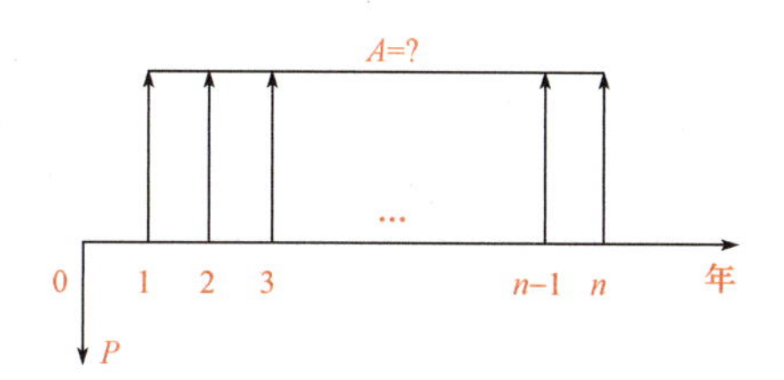

图 2-12　现金流量图

其计算公式可表示为

$$P=A\frac{(1+i)^n-1}{i(1+i)^n} \tag{2-15}$$

式(2-15)中，$\frac{(1+i)^n-1}{i(1+i)^n}$称为年金现值系数，它恰好是资金回收系数的倒数，记为$(P/A,i,n)$。因此，式(2-15)又可写为

$$P=A(P/A,i,n) \tag{2-16}$$

【例 2-9】 设立一项基金，计划从现在开始的10年内，每年年末从基金中提取50万元，若已知年利率为10%，问现在应存入基金多少万元?

【解】这是一个已知年金求现值的问题，其现金流量图如图 2-13 所示。

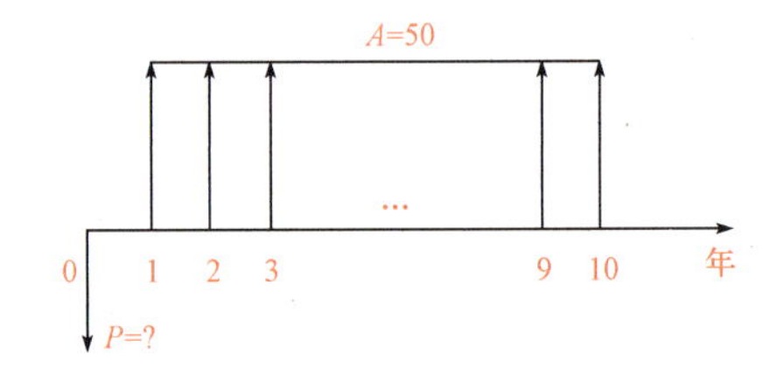

图 2-13 已知年金求现值现金流量图(单位：万元)

根据式(2-15)、式(2-16)有：

$$\begin{aligned}P&=A\frac{(1+i)^n-1}{i(1+i)^n}\\&=A(P/A,i,n)\\&=A(P/A,10\%,10)\\&=50\times6.144\,6=307.23(\text{万元})\end{aligned}$$

3. 资金等值计算公式

资金等值计算公式见表 2-3。

表 2-3 资金等值计算公式

	公式名称	预求项	已知项	系数符号	公式
资金等值计算公式	一次支付终值	F	P	$(F/P,i,n)$	$F=P(1+i)^n$
	一次支付现值	P	F	$(P/F,i,n)$	$P=F(1+i)^{-n}$
	等额支付终值	F	A	$(F/A,i,n)$	$F=A\frac{(1+i)^n-1}{i}$
	等额支付偿债基金公式	A	F	$(A/F,i,n)$	$A=F\frac{i}{(1+i)^n-1}$
	等额支付资金回收公式	A	P	$(A/P,i,n)$	$A=P\frac{i(1+i)^n}{(1+i)^n-1}$
	等额支付现值公式	P	A	$(P/A,i,n)$	$P=A\frac{(1+i)^n-1}{i(1+i)^n}$

四、名义利率和实际利率

在复利计算中，利率周期通常以年为单位，它可以与计息周期相同，也可以不相同。当利率周期与计息周期不一致时，就出现了名义利率与实际利率(有效利率)的概念。计息周期一般指计结息的频率，如按月结息、按季结息等；利率周期一般指利率调整周期。

在经济活动中，区别名义利率和实际利率至关重要。是赔是赚不能看名义利率，而要

看实际利率。实际利率是剔除了通货膨胀因素影响后的利率。当通货膨胀率很高时，实际利率将远远低于名义利率。由于人们往往关心的是实际利率，因此，若名义利率不能随通货膨胀率进行相应的调整，人们储蓄的积极性就会受到很大的打击。

在1988年，中国的通货膨胀率高达18.5%，而当时银行存款的利率远远低于物价上涨率，所以，在1988年的前三个季度，居民在银行的储蓄不仅没给存款者带来收入，就连本金的实际购买力也在日益下降。人们的反应就是到银行排队取款，然后抢购，以保护自己的财产，因此就发生了1988年夏天银行挤兑和抢购之风，银行存款急剧减少。针对这一现象，中国的银行系统于1988年第四个季度推出了保值存款，将名义利率大幅度提高，并对通货膨胀所带来的损失进行补偿。以1989年第四个季度到期的三年定期存款为例，从1988年9月10日(开始实行保值贴补政策的时间)到存款人取款这段时间内的总名义利率为21.5%，而这段时间内的通货膨胀率，如果按照1989年的全国商品零售物价上涨率来计算，仅为17.8%，因此实际利率为3.7%。实际利率的上升使存款的利益得到了保护，又开始把钱存入银行，使存款下滑的局面很快得到了扭转。

1. 名义利率(r)

计息周期利率 i 与计息周期数 m 的乘积。其计算公式为

$$r=i\times m \tag{2-17}$$

式中 i——计息周期利率；

m——计息周期数。

当月利率为1%，每月计息一次，则年名义利率为：$r=12\times1\%=12\%$。

【例2-10】 有本金为10 000元，若年利率为12%，每年计息一次，一年后的本利和为多少？若按月利率为1%，每月单利计息一次，一年后的本利和又为多少？

【解】$F_1=10\,000\times(1+12\%)=11\,200$(元)

$F_2=10\,000\times(1+1\times12\%)=11\,200$(元)

根据上面的计算，结果是一样的。如果按照单利计算，名义利率与实际利率应该是一样的。

2. 实际利率(i)

实际利率是指用周期利率并考虑利息再生利息的因素以后计算而得到的利率周期实际利率，又叫作有效利率。其是按复利法计算利息。

已知名义利率为 r，一个利率周期内计息 m 次，则计息周期利率为 $r=i/m$。在某个利率周期有资金 P，根据一次支付终值公式可得该利率周期终值为：$F=P(1+r/m)^m$，根据利息的定义可得该利率周期的利息为：$I=F-P=P(1+r/m)^m-P=P[(1+r/m)^m-1]$，再根据利率定义可得该利率周期的有效利率公式为

$$i=I/P=(1+r/m)^m-1 \tag{2-18}$$

式中 i——实际利率；

P——本金；

I——利率周期的利息。

【例2-11】 有本金为10 000元，年利率为12%，按月复利计息，求年实际利率。

【解】：方法一：根据利率的定义。

$F=10\,000\times(1+1\%)^{12}=11\,268$(元)

年实际利率为：$I=(F-P)/P$

$=(11\ 268-10\ 000)/10\ 000=12.68\%$

方法二：根据实际利率的计算公式。

$i=(1+r/m)^m-1=(1+12\%\div12)^m-1=12.68\%$

3. 名义利率和实际利率的应用

(1)计息期与支付期相同。实际利率 $i=r/m$，计息期数 $n=m\times$年数。

【例 2-12】 年利率为 12%，每半年计息 1 次，从现在起连续 3 年每半年等额存款 200 元，问与其等值的第 0 年的现值是多少？

【解】计息为半年的有效利率 $i=r/m=12\%\div2=6\%$

计息期数 $n=m\times$年数$=2\times3=6$(次)

$P=A\times(P/A,i,n)=200\times(P/A,6\%,6)=200\times4.917\ 3=983.46$(元)

(2)计息期短于支付期。

【例 2-13】 若年复利率为 5%，连续 10 年每两年向银行存入 100 万元，问第 10 年年末提取的本利和是多少？

【解】计息期为 1 年，支付期为两年，计息期短于支付期，不能直接套用利息公式。需使计息期与支付期一致。

方法一：计息期向支付期靠拢，求出支付期的有效利率。

$i_2=(1+5\%)^2-1=10.25\%$

$F=A(F/A,10.25\%,5)=100\times6.136\ 1=613.61$(万元)

方法二：支付期向计息期靠拢，求出计息期末的等额支付。

$A=F(A/F,5\%,2)=100\times0.487\ 8=48.78$(万元)

$F=A(F/A,5\%,10)=48.78\times12.577\ 9=613.55$(万元)

方法三：把等额支付的每一个支付看作为一次支付，求出每个支付的将来值。

$F=\sum P(F/P,i,n)$

$=100[(F/P,5\%,8)+(F/P,5\%,6)+(F/P,5\%,4)+$

$(F/P,5\%,8)+(F/P,5\%,0)]=100\times6.135\ 6=613.56$(万元)

(3)计息期长于支付期。

1)计息期内的收付资金不计算利息。存款必须存满一个计息期时才计算利息，即在计息期间存入(或借入)的款项在该期不计算利息，要到下一期才计算利息。因此，计息期间的存款或借款应放在期末，而计息期间的提款或还款应放在期初。

2)计息期内的收付资金按单利计算。一般银行一年内活期存款属于这种情况，按存入银行的时间长短来计算计息期内的利息。

3)计息期内的收付资金按复利计算。求出支付期的复利利率。

【例 2-14】 若每月向银行存入 100 元，银行年利率为 6%，按季复利，求年末存入银行资金的本利和。

【解】这道题属于计息期长于支付期，且计息期内的收付资金不计算利息。

$F=A(F/A,1.5\%,4)=300\times4.09=1\ 227$(元)

答：年末存入银行资金的本利和为 1 277 元。

【例 2-15】 若每月向银行存入 100 元，银行年利率为 6%，按季复利，计息期内收付资金按单利计算，求年末存入银行资金的本利和。

【解】这道题属于计息期长于支付期，且计息期内的收付资金按照单利计算。

计息期(季)利率为 $i=6\%/4=1.5\%$，到计息期(季)末累计的本利和为 $100\times(1.5\%\times2/3+1)+100\times(1.5\%\times1/3+1)+100=301.5$(元)

按季复利计算年末本利和：

$F=A(F/A，1.5\%，4)=301.5\times4.09=1\ 233.41$(元)

答：年末存入银行资金的本利和为 1 233.41 元。

任务四　资金等值的应用

【例 2-16】 某工程项目需要投资，现在向银行借款为 100 万元，年利率为 10%，借款期为 5 年，一次还清。求第五年年末一次偿还银行的资金。

解：(1)画现金流量图，如图 2-14 所示。

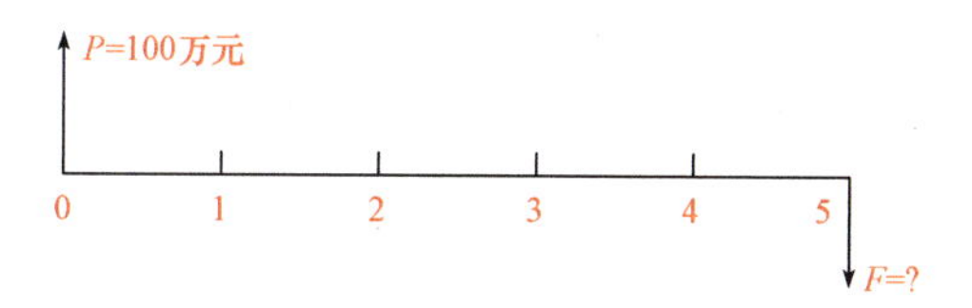

图 2-14　现金流量图(单位：万元)

(2)计算。

$F=P(1+i)^n=P(F/P，i，n)=100(F/P，10\%，5)=100\times1.610\ 5$
$=161.05$(万元)

答：第 5 年年末一次偿还银行本利和为 161.05 万元。

【例 2-17】 某工厂拟在第 5 年年末从银行取出 2 万元，购置一台设备，若年利率为 10%。那么现在应存入银行多少钱?

【解】(1)画现金流量图，如图 2-15 所示。

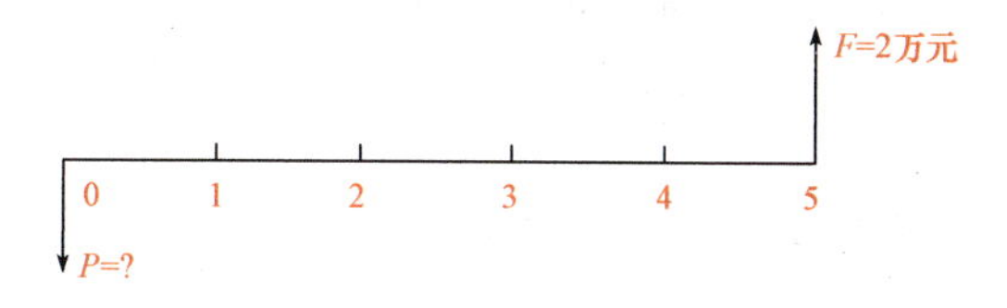

图 2-15　现金流量图(单位：万元)

(2)计算。

$P=F(P/F，i，n)=2(P/F，10\%，5)=2\times0.620\ 9=1.241\ 8$(万元)

答：现在应存入银行的现值为 1.241 8 万元。

【例 2-18】 某借款金额为 1 万元，利率为 8%，分 5 年于年末等额偿还，求每年的偿付值。若在每年年初偿还，每期偿付值又是多少？

【解】(1)画现金流量图，年末等额偿还和年初等额偿还分别如图 2-16 和图 2-17 所示。

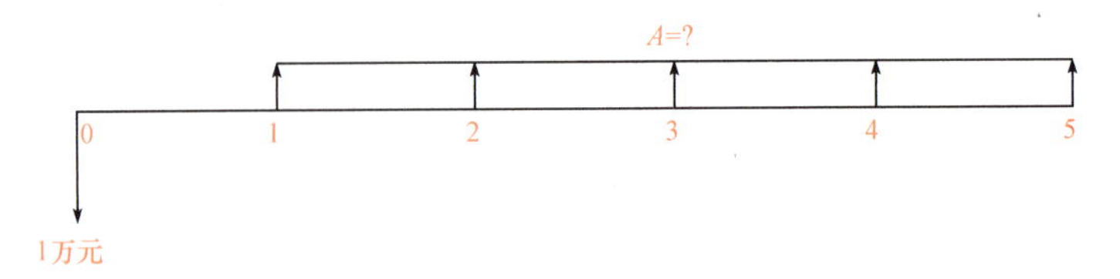

图 2-16 年末等额偿还现金流量图(单位：万元)

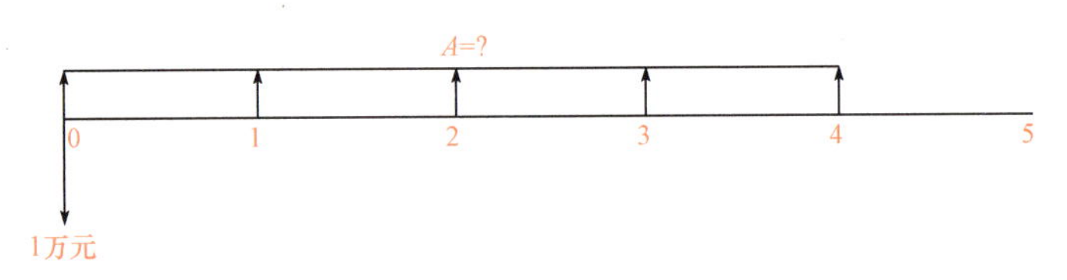

图 2-17 年初等额偿还现金流量图(单位：万元)

(2)计算。

1) $A=P(A/P，i，n)=1\times(A/P，8\%，5)=0.250\,5$(万元)

2) $P=A+A(P/A，i，n)$

$$A=\frac{P}{1+(P/A，8\%，4)}=0.231\,9(\text{万元})$$

答：若年末等额偿还，每年偿还 0.250 5 万元；若在每年年初偿还，每期偿还 0.231 9 万元。

【例 2-19】 某工厂计划自筹资金于 5 年后新建一个生产车间，预计需要投资 5 000 万元，若年利率为 5%，从现在起每年年末应等额存入银行多少钱？

【解】(1)画现金流量图，如图 2-18 所示。

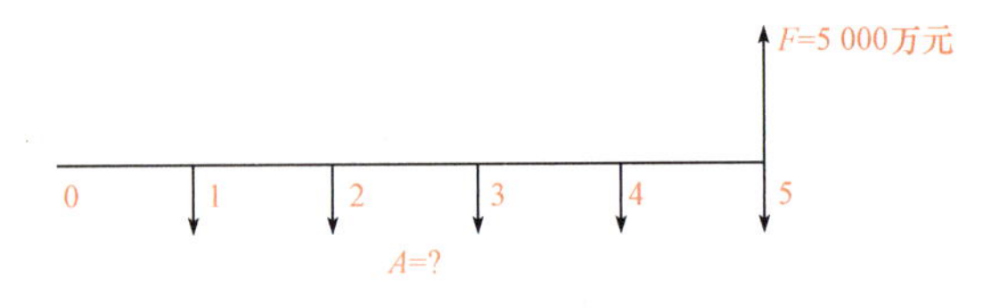

图 2-18 现金流量图

(2)计算。

$A=F(A/F,i,n)=5\,000(A/F,5\%,5)=5\,000\times0.181$

$=905$(万元)

答：每年年末应等额存入银行 905 万元。

【例 2-20】 若某企业拟建一个工业项目，第 1、2、3 年年初的投资分别是 100 万元、150 万元和 180 万元；第 3 年至第 10 年获得收益，其中每年的营业收入为 200 万元，经营成本为 80 万元，不考虑税收缴交，投资者希望的收益率为 20%，试问企业投资该项目是否合算？

【解】绘制项目现金流量图，如图 2-19 所示。

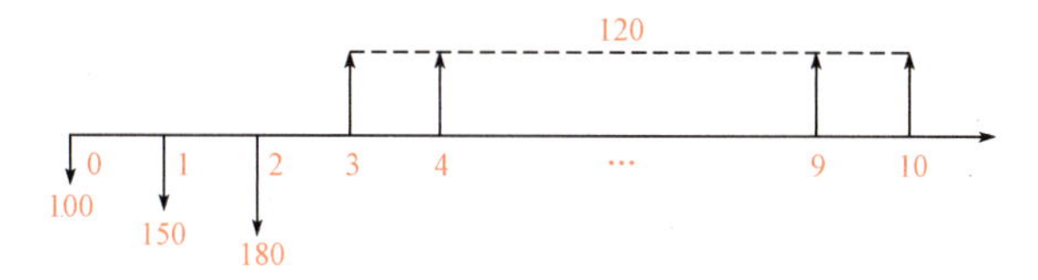

图 2-19 现金流量图

方法一：将投资和收益换算成现值之后进行比较。

(1)该项目投资的现值为

$$P_1=100+\frac{150}{(1+20\%)}+\frac{180}{(1+20\%)^2}=350(\text{万元})$$

(2)该项目收益的现值为

$$P_2=120\times\frac{(1+20\%)^8-1}{20\%\times(1+20\%)^8}\times\frac{1}{(1+20\%)^2}=320(\text{万元})$$

上述计算结果表明，若按照 20%的收益进行计算，获得这样的收益只需要 320 万元，而实际投资为 350 万元，因此表明此项投资不合算，企业不应投资该项目。

方法二：将投资和收益换算成终值之后进行比较。

(1)该项目投资的终值为

$$F_1=100\times(1+20\%)^{10}+150\times(1+20\%)^9+180\times(1+20\%)^8=2\ 167(\text{万元})$$

(2)该项目收益的终值为

$$F_2=120\times\frac{(1+20\%)^8-1}{20\%}=1\ 980(\text{万元})$$

上述计算结果表明，收益的终值小于投资的终值，表明此项目的投资没有达到 20%的年收益率，故企业投资该项目是不合算的。

【例 2-21】 若某建筑企业拟购买一大型建筑设备，预计该设备的使用年限为 5 年，在寿命期内每年能产生净收益 50 万元，若该企业要求的最低收益率为 15%，问该企业能接受的设备价格是多少?

【解】建筑企业能接受的设备价格实际上就是投资额，该项投资在 5 年内每年产生的净收益是 50 万元。绘制现金流量图，如图 2-20 所示。

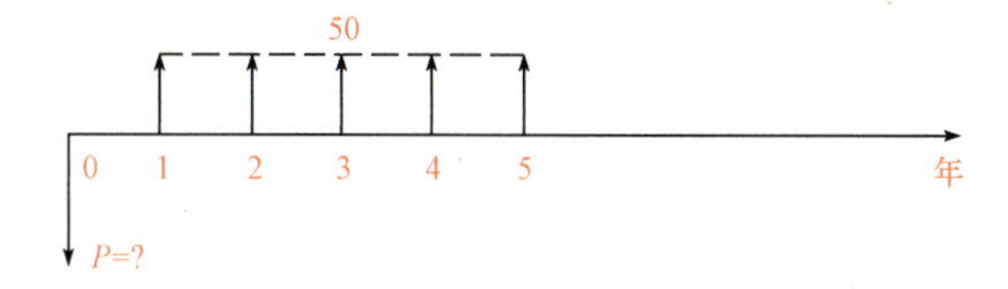

图 2-20 现金流量图

为保证获得 15%的投资收益率，则企业能够接受的最高价格为

$$P=50\times\frac{(1+15\%)^5-1}{15\%(1+15\%)^5}=168(\text{万元})$$

【例 2-22】 若某企业拟投资某一项目，预计项目的建设期为 3 年，其中第一年年初投资 200 万元，第二年年初投资 300 万元，第三年年初投资 200 万元，第四年起开始获得收

益，每年获取的净收益均相同，项目的收益年限为 6 年，若该企业要求的最低收益率为 12%，问企业每年应至少收益多少万元？

【解】绘制项目现金流量图，如图 2-21 所示。

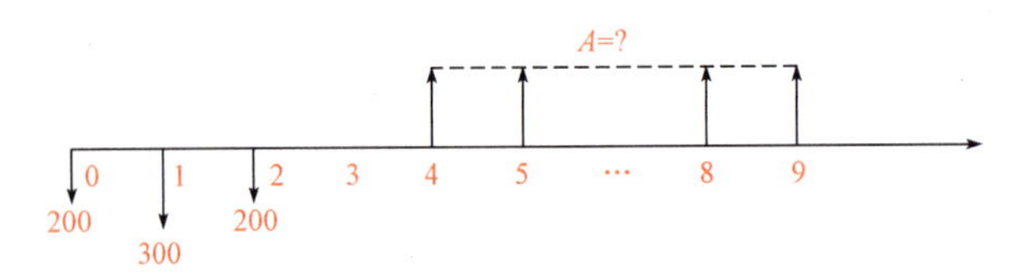

图 2-21　现金流量图

(1)该项目投资的现值为

$$P_1=200+\frac{300}{(1+12\%)}+\frac{200}{(1+12\%)^2}=627(\text{万元})$$

(2)该项目收益的现值为

$$P_2=A\times\frac{(1+12\%)^6-1}{12\%\times(1+12\%)^6}\times\frac{1}{(1+12\%)^3}$$

(3)在 12%的收益率下，项目投资的现值等于收益的现值。

$$A\times\frac{(1+12\%)^6-1}{12\%\times(1+12\%)^6}\times\frac{1}{(1+12\%)^3}=627$$

$A=214$ 万元，即企业每年的净收益至少为 214 万元，才能保证企业获得 12%的收益率。

【例 2-23】　设有某项贷款为 5 000 元，偿还期为 5 年，年利率为 10%，偿还方式有两种：一是到期本利一次偿还；二是每年付息，到期一次还本。就这两种方式画出现金流量图。

【解】(1)以贷款者为对象，该系统现金流量图如图 2-22 所示。

(2)以被贷款者为对象，该系统现金流量图如图 2-23 所示。

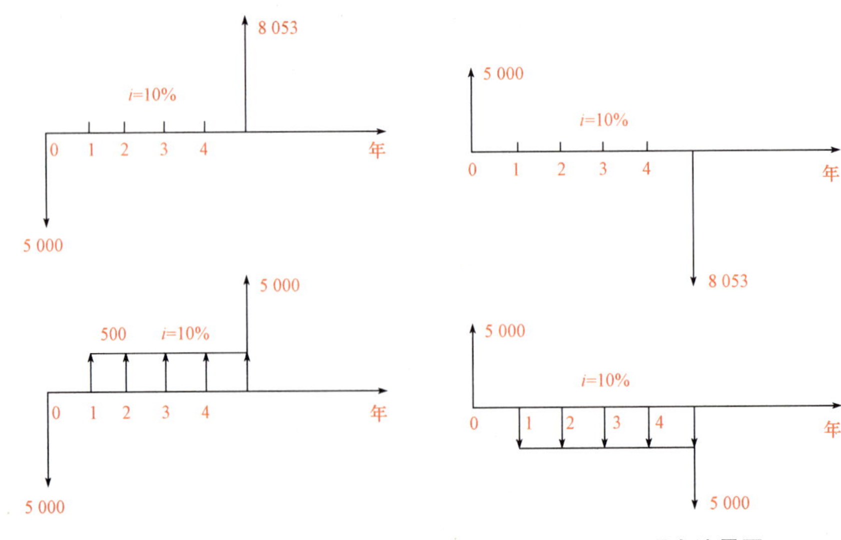

图 2-22　现金流量图　　**图 2-23　现金流量图**

【例 2-24】 某工程项目计划 3 年完成，3 年中每年年初分别贷款 1 000 万元，年利率为 8%，若建成后分三年每年年末等额偿还全部投资额，每年应偿还多少？

【解】(1)画出现金流量图，如图 2-24 所示。

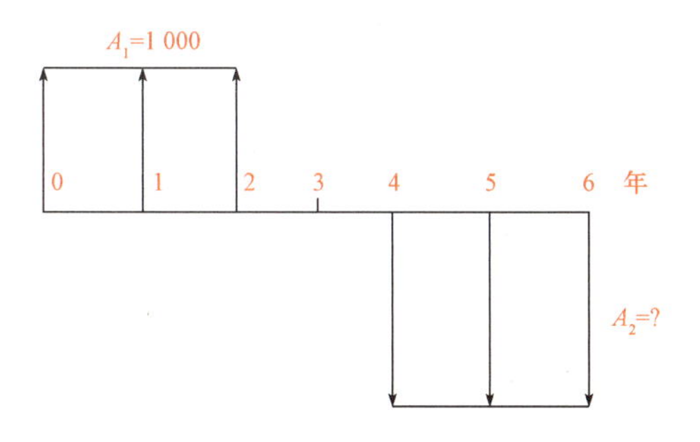

图 2-24 现金流量图

(2)计算。

图 2-24 中，在“3”时的贷款额应等于“3”时的还款额。

方法一：

$A_1(F/P，8\%，3)+A_1(F/P，8\%，2)+A_1(F/P，8\%，1)=A_2(P/A，8\%，3)$

解得 $A_2=1\ 360.5$ 万元

方法二：

$A_1(1+8\%)\times(F/A，8\%，3)=A_2(P/A，8\%，3)$

解得 $A_2=1\ 360.5$ 万元

答：每年应该偿还 1 360.5 万元

注意：这里有一个误区 $A_1(F/A，8\%，3)\neq A_2(P/A，8\%，3)$，在解题的过程中希望同学们能够注意一下。

【例 2-25】 某企业从银行借款 1 000 万元，在 5 年内以年利率为 6%还清全部本金和利息，现有四种不同的还款方式：

(1)每年年末偿付所欠利息，本金到第五年年末一次还清。

(2)第 5 年年末一次还清本息和。

(3)将所借本金作分期均匀摊还，每年年末偿还本金 200 万元，同时偿还到期利息。

(4)每年年末等额偿还本息。

试分析各种还款方式每年的债务情况，并说明哪种方式最优。

【解】画出四种偿还方式的现金流量图，分别如图 2-25～图 2-28 所示。

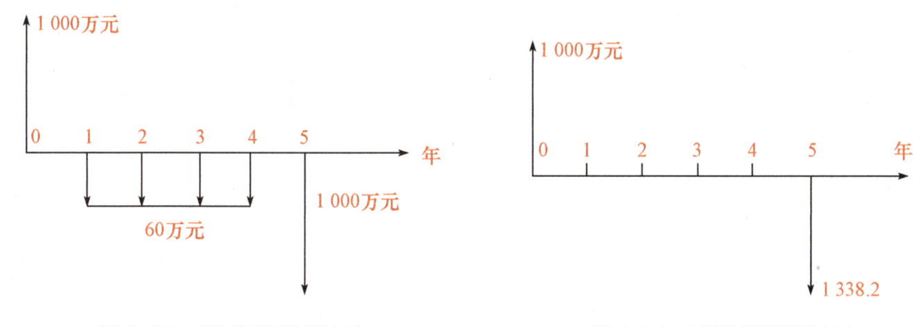

图 2-25 现金流量图(1)　　图 2-26 现金流量图(2)

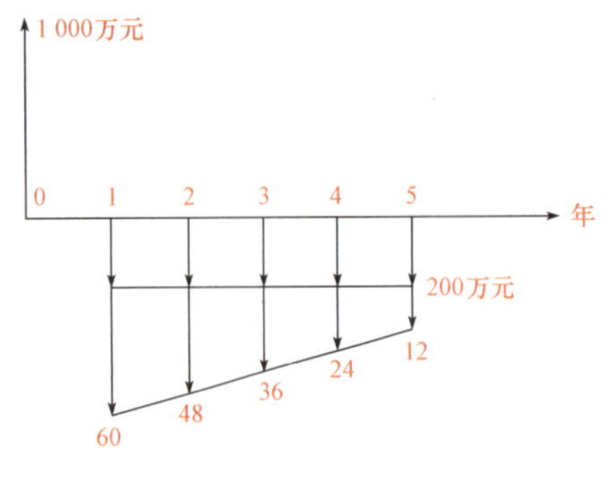

图 2-27　现金流量图(3)

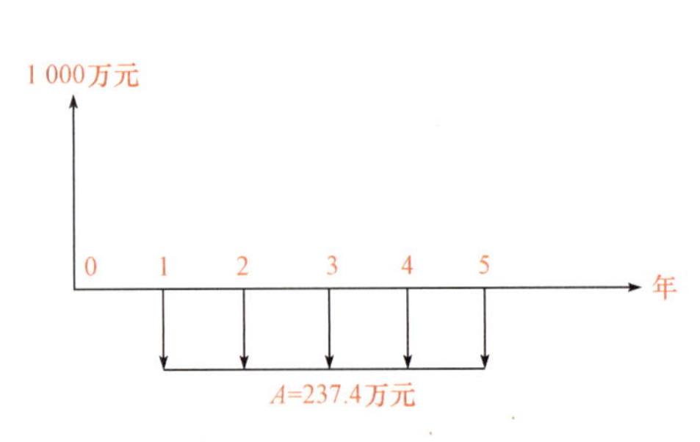

图 2-28　现金流量图(4)

四种偿还方式 5 年来偿还给银行的累计金额：

第一种方式为 1 300 万元；第二种方式为 1 338.2 万元；第三种方式为 1 180 万元；第四种方式为 1 187 万元。根据等值的概念，四种方式等价。但是对企业来说，如果其投资收益率＞银行利率，企业应该负债经营，不应过早的还债，因此，第二种方式最优。如果其投资收益率＜银行利率，企业应尽早还贷，以免负债累累，这时第三种方式最优。

【例 2-26】 某人贷款 10 万元购房，年利率为 10%，分 5 年于每年年末等额偿还全部贷款，则每年应偿还利息与本金各多少？

【解】(1)画出现金流量图，如图 2-29 所示。

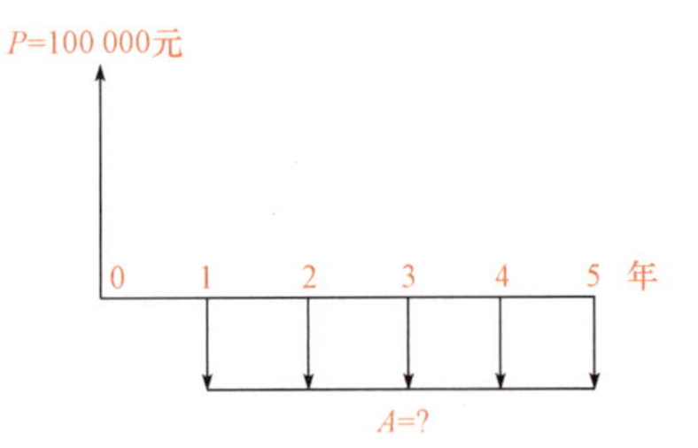

图 2-29　现金流量图

(2)每年应偿还利息与本金如下：

第一年：应该偿还的利息为 1 000 元，本金为 16 380 元，还剩余 83 620 元未偿还；

第二年：应该偿还的利息为 8 362 元，本金为 18 018 元，还剩余 65 602 元未偿还；

第三年：应该偿还的利息为 6 560 元，本金为 19 820 元，还剩余 45 782 元未偿还；

第四年：应该偿还的利息为 4 578.2 元，本金为 21 801.8 元，还剩余 23 980.2 元未偿还；

第五年：应该偿还的利息为 2 398 元，本金为 23 982 元，还剩余 0 元未偿还。

【例 2-27】 甲企业向乙公司借 1 000 万元，年利率为 10%，每年计息两次(年中、年末各一次)。经协商，甲企业在今后的五年中分 10 次等额还本利息(每年两次，年中、年末各一次)。在归还 5 次以后，乙公司急等用钱，提出要甲企业在第六次还款时一次支付 600 万元，条件是以此支付冲销余下的所有欠款，问甲企业是否同意？为什么？画出现金流量图。

【解】(1)每一计息周期利率 $i=5\%$，画出现金流量图，如图 2-30 所示。

(2)$A=P(A/P,5\%,10)=1\,000\times0.129\,5=129.5$(万元)

画出现金流量图，如图 2-31 所示。

$P=A+A(P/A,5\%,4)$

$=A(1+3.545\,95)$

$=588.7$(万元)

答：因为 $P=588.7$ 万元<600 万元，所以，甲企业不同意。

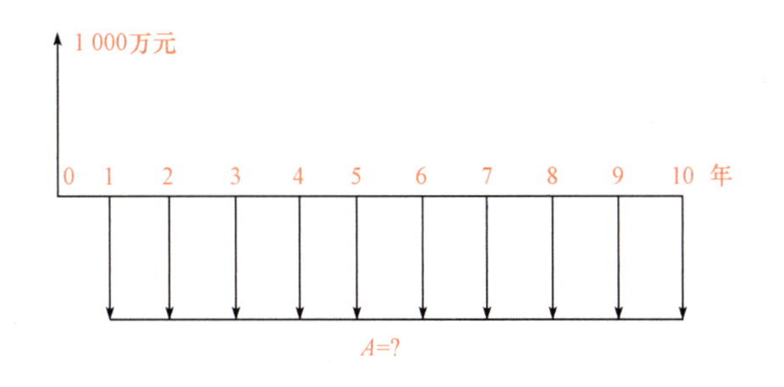

图 2-30 现金流量图

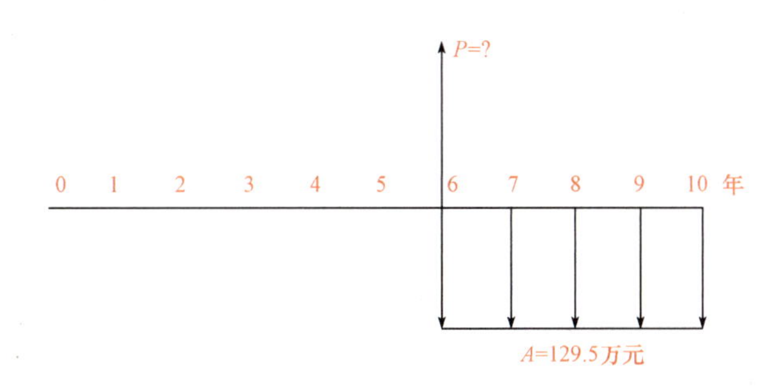

图 2-31 现金流量图

本章重点

1. 现金流量的概念。
2. 名义利率、实际利率的含义。
3. 资金时间价值的概念。
4. 资金等值的影响因素。

本章难点

等值计算的基本公式，并能进行资金等值的计算。

本章课时

12 课时

本章要求

通过本章的学习，学生应了解现金流量的概念，能够熟练掌握现金流量表和现金流量图的绘制；熟悉名义利率、实际利率的含义；能够了解资金时间价值的概念，熟悉资金等值的影响因素，熟练掌握等值计算的基本公式，并能进行资金等值的计算。

思考与练习

一、单项选择题

1. 6 年分期付款购物，每年年初付 200 元，设银行利率为 10%，该项分期付款相当于一次现金支付的购价是(　　)元。

A. 958.20　　B. 758.20　　C. 1 200　　D. 354.32

2. 某一投资项目，投资为 5 年，每年复利四次，其实际年利率为 8.24%，则其名义利率为(　　)。

A. 8%　　B. 8.16%　　C. 8.04%　　D. 8.06%

3. 在期望收益不相同的情况下，标准差越大的项目，其风险(　　)。

A. 越大　　B. 越小　　C. 不变　　D. 不确定

4. 某人希望在 5 年后取得本利和 1 000 元，用于支付一笔款项。若按单利计算，利率为 5%，那么，他现在应存入(　　)元。

A. 800　　B. 900　　C. 950　　D. 780

5. 普通年金是指在一定时期内每期(　　)等额收付的系列款项。

A. 期初　　B. 期末　　C. 期中　　D. 期内

6. 财务管理中的风险按照形成的原因分类，一般可分为(　　)和财务风险。

A. 检查风险　　B. 固有风险　　C. 经营风险　　D. 筹资风险

7. 某企业借入年利率为 10%的贷款，贷款期限为 2 年，贷款的利息按季度计算，则贷款的实际年利率为(　　)。

A. 5.06%　　B. 10.5%　　C. 10.38%　　D. 10%

8. 下列各项年金中，只有现值没有终值的年金是(　　)。

A. 普通年金　　B. 即付年金　　C. 永续年金　　D. 先付年金

9. 若年利率为 12%，每季复利一次，则每年实际利率比名义利率(　　)。

A. 大 0.55%　　B. 小 0.55%　　C. 大 12.5%　　D. 小 12.5%

10. 一项 100 万元的借款，借款期为 5 年，年利率为 8%，若每半年复利一次，年实际利率会高出名义利率(　　)。

A. 4%　　B. 0.16%　　C. 0.8%　　D. 0.816%

二、多项选择题

1. 在项目的经济评价现金流量表中，属于现金流出的有(　　)。

A. 固定资产投资　　B. 固定资产折旧　　C. 流动资金　　D. 经营成本

E. 应付账款

2. 影响资金等值的因素有(　　)。

A. 利息　　B. 利率或折现率

C. 资金发生的时点　　D. 资金量的大小

E. 资金等值换算方法

3. 决定资金等值的因素有(　　)。

A. 资金数额　　B. 投资大小

C. 资金发生的时刻　　D. 利率

E. 经营成本

4. 关于时间价值系数的关系式，下列表达正确的有(　　)。

A. $(F/A, i, n)=(F/P, i, n)\times(P/A, i, n)$

B. $(F/P, i, n)=(F/P, i, n_1)\times(F/P, i, n_2)$，其中：$n_1+n_2=n$

C. $(P/F, i, n)=(P/F, i, n_1)+(P/F, i, n_2)$，其中：$n_1+n_2=n$

D. $(P/A, i, n)=(P/F, i, n)/(A/F, i, n)$

E. $1/(F/A, i, n)=(F/A, i, 1/n)$

5. 有关名义利率与实际利率的说法中，下列正确的是(　　)。

A. 相同名义利率在不同计算周期下的实际利率相同

B. 名义利率是周期利率与名义利率包含的单位时间内计息周期数的乘积

C. 名义利率与实际利率可以通过一定的公式进行转换

D. 当给定利率的时间单位与计息周期不一致时，不同的计息周期所得的利息不同，就是因为存在实际利率与名义利率

E. 在单利计息的情况下，名义利率等同于实际利率

三、判断题

1. 在利率和计息期相同的条件下，复利现值系数与复利终值系数互为倒数。(　　)

2. 利率等于货币时间价值、通货膨胀附加率、风险报酬三者之和。(　　)

3. 永续年金既无现值，也无终值。(　　)

4. 资金时间价值是指一定量的资金在不同时点上的价值量。(　　)

5. 风险本身可能带来超出预期的损失，也可能带来超出预期的收益。(　　)

6. 用来代表资金时间价值的利息率中包含着风险因素。(　　)

7. 在利率大于零、计息期一定的情况下，年金现值系数大于1。(　　)

8. 根据风险与收益对等的原理，高风险的投资项目必然会获得高收益。(　　)

9. 在利率同为10%的情况下，第10年年末1元的复利现值系数大于第8年年末1元的复利现值系数。(　　)

四、思考题

1. 什么是现金流量？

2. 什么是资金的时间价值？如何理解资金的时间价值？

3. 简述名义利率、实际利率的含义。

4. 单利与复利的区别是什么？试举例说明。

5. 什么是终值、现值、等值？

6. 什么是资金回收系数，如何求解？

五、计算题

1. 某人将1 000元存入银行，年利率为6%，一年复利一次，7年后的本利和是多少元？

2. 某人将10 000元存入银行，年利率为8%，一个季度复利一次，5年后的本利和是多少元？

3. 某人计划5年后支付500 000元购买一套住房，银行存款利率为5%，那么每年年末需等额存入银行多少元？

4. 某人准备在10年中，每年年初存入银行40 000元，年利率为6%，则10年年末的本利和是多少元?

5. 王某拟于明年初借款50 000元，从明年年末开始，每年年末还本付息均为6 000元，10年还清。假设利率为7%，试问王某是否能按其计划借到款项?

6. 某公司购买一处房产，现在一次性付款100万元，若分3年付款，每年年初的付款额为35万元。假设年利率为10%，哪种付款方式较优?

7. 若用6年分期付款购物，每年年初付20 000元，设银行利率为10%，该项分期付款相当于一次现金支付的购价是多少?

8. 企业借入一笔款项，年利率为8%，前10年不用还本付息，从第11年至第20年每年年末还本息4 000元，则这笔款项的现值是多少?

9. 某公司拟购置一项设备，目前有A、B两种可供选择。A设备的价格比B设备高50 000元，但每年可节约维修保养费等费用10 000元。假设A设备的经济寿命为6年，利率为8%，该公司在A、B两种设备中必须择一的情况下，应选择哪一种设备?

10. 假定你想自退休后(开始于20年后)，每月取得2 000元。假设这是一个第一次收款开始于21年后的永续年金，年报酬率为4%，则为达到此目标，在下20年中，你每年应存入多少钱?

项目三　工程经济分析的基本要素

知识目标

掌握工程经济分析的各基本要素；理解并掌握投资、总成本费用、经营成本、固定成本与变动成本的概念、构成及其相互关系；掌握企业销售收入、利润与税金的概念、分类构成及其相互关系。

技能目标

能够正确运用工程经济分析的基本要素分析项目投资、成本费用的构成及各经济要素的估算。

素质目标

营造课堂活跃气氛；提升规范意识、质量意识、绿色环保意识，强化动手能力、社会责任心、合作意识及沟通协调能力。

导　入

已知星星纺织厂项目的年成本费用为2 000万元，年销售费用、管理费用合计为总成本费用的15%，年折旧费为200万元，年摊销费为50万元，年利息支出为100万元，则该项目的各项费用如何归集？年经营成本为多少？

本章内容

任务一　工程经济要素的基本构成

一、投资

投资是投资主体为了特定的目的，为达到预期收益的价值而发生的垫付行为。投资是人类最重要的经济活动之一，投资是建设过程的起点，没有投资就不可能进行经济建设，没有建设，投资的目的也就无法实现。

1. 投资的含义

投资一般有广义和狭义两种理解。

(1)广义的投资是指人们的一种有目的的经济行为，即以一定的资源投入某项计划，以获取所期望的报酬的过程(如投资办企业、提供咨询、提供劳务、银行存款、发放贷款等而获得收益的活动都可以称为投资)。

(2)狭义的投资是指人们在社会经济活动中为实现某种预定的生产、经营目标而预先垫付的资金(如建工厂、买股票、买债券等而预先投入的资金都称为投资)。

狭义的投资是指为建造和购置固定资产、购买和储备流动资产而事先垫付的资金及其经济行为。广义的投资则是指一切为了将来的所得而事先垫付的资金及其经济行为。建筑工程经济中所说的投资主要是指狭义的投资。狭义的投资是所有投资活动中最基本的，也是最重要的投资。投资活动是投资主体、投资环境、资金投入、投资产出、投资目的等诸多要素的统一。

2. 投资的分类

工程造价的含义是从投资者的角度定义即全部固定资产投资费用，固定资产投资的组成见表3-1。一般把建筑安装工程费、设备和工器具购置费、工程建设其他费用和基本预备费之和，作为静态投资；也即指编制预期造价(估算、概算、预算造价总称)时以某一基准年、月的建设要素的单价为依据所计算出的造价瞬时值，包括了因工程量误差而可能引起的造价增加，不包括以后年月因价格上涨等风险因素增加的投资，以及因时间迁移而发生的投资利息支出。**相应地，动态投资是指完成一个建设项目预计所需投资的总和，包括静态投资、价格上涨等风险因素而需要增加的投资以及预计所需的利息支出。**

表3-1　固定资产投资的组成

<table>
<tr><td rowspan="16">固定资产投资
(工程造价)</td><td rowspan="7">建筑安装工程费用</td><td colspan="2">人工费</td></tr>
<tr><td colspan="2">材料费</td></tr>
<tr><td colspan="2">施工机具使用费</td></tr>
<tr><td colspan="2">企业管理费</td></tr>
<tr><td colspan="2">利润</td></tr>
<tr><td colspan="2">规费</td></tr>
<tr><td colspan="2">税金</td></tr>
<tr><td rowspan="3">设备及工器具购置费用</td><td rowspan="2">设备购置费</td><td>设备原价</td></tr>
<tr><td>设备运杂费</td></tr>
<tr><td colspan="2">工器具及生产家具购置费</td></tr>
<tr><td rowspan="3">工程建设其他费用</td><td colspan="2">土地使用费</td></tr>
<tr><td colspan="2">与项目建设有关的其他费用</td></tr>
<tr><td colspan="2">与未来企业生产经营有关的其他费用</td></tr>
<tr><td rowspan="2">预备费</td><td colspan="2">基本预备费</td></tr>
<tr><td colspan="2">涨价预备费</td></tr>
<tr><td colspan="3">建设期贷款利息</td></tr>
</table>

投资按其形成真实资产的内容不同，划分为固定资产投资、无形资产投资、递延资产

投资与流动资产投资。

(1)固定资产投资。固定资产是指使用期在一年以上，价值在规定限额以上，为多个生产周期服务，在使用过程中保持原有物质形态不变的劳动资料。如厂房、设备、大型工具、住宅等。

固定资产通过购入、自制、自建、租入等方式取得。固定资产在使用过程中会逐渐磨损和贬值，其价值将逐步转移到新产品中。固定资产这种磨损和贬值称为折旧。转移的价值就是通过折旧的形式计入产品的成本，并通过产品销售以货币形式收回。

固定资产可分为生产经营性固定资产(使用期为 1 年以上)、非生产经营性固定资产(使用期为 2 年以上，单位价值为 2 000 元以上)。

(2)无形资产投资。无形资产是指企业长期使用但没有实体形态的可以持续为企业带来经济效益的资产。如专利权、非专利技术、商标权、著作权、土地使用权、特许权、商誉等。

无形资产规定了一定的使用期限，在使用期限内其价值也会逐渐转移到新产品中，计入产品的成本。无形资产的转移价值是采用在其服务期限内逐年摊销的方式计算的。

无形资产通过外购、自创、投资者投入等方式取得。无形资产可分为有期限和无期限两类。无形资产的摊销按法律规定或合同规定中较短时间计算，若无规定则不超过 10 年。

(3)递延资产投资。递延资产是指不能全部计入当年损益，应当在以后年度内分期摊销的各项费用。它是集中发生，但摊销年限在 1 年以上，又不能计入固定资产、无形资产的固定投资费用。

递延资产是一种过渡性的资产，而且常常在投资初期发生，因而，它的特点具有过渡性。国家规定，递延资产在投入运营后按不低于 5 年的时间平均摊销，其摊销费计入产品的成本。

递延资产主要包括项目开办费、筹建期间人员工资、办公费、培训费、印刷费、律师费、注册登记费、租入固定资产改良支出、固定资产大修理支出。

(4)流动资产投资。流动资产是指在投资前预先垫付，在投资后的生产经营过程中用于购买原材料、燃料动力、备品备件，支付工人工资和其他费用，以及在制品、半成品和其他存货所占用的全部周转资金，它是流动资产与流动负债的差额。其中，流动资产包括现金、各种存款、应收款、预付货款及存货；流动负债主要是指应付款、预收款。

流动资产是指可以在 1 年或超过 1 年的一个营业周期内变现或者耗用的资产。其包括存货、应收款项和现金。垫支于劳动对象(原材料、燃料、辅助材料)、工资方面及其他费用的资金，是企业在储备、生产和流通领域中所占用的周转资金。

在项目的整个寿命期内，流动资产始终被占用，并且周而复始地运动着，只有到项目的寿命期结束时，流动资产才全部退出生产，以货币资金的形式被收回。

二、成本和费用

1. 基本含义

我国经济学上经常提到的“成本”，一般是指生产成本，即“生产产品所需耗费的物化劳动和活劳动的货币表现”。

费用是指企业为销售商品、提供劳务等日常活动所发生的经济利益的流出。费用具体表现为企业的资金支出，或者表现为资产的耗费，最终导致所有者权益的减少。

2. 相关概念

(1)总成本费用。总成本费用是指投资项目在一定时期内(一般为一年)为生产和销售产

品所花费的全部费用总和。总成本费用由生产成本和期间费用两部分组成。

(2)经营成本。经营成本是指建筑工程项目在运行初期和正常运行期间，为维护正常生产，每年需要支出的各项经常性的费用。经营成本是工程经济分析中经济评价的专用术语，用于项目财务评价的现金流量分析。

(3)固定成本与变动成本。

1)固定成本。固定成本是指成本总额在一定时期和一定业务范围内，不受业务量增减变动影响的成本。如固定资产的折旧费、修理费、管理人员工资及职工福利费、办公费和差旅费等。

2)变动成本。凡成本总额与业务量总数成正比例增减变动关系的，称为变动成本。如产品生产中消耗的直接材料费用、直接人工费用、直接燃料动力费用、直接包装费用等。

(4)沉入成本。沉入成本是指以往已经发生的但与当前决策无关的费用。即决策前已经支出的费用或者已经承诺将来必须支付的费用。沉入成本属于过去，是不可改变的。例如，说你花 50 元买了一张电影票，看了一刻钟之后发现电影很糟糕，你应该离开电影院，而那 50 元钱属于沉入成本。

(5)机会成本。机会成本是指因为将资源置于某种特定用途而放弃另外一种资源投入机会而牺牲的利益。在既定资源条件下，假定厂商可以生产两种产品，当把资源用于生产某一种产品时，机会成本就是所放弃生产的另一种产品数量。

例如，大学学位的机会成本是什么？让我们来看一看，一个学生在大学里待了 4 年，每年支付 1 万元的学费与书费。上大学的部分机会成本包括：①该学生可用于购买其他商品，但又不得不用于学费与书费的 4 万元；②如果该学生不上大学，而是到一家银行做职员，每年的薪金为 2 万元。那么，在大学里所花费的时间的机会成本是 8 万元。因而，该学生的大学学位的机会总成本为 12 万元。

三、销售收入

销售产品的收入称为销售收入，提供服务的收入称为营业收入。这里的销售收入是两者的统称。销售收入是产品经过流通领域之后，给企业带来的真正效益。项目的营业收入是指项目建设完成后投入使用期间所生产产品或提供服务等的所得收入。

销售收入是经济效果分析的重要数据，其估算的准确性极大地影响着技术方案经济效果的评价。因此，营业收入的计算既需要在正确估计各年生产能力利用率(或称生产负荷或开工率)基础之上的年产品销售量(或服务量)，也需要合理确定产品(或服务)的价格。

(1)对于销售产品的收入计算公式为

$$销售收入=产品销售数量\times产品单价 \tag{3-1}$$

(2)对于提供劳务的计算比较复杂，如提供运输服务的计算公式为

$$销售收入=运输里程\times运输单价\times运输重量 \tag{3-2}$$

(3)提供旅游、广告、理发、饮食、咨询、代理、培训、产品安装等的收入计算，一般没有固定的计算公式，大都按照提供劳务的数量计算。

(4)建筑工程项目的销售收入包括以下两部分：

1)销售收入是指销售产品或者提供服务所获得的收入，是现金流量表中现金流入的主体，也是利润表的主体。

$$销售收入=产品销售单价\times产品年销售量 \tag{3-3}$$

销售价格的选择如下：

①选择口岸价格；

②选择国内市场价格；

③根据预计成本、利润和税金确定价格。

$$产品出厂价格=产品成本费用\times(1+成本利润率) \tag{3-4}$$

2)补贴收入。某些经营性的公益事业、基础设施技术方案，如城市轨道交通项目、垃圾处理项目、污水处理项目等，政府在项目运营期给予一定数额的财政补助，以维持正常运营，使投资者能获得合理的投资收益。对于这类技术方案应按照有关规定估算企业可能得到的与收益相关的政府补助(与资产相关的政府补助不在此处核算，与资产相关的政府补助是指企业取得的、用于购建或以其他方式形成长期资产的政府补助)，包括先征后返的增值税、按销量或工作量等依据国家规定的补助定额计算并按期给予的定额补贴，以及属于财政扶持而给予的其他形式的补贴等，应按相关规定合理估算，记作补贴收入。

补贴收入同营业收入一样，应列入技术方案投资现金流量表、资本金现金流量表和财务计划现金流量表。以上补贴收入，应根据财政、税务部门的规定，分别计入或不计入应税收入。

四、税金

税金是国家凭借政治权力参与国民收入分配和再分配的一种货币形式，具有强制性、无偿性和固定性的特点。

在工程经济分析中，合理计算各种税费是正确计算项目效益与费用的重要基础。在工程经济财务评价中，涉及的税费主要包括：从销售收入中扣除的增值税、消费税、城市维护建设税及教育费附加和资源税；计入总成本费用的房产税、土地使用税、车船使用税和印花税等；计入建设投资的固定资产投资方向调节税(目前国家暂停征收)，以及从利润中扣除的所得税等。

税金是指企业或纳税人根据国家税法规定应该向国家缴纳的各种税款。按其性质和作用大致分为：流转税类、资源税类、所得税类、特定目的税类、财产和行为税类、农业税类、关税类。

五、利润

利润是企业在一定时期内生产经营活动的最终财务成果。它集中反映了企业生产经营各方面的效益，它能够综合反映企业生产经营各方面的情况，通常用利润总额和利润率来反映企业的水平。

1. 利润总额

对于工程项目来讲，利润的构成相对简单，在估算利润总额时，假定不发生其他业务利润，也不考虑投资净收益、补贴收入和营业外收支额，本期发生的总成本等于主营业务成本、营业费用、管理费用和财务费用之和，且将项目的主营业务收入视为本期的销售(营业)收入，主营业务税金及附加为本期的税金及附加。其计算公式为

$$利润总额=营业收入-税金及附加-总成本费用 \tag{3-5}$$

项目所获得的利润可分为如下层次：

$$纯收入=销售收入-总成本 \tag{3-6}$$

$$销售利润=纯收入-销售税金 \tag{3-7}$$

$$净利润=利润总额-所得税 \tag{3-8}$$

2. 利润率

(1)资本金利润率是企业的利润总额与资本金总额的比率，是衡量投资者投入企业资本金的获利能力。

(2)销售收入利润率是企业的利润总额与销售收入的比率，反映企业每百元销售收入所创造的利润。

(3)成本费用利润率是企业的利润总额与成本费用总额的比率，反映企业投入与产出之间的比例关系。

任务二　项目投资的构成与估算

投资是个动态概念，投资既是经济活动也是资金运动。投资运动是从货币资金形成、筹集开始，通过建造和购置阶段，形成固定资产和流动资产，直到固定资产的流动，投资的回收与增值为止。全过程可以划分为投资的形成与筹集阶段、分配阶段、运用阶段、回收与增值阶段这四个首尾相连的阶段，它们构成了投资的循环与周转。

建设项目的总投资是指建设项目的投资方在选定的建设项目上投入的全部资金。建筑工程项目投资按照项目的过程可分为以下两个阶段：

(1)形成建设投资(固定投资)阶段，包括形成固定资产、无形资产和递延资产阶段。

(2)形成流动资金投资阶段。

一、投资的基本构成

工程总投资费用由建设投资、流动资金组成，见表3-2。

表3-2　建筑工程项目总投资构成

<table>
<tr><td rowspan="5">建设项目总投资</td><td rowspan="4">建设投资</td><td>第一部分：工程费用</td><td>建筑安装工程费用
设备及工器具购置费用</td></tr>
<tr><td>第二部分：工程建设其他费用</td><td>土地使用费；建设管理费；可行性研究费；研究试验费；勘察设计费；环境影响评价费；劳动安全卫生评价费；场地准备及临时设施费；引进技术和进口设备其他费；工程保险费；特殊设备安全监督检查费；市政公用设施建设及绿化补偿费；联合试运转费；生产准备费；办公和生活家具购置费</td></tr>
<tr><td>第三部分：预备费</td><td>基本预备费
涨价预备费</td></tr>
<tr><td colspan="2">建设期利息</td></tr>
<tr><td colspan="3">铺底流动资金(一般按流动资金的30%预计)</td></tr>
</table>

1. 建设投资

建设投资是指项目按拟定建设规模(分期建设项目为分期建设规模)、产品方案、建设内容进行建设所需的费用，包括工程费用、工程建设其他费用、预备费用、建设期贷款利息。项目寿命期结束时，固定资产的残余价值(一般指当时市场上可实现的预测价值)对于投资者来说是一项在期末可回收的现金流入。

(1)工程费用由各单位工程的建筑安装工程费用和设备及工器具购置费用构成。

1)建筑安装工程费按费用构成要素可划分为人工费、材料费、施工机械使用费、企业管理费、利润、规费和税金七部分。

2)设备及工器具购置费由设备购置费、工器具购置费及生产家具购置费三部分组成。

(2)工程建设其他费用是保证建设项目正常发挥作用的各项费用。其包括：①土地费用；②与项目建设有关的其他费用，如建设管理费、勘察设计费等；③与未来企业生产经营有关的其他费用，如联合试运转费、生产准备费等。

(3)预备费用。

1)基本预备费(工程建设不可预见费)。基本预备费是指在初步设计及概算内难以预料的工程的费用，依赖于工程自身。如设计变更导致的施工费增加、自然灾害带来的不可预见费。

①在批准的初步设计范围内，技术设计、施工图设计及施工过程中所增加的工程的费用，设计变更、局部地基处理等增加的费用。

②一般自然灾害造成损失和预防自然灾害所采取的措施费用。实行工程保险的建筑工程项目费用应适当降低。

③竣工验收时，为鉴定工程质量对隐蔽工程进行必要的挖掘和修复费用。

基本预备费的计算公式为

$$\text{基本预备费}=(\text{设备及工器具购置费}+\text{建筑安装工程费用}+\text{工程建设其他费用})\times\text{基本预备费费率} \tag{3-9}$$

2)涨价预备费(价格变动不可预见费)。涨价预备费是指在项目建设期间，由于价格等变化引起工程造价变化的预测、预留费用。

涨价预备费包括人工、设备、材料、施工机械的价差费，安装工程费及设备工程其他费用调整，利率、汇率调整等增加的费用。

涨价预备费一般是根据国家规定的投资综合价格指数，以估算年份价格水平的投资额为基数，采用复利计算。其计算公式为

$$PC=\sum_{t=1}^{n}I_t[(1+f)^t-1] \tag{3-10}$$

式中 PC——涨价预备费；

I_t——第 t 年的建安工程费与设备及工器具购置费之和；

f——建设期价格上涨指数；

n——建设期。

【例 3-1】 某建筑工程项目在建设初期估算的建筑安装工程费、设备及工器具购置费为 5 000 万元，按照项目进度计划，建设期为 2 年，第 1 年投资 2 000 万元，第 2 年投资 3 000 万元，预计建设期内价格总水平上涨率为每年 5%，则该项目的涨价预备费估算是(　　)万元。

A. 250.00　　B. 307.50　　C. 407.50　　D. 512.50

【解】第一年涨价预备费：2 000×[(1+5%)−1]=100(万元)

第二年涨价预备费：3 000×[$(1+5\%)^2$−1]=307.5(万元)

则该项目的涨价预备费估算是100+307.5=407.5(万元)。

故选C。

(4)建设期利息。在建设投资分年计划的基础上可设定初步融资方案，对采用债务融资的技术方案应估算建设期利息。建设期利息是指筹措债务资金时在建设期内发生并按规定允许在投产后计入固定资产原值的利息，即资本化利息。项目在建设期内因使用债务资金而支付的利息以及其他融资费用，计入固定资产原值。

建设期贷款利息包括向国内银行和其他非银行金融机构贷款、出口信贷、外国政府贷款、国际商业银行贷款以及在境内外发行的债券等在建设期内应偿还的贷款利息。

在考虑资金时间价值的前提下，建设期贷款利息实行复利计息。对于贷款总额一次性贷出且利息固定的贷款，建设期贷款本息直接按复利公式计算。但当总贷款是分年均衡发放时，复利利息的计算就较为复杂。

复利利息的计算假定年利率固定，年中支用，其计算公式为

$$每年应计利息=(年初借款本息累计额+本年借款额/2)\times年利率 \quad (3\text{-}11)$$

【例3-2】 某新建项目，建设期为3年，在建设期第一年贷款为300万元，第二年为400万元，贷款年利率为10%，各年贷款均在年内均匀发放。用复利法计算建设期贷款利息。

【解】根据题意作现金流量图如图3-1所示。

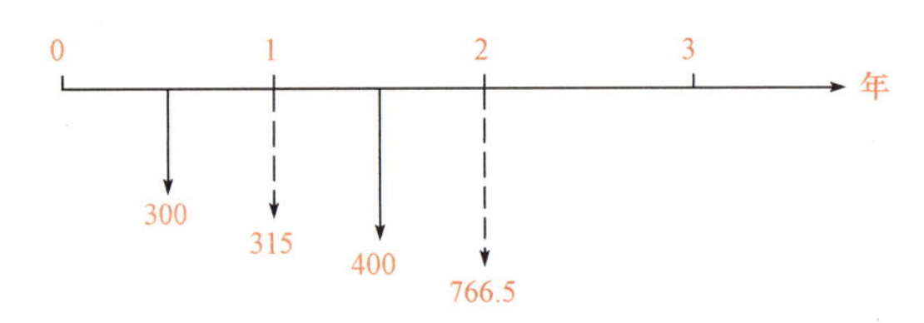

图3-1　现金流量图

第一年利息：Q_1=1/2×300×10%=15(万元)

第一年末本利和：P_1=300+15=315(万元)

第二年利息：Q_2=(315+1/2×400)×10%=51.5(万元)

第二年末本利和 P_2=315+400+51.5=766.5(万元)

第三年利息：Q_2=766.5 ×10%=76.65(万元)

利息总和=15+51.5+76.65=143.15(万元)

2. 流动资金

流动资金是指运营期内长期占用并周转使用的营运资金，不包括运营中需要的临时性营运资金。

流动资金的估算基础是经营成本和商业信用等，它是流动资产与流动负债的差额。流动资产的构成要素一般包括存货、库存现金、应收账款和预付账款；流动负债的构成要素一般只考虑应付账款和预收账款。

$$流动资金=流动资产-流动负债 \tag{3-12}$$

其中，流动资产包括现金、各种存款、应收款、预付货款及存货。

流动负债主要指应付款、预收款。

投产第一年所需的流动资金应在技术方案投产前安排，为了简化计算，技术方案经济效果评价中流动资金可从投产第一年开始安排。

在项目的整个寿命期内，流动资金始终被占用，并且周而复始地运动着，只有到项目的寿命期结束时，流动资金才全部退出生产，以货币资金的形式被收回。

二、投资的估算

投资估算是指在项目投资决策过程中，依据现有的资料和特定的方法，对建设项目的投资数额进行的估计。根据国家规定，从满足建设项目投资设计和投资规模的角度，建设项目投资估算包括对建设投资、建设期利息和流动资金的估算。

1. 投资估算阶段的划分

不同阶段的投资估算，运用的方法和允许的误差是不同的。项目规划和项目建议书阶段，投资估算精度要求低，可采用简单的匡算法，如单位生产能力估算法、生产能力指数法、系数估算法、比例估算法等。在可行性研究阶段，投资估算精度要求高，需采用相对详细的投资估算方法，如指标估算法。

(1)投资机会研究及项目建议书阶段工作比较粗略，估算误差率在30%左右，作为项目建议书审批、初步选择投资项目的依据。

(2)初步可行性研究阶段进行项目可行性判断，初步评价估算误差率在20%左右，作为是否进行可行性研究的依据和确定辅助性专题研究的依据。

(3)详细可行性研究阶段全面详细技术经济分析论证，进行方案比选、确定结论，估算误差率在10%左右，作为编制设计文件、控制初设及概预算的主要依据。

2. 固定投资估算的基本方法

固定投资估算的基本方法包括生产能力指数法、资金周转率法、分项类比估算法(比例估算法)、工程概算法、系数(因子)估算法、投资指标估算法等；按是否考虑通货膨胀可分为静态投资估算和动态投资估算。

(1)静态投资估算。静态投资是指构成固定投资的各项费用中，除了建设期利息、价差预备费和固定资产投资方向调节税之外的费用。

1)生产能力指数法。生产能力指数法认为投资主要与项目的生产能力有关，根据已建和拟建工程或装置的生产能力估算。其计算公式为

$$K_2=K_1 \cdot \left(\frac{Q_2}{Q_1}\right)^n \cdot f \tag{3-13}$$

式中　K_1，K_2——已建和拟建工程或装置的投资额；

Q_1，Q_2——已建和拟建工程或装置的生产能力；

n——投资、生产能力指数(一般为0.6)；

f——定额、单价费用变更调整系数。

【例3-3】 拟建涤纶纤维生产项目设计生产能力为100 000 t/a，据调查，已建成的生产能力为60 000 t/a的涤纶纤维生产厂的总固定资产投资为33 000万元。试估计拟建项目的

总固定资产投资(拟建项目生产能力提高主要以扩大生产设备数量为主，生产能力系数取0.8)。

【解】拟建的生产能力=100 000 t

已建的生产能力=60 000 t

已投资=33 000 万元

生产能力系数 $n=0.8$

$K_2=K_1\cdot\left(\frac{Q_2}{Q_1}\right)^n\cdot f=3.3\times\left(\frac{100\ 000}{60\ 000}\right)^{0.8}\times1=4.966$(亿元)

采用这种方法，计算简单、速度快，但要求类似工程的资料可靠，条件基本相同，否则误差会加大。

2)资金周转率法。资金周转率法根据产品的产值和资金周转率估算。其计算公式为

$$K=\frac{Q\cdot P}{t_r} \tag{3-14}$$

式中 K——拟建工程的投资额；

Q——产品的年产量；

P——产品单价；

t_r——资金周转率$\left(资金周转率=\frac{资金周转率}{总投资}=\frac{产品的年产量\times产品单价}{总投资}\right)$。

3)分项类比估算法。分项类比估算法认为投资主要与拟建工程设备购置费有关，根据影响投资的各分项估算。其计算公式为

$$K=K_m\cdot(1+f_1k_1+f_2k_2+f_3k_3)+C \tag{3-15}$$

式中 K——拟建工程的投资额；

K_m——拟建工程设备购置费的总和；

k_1、k_2、k_3——分别为建筑工程、安装工程、工程建设其他费用占设备费用的百分比；

f_1、f_2、f_3——由于时间因素引起的定额、单价费用变化综合调整系数；

C——拟建项目的其他费用。

【例 3-4】 某建筑项目拟用于购置设备的费用为 800 万元，建筑工程、安装工程及其他工程费用分别占设备购置费用的 150%、60%、30%，三种费用的调整系数分别为 1.2、1.3、1.1，其他费用为 20 万元，试估算此建设项目的投资。

【解】拟建工程设备购置费总和：$E=800$ 万元

建筑工程、安装工程、其他费用的百分比：$k_1=1.5$；$k_2=0.6$；$k_3=0.3$

综合调整系数：$f_1=1.2$、$f_2=1.3$、$f_3=1.1$

由公式得

$K=800\times(1+1.5\times1.2+0.6\times1.3+0.3\times1.1)+20=3\ 148$(万元)

4)工程概算法。工程概算法是目前国内应用较广的一种方法，按行业或地区有关标准定额进行计算。

建设投资由工程费用、工程建设其他费用和预备费三部分构成。其中工程费用又由建筑工程费、设备购置费(含工器具及生产家具购置费)和安装工程费构成；工程建设其他费用内容较多，且随行业和项目的不同而有所区别。

(2)动态投资估算。动态投资是包括了建设期利息、价差预备费等在内的费用，即考虑了通货膨胀、利息等因素，动态投资估算是固定投资中除静态投资部分的资金估算外还包括建设期利息、价差预备费等。

建设期利息采用复利计算法，计算公式为

$$建设期每年应计利息=\left(年初借款本息累计+\frac{本年借款额}{2}\right)\times年利率 \tag{3-16}$$

价差预备费为

$$V=\sum_{t=1}^{n}K_t[(1+i)^t-1] \tag{3-17}$$

式中　V——价差预备费；

i——价格上涨指数(变动率)；

K_t——第 t 年投资计划使用额。

3. 流动资金的估算

流动资金应包括维持项目正常运行所需的全部周转资金。可根据研究阶段的不同，采用扩大指标估算法或分项详细估算法进行估算。

(1)扩大指标估算法。参照同类企业流动资金占营业收入的比例(营业收入资金率)，或流动资金占经营成本的比例(经营成本资金率)，或单位产量占用流动资金的数额来估算流动资金的方法。扩大指标估算法适用于项目建议书阶段。

扩大指标估算法可以依据的费用包括固定资产投资、经营成本、销售收入、年产值等。其计算公式如下：

$$所需的流动资金额=所依据的费用\times类似项目流动资金占该费用的比例 \tag{3-18}$$

1)按经营成本的一定比例估算。例如，矿山流动资金按经营成本的 25%估算。

2)按固定资产投资的一定比例估算。例如，国外有的化工企业流动资金按固定资产投资的 15%～30%估算。

3)按年收入的一定比例估算。

4)按每百万元产值占用的流动资金估算。

【例 3-5】 某扩建纺织厂，已知施工费用为 80 万元，固定资产投资 $K_G=373.7$ 万元，试估算工厂流动资金和投资总额 K。

【解】按流动资金(按 20%估算)。

$K_L=0.20\times K_G=0.20\times373.7$

$=74.74$(万元)

工厂总投资为：$K=K_G+K_L=373.7+74.74$

$=448.44$(万元)

(2)流动资金分项详细估算法。

$$流动资金=流动资产-流动负债 \tag{3-19}$$

或

$$流动资产=应收账款+预付账款+存货+现金 \tag{3-20}$$

$$流动负债=应付账款+预收账款 \tag{3-21}$$

流动资金估算表见表 3-3。

表 3-3　流动资金估算表

序号	项目	计算方法
1	流动资产	1.1+1.2+1.3+1.4
1.1	应收账款	年经营成本/周转次数
1.2	存货	在建产品+产成品
1.3	现金	(年工资及福利费+年其他费)/周转次数
1.4	预付账款	外购商品或服务年费用金额/预付账款周转次数
2	流动负债	2.1+2.2
2.1	应付账款	外购原材料燃料动力费及其他材料年费用/应付账款周转次数
2.2	预收账款	预收的营业收入年金额/预收账款周转次数
3	流动资金	1−2

任务三　产品成本和费用的构成及计算

一、成本和费用的构成

企业总成本费用，是指投资项目在一定时期内(一般为一年)为生产和销售产品所花费的全部费用总和。

1. 按用途分类

总成本费用由生产成本和期间费用两部分组成。生产成本具体包括直接人工费、直接材料费、制造费用、其他直接费；期间费用包括销售费用、管理费用和财务费用，如图 3-2 所示。

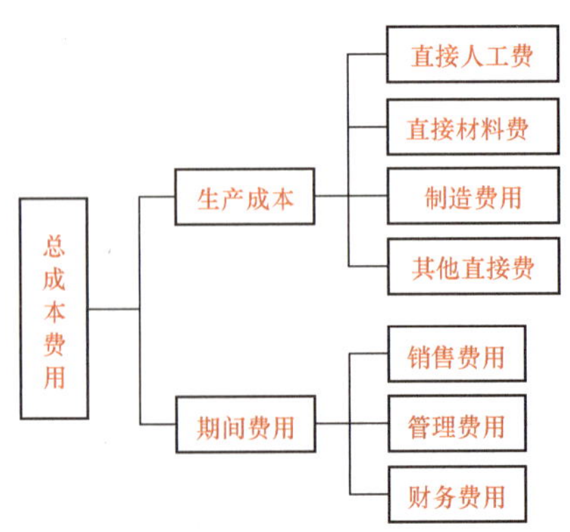

图 3-2　成本和费用的构成

$$总成本费用=生产成本+期间费用 \tag{3-22}$$

$$生产成本=直接人工费+直接材料费+制造费用+其他直接费 \tag{3-23}$$

$$期间费用=销售费用+管理费用+财务费用 \tag{3-24}$$

或

$$总成本费用=直接人工费+直接材料费+制造费用+其他直接费+销售费用+管理费用+财务费用 \tag{3-25}$$

(1)生产成本也称制造成本，是指企业为生产经营商品和提供劳务等发生的各项直接支出，包括直接人工费用、直接材料费用、制造费用以及其他直接费用。

1)直接人工费用是指在生产过程中直接从事产品生产、加工而发生的工人的工资性消耗。其包括工资、补贴和奖金等费用。

2)直接材料费用是指在生产过程中直接为产品生产而消耗的各种物资。其包括原材料、辅助材料、备品配件、外购半成品、燃料、动力、包装物等费用。

3)制造费用是指生产部门为组织产品生产和管理生产而发生的各项费用。其包括生产单位管理人员的工资、职工福利费以及生产单位房屋建筑物、机械设备的折旧费、修理维护费、低值易耗费、取暖费、水电费、办公费、差旅费、运输费、保险费、设计制图费、试验检验费、劳动保护费等费用。

4)其他直接费用包括直接用于产品生产的其他支出。

(2)期间费用是指发生在生产期间，但又不计入成本的各种费用。其包括销售费用、管理费用和财务费用。

1)销售费用是指企业在销售商品过程中发生的费用，包括企业销售商品过程中发生的运输费、装卸费、包装费、保险费、展览费和广告费，以及为销售本企业商品而专设的销售机构(含销售网点、售后服务网点等)的职工工资及福利费、业务费等经营费用。

2)管理费用是指企业为组织和管理企业生产经营所发生的管理费用。其包括企业的董事会和行政管理部门在企业的经营管理中发生的，或者应当由企业统一负担的公司经费(包括行政管理部门职工工资、修理费、物料消耗、低值易耗品摊销、办公费和差旅费等)、工会经费、待业保险费、劳动保险费、董事会费、聘请中介机构费、咨询费(含顾问费)、诉讼费、业务招待费、房产税、车船使用税、土地使用税、印花税、技术转让费、无形资产摊销、职工教育经费、研究与开发费、排污费等。

3)财务费用是指企业为筹集生产经营所需资金等而发生的费用。其包括应当作为期间费用的净利息支出、汇兑损失以及相关的手续费等。

2. 按性质分类

总成本费用由经营成本、折旧费、摊销费和利息净支出组成。

$$总成本费用=经营成本+折旧费+摊销费+利息净支出 \tag{3-26}$$

$$经营成本=工资福利费+外购材料、燃料及动力费+维修费+其他费用 \tag{3-27}$$

或

$$总成本费用=工资福利费+外购材料、燃料及动力费+维修费+折旧费+摊销费+利息净支出+其他费用 \tag{3-28}$$

二、产品成本的估算

1. 经营成本的估算

经营成本是指项目运营期与生产经营有关的费用计算。

(1)年经营成本。

年经营成本=外购原材料+外购燃料及动力费+工资及福利+修理费+其他费用 (3-29)

(2)经营成本是总成本费用扣除折旧费、摊销费和利息支出以后的成本费用。

1)折旧。固定资产在使用过程中,由于不断损耗而逐步丧失其使用价值,将这部分减损的价值逐步转移到产品中,并从产品的销售收入中回收的过程叫作折旧。

2)摊销费。摊销费是指无形资产和递延资产在一定期限内的分期摊销费用(分期收益、分期摊销)。

3)利息支出。利息支出包括建设投资借款要在生产经营期偿还的利息、流动资金借款利息等短期借款利息和。

①建设投资借款在生产经营期发生的利息计算为方便计算,还款当年按年末偿还,全年计息。其计算公式为

每年支付利息=年初本金累计额×年实际利率 (3-30)

②短期借款利息计算为方便计算,一般采用年利率,每年计息一次。其计算公式为

短期借款利息=年初借款余额×年实际利率 (3-31)

【例 3-6】 已知某项目的年成本费用为 2 000 万元,年销售费用、管理费用合计为总成本费用的 15%,年折旧费为 200 万元,年摊销费为 50 万元,年利息支出为 100 万元,则该项目的年经营成本为多少?

【解】经营成本=总成本费用-折旧费-摊销费-利息支出

=2 000-200-50-100

=1 650(万元)

2. 生产要素法估算成本费用

由于工程经济分析常发生在工程使用之前,很难详细估算生产成本和期间费用,因此可采用生产要素法估算成本费用。

生产要素法总成本费用估算见表 3-4。

表 3-4 生产要素法总成本费用估算

项目	计算
1. 外购原材料	外购原材料费=年产量×单位产品原材料成本
2. 外购燃料及动力费	外购燃料及动力费=年产量×单位产品燃料和动力费
3. 工资及福利	工资及福利费=企业职工定员数×人均年工资及福利费
4. 修理费	可按照折旧费的一定百分比计算
5. 其他费用	

续表

项目	计算
6. 经营成本	1+2+3+4+5
7. 折旧费	
8. 摊销费	
9. 财务费用	
10. 总成本费用	6+7+8+9
其中：固定成本	
可变成本	
注：其他费用是指在制造费用、管理费用和营业费用中扣除工资及福利费、折旧费、修理费、摊销费后的其余费用。	

三、折旧费和摊销费的估算

折旧与摊销只是一种会计手段，本身不是实际支出。在生产过程中，固定资产虽能保持原来的实物形态，但其价值逐年递减。为保证再生产的顺利进行，必须将固定资产因磨损转移到产品成本中的价值从销售产品的收入中提取，并以货币的形式逐渐积累起来，以备将来用于固定资产的更新。

在这一过程中，企业固定资产所占用的资金由于损耗而减少，企业中产品、产成品所占用的资金由于产品价值的形成而增加，随着产品销售收回货币资金，这部分计入产品成本的折旧费就得到相应的补偿。

摊销费是指无形资产和其他资产(递延资产)在一定期限内分期摊销的费用。

1. 固定资产的损耗与折旧

固定资产在使用期限内要不断地发生损耗，它的价值逐渐转移到所生产的产品上，以折旧费的形式构成产品成本和费用的一部分，通过产品销售的实现，从产品营业收入中得到补偿。固定资产因损耗而转移到产品上的那部分价值，称为固定资产的折旧。

固定资产的损耗与折旧包括有形损耗(机器的物理磨损，房屋、建筑物的日晒雨淋)和无形损耗(科技进步如手机、计算机等)。

(1)计提折旧的范围。计提折旧的前提是固定资产的使用。

1)应计提折旧的资产：

①建筑物(无论是否使用)；

②在用设备；

③季节性停用或大修理停用的设备；

④以经营方式租出的固定资产；

⑤以融资方式租入的固定资产；

⑥处于半停产企业的设备；

⑦提前报废的固定资产(补提)。
2)不应计提折旧的资产：
①未使用、不需要、封存的设备；
②以经营方式租入的固定资产；
③已提示折旧继续使用的固定资产；
④破产、关停企业的固定资产。
(2)影响折旧的因素。
1)固定资产原值：购进时的费用(购置费＋运费＋安装调试费)。
2)固定资产残值：折旧年限终了时固定资产的市场价值。
3)固定资产净残值＝残值－清理费用。
4)固定资产的使用年限：
①物理使用年限——固定资产从购入到报废为止的时间。
②经济使用年限——固定资产的使用在经济上是合理的年限。
经济使用年限＜物理年限，一般采用经济使用年限作为折旧年限计算折旧额。
③折旧年限(n)——经济使用年限。
(3)工业企业固定资产分类折旧年限见表 3-5。

表 3-5　工业企业固定资产分类折旧年限

<table>
<tr><th>序号</th><th colspan="2">项目名称</th><th>折旧年限/年</th></tr>
<tr><td colspan="3">通用设备</td><td></td></tr>
<tr><td>1</td><td colspan="2">机械设备</td><td>10～14</td></tr>
<tr><td>2</td><td colspan="2">动力设备</td><td>11～18</td></tr>
<tr><td>3</td><td colspan="2">传导设备</td><td>15～28</td></tr>
<tr><td>4</td><td colspan="2">传输设备</td><td>8～14</td></tr>
<tr><td rowspan="3">5</td><td rowspan="3">自动化控制
及仪器仪表</td><td>自动化、半自动化控制设备</td><td>8～12</td></tr>
<tr><td>电子计算机</td><td>4～10</td></tr>
<tr><td>通用测试仪器设备</td><td>7～12</td></tr>
<tr><td>6</td><td colspan="2">工业窑炉</td><td>7～13</td></tr>
<tr><td>7</td><td colspan="2">工具及其他生产用具</td><td>9～14</td></tr>
<tr><td rowspan="2">8</td><td rowspan="2">非生产用
设备及器具</td><td>设备工具</td><td>18～22</td></tr>
<tr><td>电视机、复印机、文字处理机</td><td>5～8</td></tr>
<tr><td colspan="3">专用设备</td><td></td></tr>
<tr><td>9</td><td colspan="2">冶金工业专用设备</td><td>9～15</td></tr>
<tr><td rowspan="5">10</td><td rowspan="5">电力工业专用设备</td><td>发电及供热设备</td><td>12～20</td></tr>
<tr><td>输电线路</td><td>30～35</td></tr>
<tr><td>配电线路</td><td>14～16</td></tr>
<tr><td>变电、配电设备</td><td>18～22</td></tr>
<tr><td>核能发电设备</td><td>20～25</td></tr>
</table>

续表

<table>
<tr><th>序号</th><th colspan="2">项目名称</th><th>折旧年限/年</th></tr>
<tr><td>11</td><td colspan="2">机械工业专用设备</td><td>8～12</td></tr>
<tr><td>12</td><td colspan="2">石油工业专用设备</td><td>8～14</td></tr>
<tr><td>13</td><td colspan="2">化工、医药工业专用设备</td><td>7～14</td></tr>
<tr><td>14</td><td colspan="2">电子仪表电讯工业专用设备</td><td>5～10</td></tr>
<tr><td>15</td><td colspan="2">建材工业专用设备</td><td>6～12</td></tr>
<tr><td>16</td><td colspan="2">纺织、轻工业专用设备</td><td>8～14</td></tr>
<tr><td>17</td><td colspan="2">矿山、煤炭及森工专用设备</td><td>7～15</td></tr>
<tr><td>18</td><td colspan="2">造船工业专用设备</td><td>15～22</td></tr>
<tr><td>19</td><td colspan="2">核工业专用设备</td><td>20～25</td></tr>
<tr><td colspan="3">房屋、建筑物部分</td><td></td></tr>
<tr><td rowspan="5">20</td><td rowspan="5">房屋</td><td>生产用房</td><td>30～40</td></tr>
<tr><td>受腐蚀生产用房</td><td>20～25</td></tr>
<tr><td>受强腐蚀生产用房</td><td>10～15</td></tr>
<tr><td>非生产用房</td><td>35～45</td></tr>
<tr><td>简易房</td><td>8～10</td></tr>
<tr><td>21</td><td>建筑物</td><td>水电站大坝</td><td>45～55</td></tr>
</table>

2. 折旧费的计算方法

(1)平均年限法。平均年限法也称直线折旧法，是指每年的折旧率和折旧额都相同。平均年限法是最常用的固定资产折旧方法。其计算公式为

$$年折旧额=固定资产原值\times年折旧率=(固定资产原值-预计净残值)/折旧年限 \tag{3-32}$$

$$预计净残值=固定资产原值\times预计净残值率 \tag{3-33}$$

预计净残值率通常取3%～5%。

【例3-7】 通用机械设备的资产原值为2 500万元，折旧年限为10年，净残值率为5%。求按平均年限法的年折旧额。

【解】年折旧额=(2 500－2 500×5%)/10=237.5(万元)

【例3-8】 某项固定资产原始价值为100 000元，预计残值为4 500元，报废时的清理费用为500元，预计有效使用年限为5年。求年折旧率及每月应计提折旧费。

【解】(1)根据题意计算年折旧率。

$$年折旧率=\frac{1-\dfrac{4\ 500-500}{100\ 000}}{5}\times100\%=19.2\%$$

(2)每月计提折旧费。

$$月折旧额=\frac{100\ 000-(4\ 500-500)}{5\times12}=1\ 600(元)$$

(2)工作量法。

1)行驶里程法。行驶里程法是以固定资产折旧总额除以预计使用期内可以完成的总行驶里程，求得每行驶里程折旧额的方法。使用这种方法时，每行驶里程的折旧额是相同的，根据各个时期完成的行驶里程，即可计算出该时期应计提的折旧额。其计算公式为

年折旧额=单位里程折旧额×年工作里程(交通运输工具)　　(3-34)

每行驶里程折旧额=(原始价值-残余价值)/预计总行驶里程　　(3-35)

或

每行驶里程折旧额=[原始价值×(1-预计净残值率)]/预计总行驶里程　　(3-36)

【例 3-9】 载重汽车一辆，原始价值为 200 000 元，残余价值为 10 000 元，预计可行驶里程为 200 000 km，第一年行驶 60 000 km。求每公里折旧额和第一年应计提折旧额。

【解】每公里折旧额=(200 000-10 000)/200 000=0.95(元)

第一年应计提折旧额=0.95×60 000=57 000(元)

【例 3-10】 某企业新购置货运卡车一辆，原值为 60 000 元，预计净残值率为 5%，预计行驶 400 000 公里，本月实际行驶 8 000 公里。求本月应计提的折旧额。

【解】$单位里程折旧额=\frac{60\ 000\times(1-5\%)}{400\ 000}=0.142\ 5(元)$

本月折旧额=8 000×0.142 5=1 140(元)

2)工作小时法。工作小时法是以固定资产折旧总额除以预计使用期内可以完成的总工作小时，求得每工作小时折旧额的方法。根据各个时期使用的工作小时，即可计算出该时期应计提的折旧额。其计算公式为

年折旧额=每工作小时折旧额×年工作小时(大型设备)　　(3-37)

每工作小时折旧额=(原始价值-残余价值)/预计总工作小时　　(3-38)

或

每工作小时折旧额=[原始价值×(1-预计净残值率)]/预计总工作小时　　(3-39)

【例 3-11】 某台机器设备原始价值为 78 000 元，残余价值为 2 340 元，预计可以使用 9 800 h，第一年使用的时间为 1 200 h，问第一年应提折旧额为多少元?

【解】每工作小时折旧额=(78 000-2 340)/9 800=7.72(元)

第一年应计提折旧额=7.72 ×1 200=9 264(元)

(3)双倍余额递减法。双倍余额递减法属于加速折旧的方法，其特点是在折旧年限内，计提的年折旧额先多后少，年折旧率除最后两年外其余均相同，而折旧额均不同。其计算公式为

年折旧率=平均年限法计算的年折旧率×2　　(3-40)

或

年折旧率=2/折旧年限×100%　　(3-41)

年折旧额=固定资产净值×年折旧率　　(3-42)

$$固定资产净值=固定资产原值-上年年累计折旧额 \quad (3\text{-}43)$$

需要指出的是，最后两年扣除残值均摊，改用直线法。

$$年折旧额=(净值-残值)/2 \quad (3\text{-}44)$$

【例 3-12】 一台设备原值为 100 万元，预计使用年限为 5 年，预计净残值为 2.55 万元，试采用双倍余额递减法计算各年计提折旧额。

【解】折旧率=2/预计折旧年限=2/5=0.4

第 1 年：折旧额为 100×0.4=40(万元)；

第 2 年：折旧额为(100-40)×0.4=24(万元)；

第 3 年：折旧额为(100-40-24)×0.4=14.40(万元)；

第 4 年与第 5 年是该固定资产折旧年限到期的前两年，将固定资产净值扣除预计净残值后的余额平均摊销，即(100-40-24-14.4-2.55)/2=9.525(万元)。

【例 3-13】 某台设备原始价值为 1 000 000 元，预计残值为 40 000 元，折旧年限为 10 年，试用双倍余额递减法计算各年的折旧额。

【解】根据双倍余额递减法对固定资产进行折旧的计算方法，首先计算双倍余额递减法年折旧率，计算如下：

$$年折旧率=2/10\times100\%=20\%$$

每年计提的折旧额见表 3-6。

表 3-6 每年计提的折旧额 元

折旧年数	各年折旧额	折旧额累计	折余价值
1	1 000 000×20%=200 000	200 000	800 000
2	800 000×20%=160 000	360 000	640 000
3	640 000× 20%=128 000	488 000	512 000
4	512 000×20%=102 400	590 400	409 600
5	409 600×20%=81 920	672 320	327 680
6	327 680×20%=65 536	737 856	262 144
7	262 144×20%=52 428.8	790 284.8	209 715.2
8	209 715.2×20%=41 943.04	832 227.84	167 772.16
9	(167 772.16-40 000)÷2=63 886.08	896 113.92	103 886.08
10	(167 772.16-40 000)÷2=63 886.08	960 000	40 000

(4)年数总和法。年数总和法根据折旧总额乘以递减分数(折旧率)，确定年度折旧额。折旧总额为固定资产的原值减去残值后的余额。

$$固定资产年折旧率=(折旧年限-已使用年限)/年数总和$$

$$\begin{aligned}固定资产年折旧额&=固定资产折旧总额\times年折旧率\\&=(固定资产原值-预计净残值)\times年折旧率\end{aligned} \quad (3\text{-}45)$$

【例 3-14】 对一个折旧年限为 4 年，原值为 11 000 元，净残值为 1 000 元的固定资产，用“年数总和法”计算折旧额。

【解】第一年的折旧额为：(11 000－1 000)×4/(4＋3＋2＋1)＝4 000(元)；

第二年的折旧额为：(11 000－1 000)×3/(4＋3＋2＋1)＝3 000(元)。

【例 3-15】 某台设备原价为 120 000 元，残值为 6 000，折旧年限为 7 年，试计算各年的折旧额。

【解】首先计算折旧总额，即

$$折旧总额＝120\ 000－6\ 000＝114\ 000(元)$$

其次计算年数总和，即

$$年数总和＝7＋6＋5＋4＋3＋2＋1＝28(年)$$

每年折旧额计算见表 3-7。

表 3-7 年折旧额

折旧年数	折旧总额/元	递减分数	应提折旧额/元	折余价值/元
1	114 000	7/28	28 500	85 500
2	114 000	6/28	24 428.57	61 071.43
3	114 000	5/28	20 357.14	40 714.29
4	114 000	4/28	16 285.71	24 428.58
5	114 000	3/28	12 214.28	12 214.3
6	114 000	2/28	8 142.86	4 071.43
7	114 000	1/28	4 071.43	0

(5)折旧法的比较。采用加速折旧法，提高了折旧率，从而加速补偿固定资产的损耗，提前摊销固定资产折旧额。虽然从总量来看，其折旧总额没有因加速折旧减少，改变的是折旧额计入成本费用的时间。由于折旧是所得税的一项重要扣除项目，加速折旧虽没有改变折旧期内应纳税所得额和应纳税额的总量，但改变了所得税计入现金流出的时间。根据资金时间价值原理，加速折旧使资金的回收速度加快，使纳税人应纳税额在前期少，后期多，因而，实际上推迟了缴纳税款的时间，等于向政府取得了一笔无须支付利息的贷款。因此，准予采用加速折旧法，实际上是国家给予的一种特殊的缓税或延期纳税优惠。所以，企业总希望多提和快提折旧费(摊销费)，以便少交和慢交所得税；而政府则要防止企业的这种倾向，保证正常的税收来源。

3. 摊销费估算

摊销费是指无形资产和递延资产在一定期限内的分期摊销费用(分期收益、分期摊销)。计算摊销费采用直线法，在使用年限内分期平均摊销，且不留残值。其常用公式为

$$年摊销额＝\frac{摊销资产总额}{摊销年限} \tag{3-46}$$

任务四　现行税制主要税金的构成及计算

税金是指企业或纳税人根据国家税法规定应该向国家缴纳的各种税款。税收是国家凭借政治权利参与国民收入分配与再分配的一种方式，具有强制性、无偿性和固定性的特点。

一、税收的分类

税收的分类方法很多，可以按课税对象、计税依据、管理和使用权限、税收和价格的关系、税率的形式、是否独立征收、能否转嫁等分类。

其中，按课税对象分可为以下几类：

(1)流转税：以商品生产流转额和非生产流转额为课税对象，是我国税制结构中的主体税类。流转税类包括增值税、消费税、关税。

(2)所得税：以各种所得额为课税对象，包括企业所得税、个人所得税等税种。内外资企业所得税率统一为25%。另外，国家给予了两档优惠税率：一是符合条件的小型微利企业，按20%的税率征收；二是国家需要重点扶持的高新技术企业，按15%的税率征收。

(3)财产税：以纳税人所拥有或支配的财产为课税对象。

(4)行为税：以纳税人的某些特定行为为课税对象税。我国现行税制中的固定资产投资方向调节税、印花税、屠宰税和筵席税都属于行为税。

(5)资源税：对在我国境内从事资源开发的单位和个人征收。我国现行税制中资源税、土地增值税、耕地占用税和城镇土地使用税都属于资源税。

二、主要税金的计算

1. 增值税

增值税是对销售货物或者提供加工、修理修配劳务以及进口货物的单位和个人征收的税金。增值税是价外税，纳税人交税，最终由消费者负担，因此与纳税人的经营成本和经营利润无关。

增值税就其商品流转的增值额为课税依据征收的一种流转税。所谓增值额，是指纳税人从事应税货物生产经营或提供劳务而新增加的价值额，大体上相当于购销价差。税率一般为17%，个别货物为11%(粮食、图书、天然气、…)。

(1)一般纳税人。

$$\text{应纳增值税额}=\text{当期销项税额}-\text{当期进项税额} \tag{3-47}$$

在式(3-47)中，销项税额为纳税人销售货物或者应税劳务，按照销售额和规定的增值税率计算并向购买方收取的增值税额。其计算公式为

$$\begin{aligned}\text{当期销项税额}&=\text{销售额}\times\text{增值税税率}\\&=\frac{\text{销售额(含税销售额)}}{1+\text{增值税税率}}\text{增值税税率}\end{aligned} \tag{3-48}$$

进项税额为纳税人购进货物或者接受应税劳务，支付或者负担的增值税额。对允许抵扣购置固定资产的进项税额，应注意相关的规定。

$$当期进项税=\frac{外购原材料、燃料及动力费}{1+增值税税率}\times增值税税率 \quad (3\text{-}49)$$

(2)小规模纳税人。

$$应纳增值税额=不含税收入\times征收率(征收率为3\%) \quad (3\text{-}50)$$

【例3-16】 一台电视机进价是1 200元，售价是1 300元，增值税税率是7%，求增值税。

【解】

纳税人只对增值部分交纳增值税，即

$$应该纳税=(1300-1\,200)\times7\%=7(元)$$

【例3-17】 某电视机厂当月向某商场销售彩色电视机120台，该厂采用销售额与销项税额合并定价方法，每台售价5 850元，销售款已收到；另当月购入电子元器件，支付价税合计款额为210 600元，专用发票证明的税款为30 600元。请计算该电视机厂当月应纳增值税额。

【解】

不含税单价= 5850/(1+17%)=5 000(元)

当月销项税额=5 000×120×17%=102 000(元)

当月进项税额=30 600(元)

应纳增值税额=102 000−30 600=71 400(元)

2. 消费税

消费税是在普遍征收增值税的基础上，根据消费政策、产业政策的要求，有选择地对部分消费品征税。

消费税的税率有从价定率和从量定额两种，黄酒、啤酒、汽油、柴油采用从量定额；其他消费品均为从价定率，税率从3%~45%不等。

3. 关税

关税是以进出口的应税货物为纳税对象的税种。项目评价中涉及引进设备、技术和进口原材料时，可能需要估算进口关税。项目评价中应按有关税法和国家的税收优惠政策，正确估算进口关税。我国仅对少数货物征收出口关税，而对大部分货物免征出口关税。若项目的出口产品属征税货物，应按规定估算出口关税。

4. 企业所得税

企业所得税是针对企业应纳税所得额征收的税种。项目评价中应注意按有关税法对所得税前扣除项目的要求，正确计算应纳税所得额，并采用适宜的税率计算企业所得税。

其计算公式为

$$应纳企业所得税税款=应纳税所得额\times所得税税率 \quad (3\text{-}51)$$

或

$$所得税=(纳税年度收入总额-扣除项目)\times税率 \quad (3\text{-}52)$$

其中，收入总额包括生产、经营收入，财产转让，利息收入，租赁，股息，特许权转让等；扣除项目包括为取得收入而付出的成本、费用和损失，还包括借款利息、职工工资、工会经费(工资的2%)、福利费(工资的14%)、职工教育费(工资的1.5%)、向公益事业捐赠(应税利润的3%以内)等。税率：3万元以下为18%，3万元～10万元为27%，10万元以上为33%。

5. 个人所得税

个人所得税的课征对象是个人所得。

应纳税的个人所得包括：①工资、薪金所得；②个体工商户的生产、经营所得；③对企事业单位的承包经营、承租经营所得；④劳务报酬所得；⑤稿酬所得；⑥特许权使用费所得；⑦利息、股息、红利所得；⑧财产租赁所得；⑨财产转让所得；⑩偶然所得；⑪经国务院财政部门确定征税的其他所得。

税率为九级累进税率。

本章重点

1. 工程经济分析的各基本要素。
2. 总成本费用、经营成本、固定成本与变动成本的概念及其相互关系。
3. 销售收入、利润与税金的概念、分类及其相互关系。
4. 投资估算和固定资产折旧费的计算。

本章难点

1. 投资的估算。
2. 建设期利息及计算。
3. 双倍余额递减法及年数总和法。

本章课时

6课时

本章要求

通过本章的学习，学生应掌握工程经济分析的基本要素；熟悉总成本费用、经营成本、固定成本与变动成本的概念及其相互关系；掌握企业销售收入、利润与税金的概念、分类及其相互关系。做到对企业从投资开始到盈利整个过程的基本了解，为以后各章分析方法的学习做好经济理论准备。

思考与练习

一、单项选择题

1. 为保证建筑工程项目顺利实施，避免在难以预料的情况下造成投资不足而预先安排的费用是(　　)。

A. 流动资金　　B. 建设期利息

C. 预备费　　D. 其他资产费用

2. 某建设项目设备及工器具购置费为600万元，建筑安装工程费为1 200万元，工程建设其他费为100万元，建设期为两年，建设期内预计年平均价格总水平上涨率为5%，则该项目的涨价预备费的计算基数应为(　　)万元。

A. 1 900　　B. 1 200　　C. 700　　D. 1 800

3. 企业的流动资产包括存货、库存现金、应收账款和(　　)等。

A. 短期借款　　B. 预收账款　　C. 应付账款　　D. 预付账款

4. 某投资项目建设期为3年，在建设期第一年贷款100万元，第二年贷款300万元，第三年贷款100万元，贷款年利率为6%。用复利法计算，该项目的建设期贷款利息应为(　　)万元。

A. 62.18　　B. 46.27　　C. 30.00　　D. 15.00

5. 某建设项目，建设期为两年，其向银行贷款1 000万元，贷款时间和额度为第一年400万元，第二年600万元，贷款年利率为6%，建设期不支付利息，则编制该项目投资结算时，建设期利息为(　　)万元。

A. 12.00　　B. 120.00　　C. 54.72　　D. 42.72

6. 某建设项目建设期为3年，各年分别获得贷款2 000万元、4 000万元和2 000万元，贷款分年度均衡发放，年利率为6%，建设期利息只计息不支付，则建设期第二年应计贷款利息为(　　)万元。

A. 120.0　　B. 240.0　　C. 243.6　　D. 367.2

7. 某新建项目建设期为3年，第一年贷款300万元，第二年贷款600万元，第三年没有贷款，贷款在年度内均衡发放，年利率为6%，贷款本息均在项目投产后偿还，则该项目第三年的贷款利息是(　　)万元。

A. 36.0　　B. 54.54　　C. 56.73　　D. 58.38

8. 某施工机械预算价格为40万元，估计残值率为3%，折旧年限为10年，年工作台班数为250台班，则该机械的台班折旧费为(　　)元。

A. 195.9　　B. 155.20　　C. 160.00　　D. 164.80

9. 某施工企业购入一台施工机械，原价为60 000元，预计残值率为3%，使用年限为8年，按平均年限法计提折旧，该设备每年应计提的折旧额为(　　)元。

A. 5 820　　B. 7 275　　C. 6 000　　D. 7 500

二、多项选择题

1. 建设项目总投资按形成的资产内容不同可分为(　　)。

A. 固定资产　　B. 流动资产

C. 非流动资产　　D. 无形资产

E. 递延资产

2. 属于经营成本的有(　　)。

A. 外购原材料、燃料及动力费　　B. 工资及福利费

C. 修理费　　D. 其他费用

E. 折旧费

3. 下列属于固定资产加速折旧计算方法的有(　　)。

A. 平均年限法　　B. 双倍余额递减法

C. 年数总和法　　　　　　　　　　　D. 工作量法

E. 直线折旧法

4. 下列属于流转税的有(　　)。

A. 增值税　　　B. 所得税　　　C. 消费税　　　D. 营业税

E. 资源税

5. 应计提折旧的资产有(　　)。

A. 建筑物　　　　　　　　　　　　B. 在用设备

C. 季节性停用或大修理停用的设备　　D. 以经营方式租出的固定资产

E. 以经营方式租入的固定资产

三、思考题

1. 简述工程经济分析的各基本要素。

2. 简述工程项目投资的构成。

3. 简述总成本费用、经营成本的概念及其相互关系。

4. 简述固定成本和变动成本的概念及其相互关系。

5. 简述固定资产折旧的概念。

6. 简述销售收入、利润与税金的概念、分类及其相互关系。

7. 简述平均年限折旧法的计算方法。

四、计算题

1. 某台设备原始价值为150 000元，预计使用年限为10年，寿命终了时净残值为5 000元，试用平均年限法计算设备年折旧额。

2. 一辆自行车为950元，寿命期为9年，期末残值为50元，求按平均年限法计算的年折旧额。

3. 通用机械设备的资产原值为2 500万元，折旧年限为10年，净残值率为5%。求按平均年限法计算的年折旧额。

4. 某项资产原值为50 000元，预计使用5年，预计净残值为2 000元，分别用直线折旧法、双倍余额递减法、年数总和法求其折旧额。

5. 某企业从事水泥预制管行业，有固定资产30万，按10年折旧，残值为3.0万元。试按前述4个方法(除工作量法外)分别计算折旧额。

6. 某企业2004年产品销售收入为8 000万元，本年度内购买原材料、燃料、动力等支出2 000万元，试计算该企业全年应纳增值税额。

7. 某工程形成固定资产为650万元，若折旧年限为6年，残值率为4%，试分别用平均年限法、双倍余额递减法及年数总和法计算各年的折旧率。

8. 乙公司有一台机器设备原价为600 000元，预计使用寿命为5年，预计净残值率为4%，按双倍余额递减法、年数总和法计算折旧，并计算每年折旧额。

五、案例题

某人因房屋拆迁购房后还有一笔钱计20万元，有投资方案如下：

投资10万元购一辆现代牌伊兰特车与一公司合作开出租，可以开5年。每月上交份钱2 000元用于税金、保险和运营费用，每日出车10小时，中午休息2小时，每月休息5天，平均月出租总收入12 000元，应跑车里程数均为6 000公里/月，综合油费70元/百公里，每月租略收入5 800元/月，但是需要将原来自己2 000元/月的工作辞去，其中服务业综合税率按5.5%，折旧按工作量法计提，摊销预备费按200元/月，人工成本按上班工作计算。

问题：

1. 他应考虑的成本费用因素还应有哪些？请补充出来。

2. 请指出发生的事件中哪些是总成本、经营成本、折旧、摊销、固定成本、变动成本。

3. 请计算购车开出租的方案的年净收入是多少？

项目四　工程经济效果评价方法

知识目标

熟悉静态、动态经济效果评价指标的含义、特点；掌握静态、动态经济效果评价指标计算方法和评价准则；掌握不同类型投资方案适用的评价指标和方法。

技能目标

能够将工程经济效果的静态评价指标和动态评价指标的计算与应用准则运用到实际工程中。

素质目标

营造课堂活跃气氛；提升规范意识、质量意识、绿色环保意识，强化动手能力、社会责任心、合作意识及沟通协调能力。

导　入

为了满足运输要求，有关部门分别提出要在某两地之间修建一条铁路和(或)一条公路。只上一个项目时的净现金流量见表4-1。若两个项目都上，由于货运分流的影响，两项目都将减少净收益，其净现金流量见表4-1。当 $i_c=10\%$时，应如何选择？

表4-1　净现金流量表

方案＼年序	0	1	2	3～32
铁路A	−200	−200	−200	100
公路B	−100	−100	−100	60
两个项目都上	−300	−300	−300	115

本章内容

任务一　工程经济项目评价指标

一、经济评价指标体系

由于经济效益是一个综合性的指标，一个评价指标仅能反映某一个方面，所以，为了系统、全面地评价技术方案的经济效益，需要采用多个评价指标，从多个方面进行分析考察。根据经济评价指标所考虑因素及使用方法的不同，可进行不同的分类。

按照是否考虑时间价值可分为静态评价指标和动态评价指标；按照目的可分为盈利能力指标、偿债能力指标和外汇平衡能力指标；按照性质可分为时间性指标、价值性指标和比率性指标。三类指标从不同角度考察项目的经济性，适用范围不同。其中，最常用的分类方法之一是按照是否考虑所量化的费用和效益的时间因素，即是否考虑资金的时间价值，可将评价指标分为静态评价指标和动态评价指标两类。

二、方案计算期的确定

方案计算期是指对拟建方案在经济效果评价中的项目服务年限。**对建设项目来说，项目计算期可分为建设期和使用期两个阶段。**

(1)建设期是指从开始施工至全部建成投产所需的时间。

(2)使用期是指项目从竣工结束投入生产到主要固定资产报废所花费的时间，它包括投产期(技术方案投入生产，但生产能力尚未完全达到设计能力时的过渡阶段)和达产期(生产运营达到设计预期水平后的时间)。项目生产期不能等同于项目投资后的服务期(物理寿命周期)，应根据项目的性质、技术水平、技术进步及实际服务期的长短合理确定。

综上可知，技术方案计算期的长短主要取决于技术方案本身的特性，因此，无法对技术方案计算期作出统一规定。计算期较长的技术方案多以年为时间单位。对于计算期较短的技术方案，可根据技术方案的具体情况选择合适的计算现金流量的时间单位。

三、基准收益率

通常，在选择投资机会或决定工程方案取舍之前，投资者首先要确定一个最低目标，即选择特定的投资机会或投资方案必须达到预期收益率，这种选定的“利率”就称为基准投资收益率(简称为基准收益率，通常用 i_c 表示)。

在国外的文献资料中，有这样一个名词，“最小诱人投资收益率”(minimum attractive rate of return，MARR)，这一名词很好地表达了基准收益率。

基准收益率又称基准折现率，是企业或行业投资者以动态的观点所确定的，可接受技术方案最低标准的收益水平。基准收益率是方案经济评价中的主要经济参数。影响基准收益率的主要因素有资金的财务费用率、资金的机会成本、风险贴现率水平和通货膨胀率等。

四、静态评价指标

投资回收期也称为投资返本期，是指不考虑资金时间价值的情况下，以项目的净收益(净现金流量)回收全部投资所需要的时间。简而言之，就是投资回收的期限。投资回收期一般以年为计算单位，一般自项目建设开始年算起，也可以自项目建成投产年算起，但应加以说明。

静态投资回收期 P_t 是指不考虑资金时间价值的情况下，以项目每年的净收益回收项目全部投资所需要的时间，是考察项目财务上投资回收能力的重要指标。这里所说的全部投资既包括固定资产投资，也包括流动资金投资。其计算公式为

$$\sum_{t=0}^{P_t}(CI-CO)_t=0 \tag{4-1}$$

式中 P_t——静态投资回收期；

CI——现金流入量；

CO——现金流出量；

$(CI-CO)_t$——第 t 年的净现金流量。

式(4-1)是一个通用计算公式，在具体计算静态投资回收期时有以下两种方法：

(1)直接计算法。如果项目建成后各年的净收益(即净现金流量)均相等，则静态投资回收期的计算公式如下：

$$P_t=\frac{K}{R} \tag{4-2}$$

式中 P_t——静态投资回收期；

K——项目投入的全部资金；

R——每年的净现金流量。

【例 4-1】 某投资方案一次性投资 500 万元，估计投产后各年的平均净收益为 50 万元，求该方案的静态投资回收期。

【解】根据式(4-2)有：

$$P_t=\frac{K}{R}=500\div50=10(\text{年})$$

答：该方案的静态投资回收期为 10 年。

(2)累计计算法。当项目建成投产后各年的净收益不同时，须采用累计计算法。其计算公式如下：

$$P_t=T-1+\frac{\left|\sum_{t=0}^{T-1}(CI-CO)_t\right|}{(CI-CO)_T} \tag{4-3}$$

式中 P_t——静态投资回收期；

T——累计净现金流量开始出现正值的年份；

$\sum_{t=0}^{T-1}(CI-CO)_t$——第 $T-1$ 年的累计净现金流量；

$(CI-CO)_T$——第 T 年的净现金流量。

【例 4-2】 某项目的投资及各年收入和支出情况如图 4-1 所示，求其静态投资回收期。

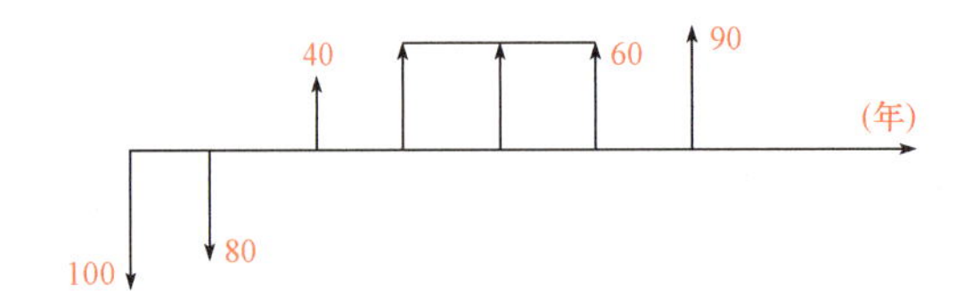

图 4-1 投资及各年收入和支出情况

【解】列出该投资方案的累计净现金流量，见表 4-2。

表 4-2 累计净现金流量表

年序	0	1	2	3	4	5	6
$(CI-CO)_t$	−100	−80	40	60	60	60	90
$\sum(CI-CO)_t$	−100	−180	−140	−80	−20	40	130

根据式(4-3)有：

$$P_t = T-1+\frac{\left|\sum_{t=0}^{T-1}(CI-CO)_t\right|}{(CI-CO)_T} = 5-1+\left|\frac{-20}{60}\right| = 4.33$$

答：该方案的静态投资回收期为 4.33 年。

(3)静态投资回收期的判别准则。不同地区、不同行业、不同时期都有一个基准投资回收期 T_0。

T_0 是国家或部门制定的标准，也可以是企业自己确定的标准，其主要依据是全行业投资回收期的平均水平，或者是企业期望的投资回收期水平。也就是说，若 $P_t<T_0$，则该项目是可行的；若 $P_t>T_0$，则项目不可行。假设上述例题的基准投资回收期 $T_0=8$ 年，$P_t=4.33<T_0=8$，则该项目是可行的。

(4)静态投资回收期的特点。静态投资回收期指标直观、简单，直接表明投资需要多少年才能回收，便于为投资者衡量风险，但是没有从根本上反映投资回收期以后的方案运行情况，因而，不能全面反映项目在整个寿命期内真实的经济效果。所以，静态投资回收期一般用于粗略评价，需要和其他指标结合起来使用。

五、动态评价指标

动态指标是对投资项目形成的现金流量按货币时间价值进行统一换算的基础上进行计算的各项指标。动态经济评价指标不仅考虑了资金的时间价值，而且以项目在整个寿命期内收入与支出的全部经济数据为分析对象。因此，动态经济评价指标比静态经济评价指标更全面、更科学。其包括投资回收期(动态)、净现值、净现值率、内部收益率、外部收益率等。

1. 动态投资回收期 P_t'

(1)定义：在考虑资金时间价值的条件下，以项目每年的净收益的现值来回收项目全部

投资的现值所需要的时间。

（2）计算公式：

$$\sum_{t=0}^{P_t'}(CI-CO)_t(1+i_c)^{-t}=0 \tag{4-4}$$

式中　P_t'——动态投资回收期；

i_c——基准收益率。

采用上述公式计算会比较烦琐，所以，在实际应用中一般根据项目的现金流量表，采用下式计算：

$$P_t'=T'-1+\frac{\left|\sum_{t=0}^{T'-1}(CI-CO)_t(1+i_c)^{-t}\right|}{(CI-CO)_{T'}(1+i_c)^{-T'}} \tag{4-5}$$

式中　T'——累计净现金流量现值开始出现正值的年份；

$\sum_{t=0}^{T'-1}(CI-CO)_t(1+i_c)^{-t}$——上年累计净现金流量现值的绝对值；

$(CI-CO)_{T'}(1+i_c)^{-T'}$——当年净现金流量现值。

【例 4-3】 某项目现金流量数据见表 4-3，计算该项目的动态投资回收期。设 $i_c=10\%$。

表 4-3　项目现金流量数据

年序	0	1	2	3	4	5	6	7
投资	20	500	100					
经营成本				300	450	450	450	450
销售收入				450	700	700	700	700
净现金流量	−20	−500	−100	150	150	250	250	250
净现金流量值	−20	−454.6	−82.6	112.7	112.7	155.2	141.1	128.3
累计净现金流量值	−20	−474.6	−557.2	−444.5	−444.5	−118.5	22.6	150.9

【解】根据式（4-5）有：

$$P_t'=T'-1+\frac{\left|\sum_{t=0}^{T'-1}(CI-CO)_t(1+i_c)^{-t}\right|}{(CI-CO)_{T'}(1+i_c)^{-T'}}=6-1+\left|\frac{-118.5}{141.1}\right|=5.84(\text{年})$$

（3）动态投资回收期的判别准则。动态投资回收期 P_t'评价投资项目的可行性，需要与基准投资回收期 P_c 相比较。判别准则为：若 $P_t'\leqslant P_c$，则项目可以考虑接受；若 $P_t'\geqslant P_c$，则项目应予以拒绝。

2. 净现值 NPV

（1）定义：净现值是按照设定的折现率，将项目计算期内各年发生的净现金流量折现到建设期期初的现值之和。

（2）计算公式：

$$NPV=\sum_{t=0}^{n}(CI-CO)_t(1+i_c)^{-t} \tag{4-6}$$

式中　NPV——项目的净现值；

$(CI-CO)_t$——第 t 年的净现金流量；

n——项目计算期；

i_c——标准折现率。

(3)净现值的判别准则。

1)单一方案：

若 $NPV>0$，说明方案可行。因为这种情况说明方案实施后，除了能达到规定的基准收益率之外还能得到超额的收益。

若 $NPV=0$，说明方案可考虑接受。因为这种情况说明方案正好达到了规定的基准收益率水平。

若 $NPV<0$，说明方案不可行。因为这种情况说明方案达不到规定的基准收益率水平，甚至有可能会出现亏损。

2)多方案：满足 $\max\{NPV_i\geqslant 0\}$ 的方案为最优方案。

【例 4-4】 某项目各年的净现金流量如图 4-2 所示，试用净现值指标判断项目的可行性($i_c=10\%$)。

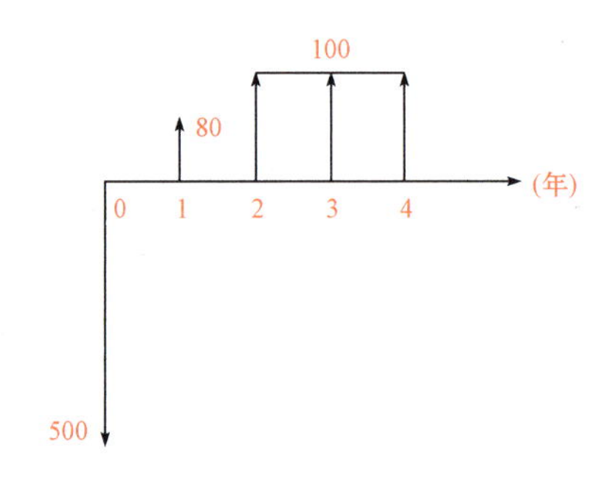

图 4-2　各年的净现金流量

【解】
$$NPV=-500+100\times(1+10\%)^{-1}+200\times(1+10\%)^{-2}+200\times(1+10\%)^{-3}+200\times(1+10\%)^{-4}$$
$$=43.08(\text{万元})$$

或者

$$NPV=-500+100(P/F,10\%,1)+200(P/A,10\%,3)(P/F,10\%,1)=43.08(\text{万元})$$

答：因为 $NPV>0$，所以该方案可行。

(4)净现值法的特点。

1)考虑了资金的时间价值，并考虑了整个计算期的现金流量，能够直接以货币额表示项目的盈利水平；

2)可以直接说明项目投资额与资金成本之间的关系；

3)计算简便，计算结果稳定；

4)必须先设定一个符合经济现实的基准折现率，而基准折现率的确定往往是比较复杂的；

5)对于寿命期不同的技术方案，不宜直接使用净现值指标评价；

6)NPV 用于对寿命期相同的互斥方案的评价时，它偏好于投资额大的方案，不能反映项目单位投资的使用效率，可能出现失误，不能直接说明在项目运营期间各年的经营成果。

(5)净现值 NPV 与折现率 i 的关系。对于常规项目而言，若投资方案各年的现金流量已知，如图 4-3 所示，则该方案净现值的大小完全取决于折现率的大小，即 NPV 可以看作是 i 的函数。

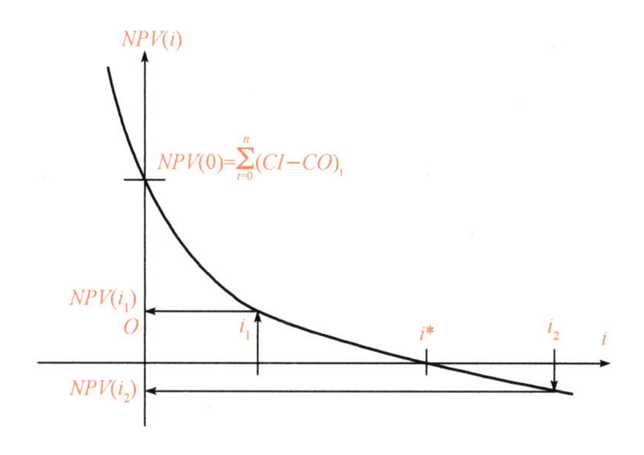

图 4-3　净现值与折现率的关系

从图 4-3 中可以发现，NPV 随 i 的增大而减小，在 i^* 处，曲线与横轴相交，说明如果选定 i^* 为折现率，则 NPV 恰好等于零。在 i^* 的左边，即 $i<i^*$ 时，$NPV>0$；在 i^* 的右边，即 $i>i^*$ 时，$NPV<0$。由于 $NPV=0$ 是净现值判别准则的一个分水岭，因此，可以说 i^* 是折现率的一个临界值，我们将其称作内部收益率。关于内部收益率将在本节后面部分作详细介绍。

3. 净现值率 $NPVR$

(1)定义：为了更好地考察资金的利用效率，通常采用净现值率作为净现值的辅助指标。净现值率是项目净现值与项目全部投资现值之比，是单位投资现值所能得到的净现值，它是一个考察项目单位投资的盈利能力的指标。

(2)计算公式：

$$NPVR=\frac{NPV}{I_P}=\frac{\sum_{t=1}^{n}(CI-CO)_t(1+i_c)^{-t}}{\sum_{t=1}^{n}I_t(1+i_c)^{-t}} \tag{4-7}$$

式中　$NPVR$——净现值率；

I_P——全部投资的现值之和。

(3)评价准则。

1)单一方案：

若 $NPVR>0$，说明方案可行；

若 $NPVR=0$，说明方案可考虑接受；

若 $NPVR<0$，说明方案不可行。

与 NPV 相同。

2)多方案。寿命期相同多方案进行评价：净现值率越大，方案的经济效果越好。

(4)特点。净现值率主要多用于进行多个独立方案备选时的优劣排序，净现值率克服了净现值有利于投资额大的方案的偏差。

【例 4-5】 某方案需要投资 1 995 元，当年见效年收益为 1 500 元，年成本支出为

500 元，第四年有 1 000 元追加投资，服务期为 5 年，在收益率为 10%时，用净现值率法评价方案。

【解】(1)作图(图 4-4)。

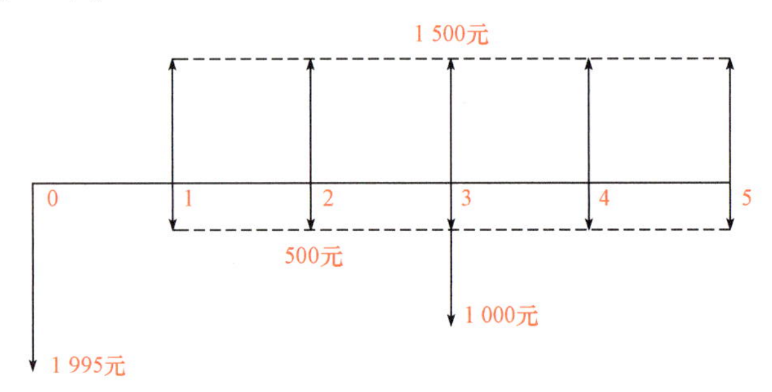

图 4-4　例 4-5 图

(2)计算。

$$NPV=-1\ 995-1\ 000(1+0.1)^{-3}+(1\ 500-500)(P/A,\ 0.1,\ 5)$$

$$=-1\ 995-753.3+1\ 000\times3.790\ 8=1\ 042.5(\text{元})$$

$$I_P=1\ 995+1\ 000\times(1+0.1)=1\ 995+753.3=2\ 748.3(\text{元})$$

$$NPVR=\frac{NPV}{I_P}=\frac{1\ 042.5}{2\ 748.3}=0.38>10\%$$

答：此方案合理。

4. 净年值 NAV

(1)定义：净年值是通过资金等值计算，将项目的净现值 *NPV* 分摊到寿命期内各年的等额年值，与净现值是等效评价指标。

(2)计算公式：

$$NAV=NPV(A/P,\ i,\ n) \tag{4-8}$$

(3)评价准则。单方案时，$NAV\geqslant0$，方案可行；多方案进行选择时，NAV 越大的方案相对优越。净现值与净年值的评价其实是等效的，但是在处理某些问题时(如寿命期不同的多方案比选)，用 NAV 就简便得多。

【例 4-6】　某企业拟购买一台设备，其购置费用为 35 000 元，使用寿命为 4 年，第四年年末的残值为 3 000 元；在使用期内，每年的收入为 19 000 元，经营成本为 6 500 元，若给出标准折现率为 10%，试计算该设备购置方案的净现值率。

【解】(1)作图(图 4-5)。

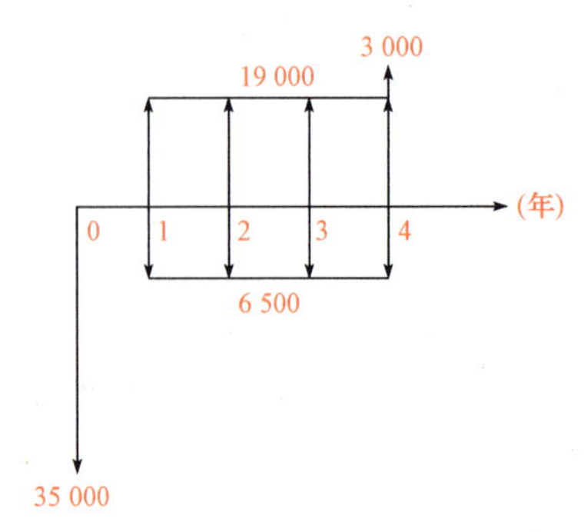

图 4-5　例 4-6 图

(2)计算：

$$NAV = NPV(A/P, i, n) = -35\,000 \times (A/P, 10, 4) + 19\,000 - 6\,500 + 3\,000 \times (A/F, 10, 4)$$

$$= -35\,000 \times 0.315\,5 + 12\,500 + 3\,000 \times 0.215\,5$$

$$= -11\,042.5 + 12\,500 + 646.5 = 2\,104(元)$$

答：由于 $NAV=2\,104>0$，所以该项投资是可行的。

5. 内部收益率 *IRR*

(1)定义：内部收益率(Internal Rate of Return，*IRR*)又称为内部报酬率。简单地说，就是净现值为零时的折现率。内部收益率是项目在寿命期内，尚未回收的投资余额的获利能力。其大小与项目初始投资和项目在寿命期内各年的净现金流量有关，而没有考虑其他外部影响，因而称作内部收益率。在项目的整个寿命期内，按利率 $i \approx IRR$ 计算，始终存在未能收回的投资，而在寿命期结束时，投资恰好被完全收回。

净现值法必须事先设定一个折现率，内部收益率指标则不事先设定折现率，它将求出项目实际能达到的投资效率(即内部收益率)。在所有的经济评价指标中，内部收益率是最重要的评价指标之一，它是对项目进行盈利能力分析时采用的主要方法。*IRR* 反映了项目“偿付”未被收回投资的能力，它不仅受项目初始投资规模的影响，而且受项目寿命周期内各年净收益大小的影响，取决于项目内部。因此，*IRR* 是未回收资金的增值率。

(2)计算公式：

$$\sum_{t=0}^{n}(CI-CO)_t(1+IRR)^{-t}=0 \tag{4-9}$$

在上述方程中解出内部收益率比较复杂，所以，在实际应用中，我们一般采用线性内插法来计算内部收益率的近似解。其计算公式为

$$IRR \approx i_{n-1} + \frac{NPV_{n-1}}{NPV_{n-1} + |NPV_n|} \times (i_n - i_{n-1}) \tag{4-10}$$

注意：1) i_n 与 i_{n-1} 之间的差距一般以不超过 2%为宜，最大不允许超过 5%。

2) $NPV(i_1)<0$，$NPV(i_2)>0$。

如果 i_1 和 i_2 不能满足这两个条件，需要进行重新评估直到满足上述条件。

(3)判别准则(与基准折现率 i_c 进行比较)。

当 $IRR>i_c$ 时，则 $NPV>0$，表明项目的收益率超过基准收益率水平，项目可行；

当 $IRR=i_c$ 时，则 $NPV=0$，表明项目的收益率已达到基准收益率水平，项目可行；

当 $IRR<i_c$ 时，则 $NPV<0$，表明项目不可行。

从上述可以看出，对于单个方案的评价，内部收益率 *IRR* 准则与净现值 *NPV* 准则，其评价结论是一致的。以上只是针对单一方案而言，当多方案比选时，内部收益率最大准则不一定都成立。

【例 4-7】 某项目投资为 700 万元，每年的净收益均为 200 万元，寿命期为 5 年，基准收益率为 10%，试用内部收益率判断方案是否可行。

【解】1)作图(图 4-6)。

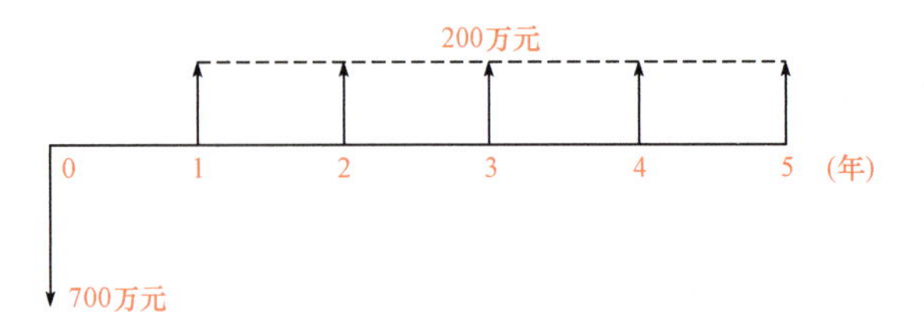

图 4-6　例 4-7 图

2)计算:

设 $i_1=12\%$，$i_2=15\%$

$NPV_1=-700+200(P/A, 12\%, 5)=20.96>0$

$NPV_2=-700+200(P/A, 15\%, 5)=-29.56<0$

$$IRR\approx i_{n-1}+\frac{NPV_{n-1}}{NPV_{n-1}+|NPV_n|}\times(i_n-i_{n-1})$$

$$=0.12+(0.15-0.12)\times\frac{20.96}{20.96+29.56}=13.2\%>10\%$$

所以，方案可行。

(4)内部收益率的几种特殊情况。

1)内部收益率不存在的情况:

①只有现金流入(图 4-7)。

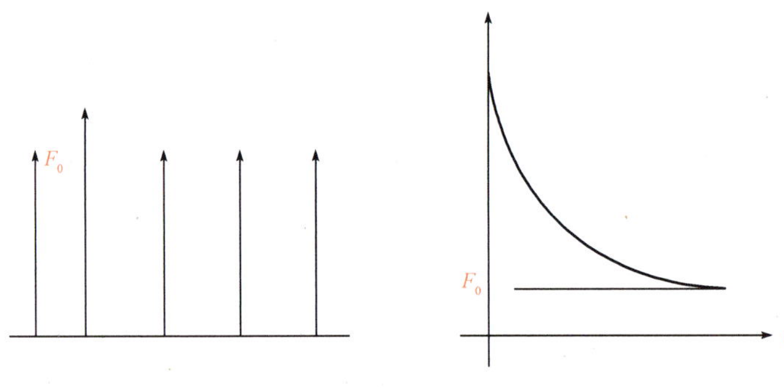

图 4-7　只有现金流入

②只有现金流出(图 4-8)。

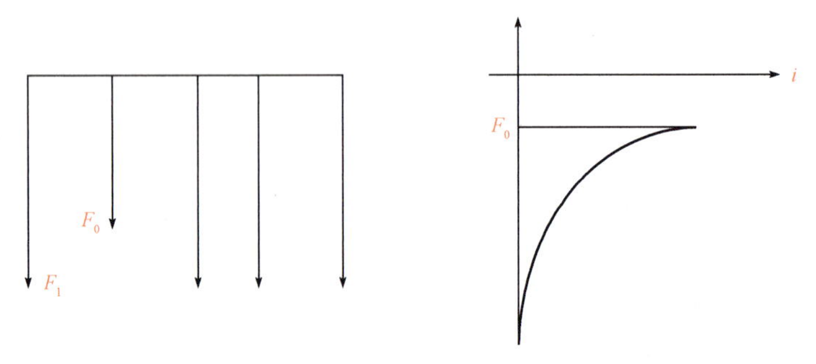

图 4-8　只有现金流出

③现金流量的代数和小于零(图 4-9)。

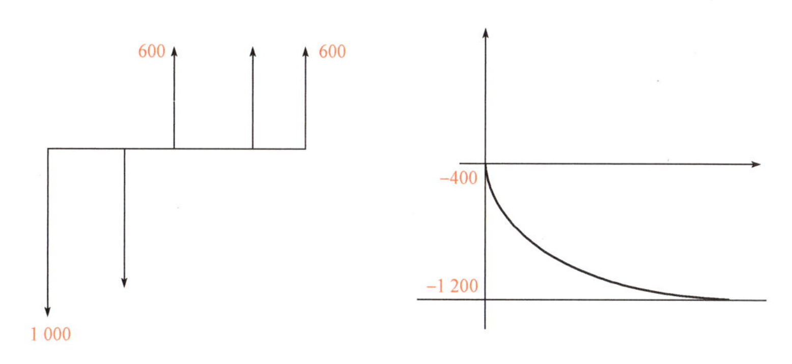

图 4-9　现金流量的代数和小于零

2)非投资的情况。内部收益率存在，但与常规投资项目相反，只有基准贴现率 $i_c > IRR$ 时，NPV 才大于零，方案才是可取的(图 4-10)。

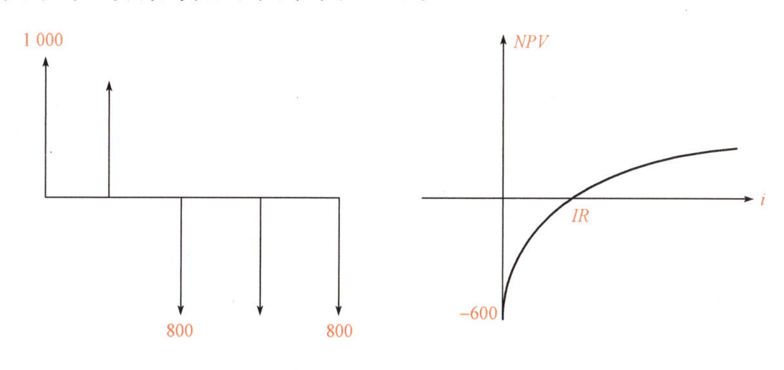

图 4-10　非投资情况内部收益率

3)有多个内部收益率的情况——当方案的净现金流量的正负号改变不止一次时。

(5)内部收益率的特点。

1)优点。内部收益率考虑了资金的时间价值以及项目在整个寿命期内的经济状况，直观地表明了项目的最大可能盈利能力和反映了投资使用效率的水平。净现值和净年值等方法都需要先设定一个基准折现率进行计算和比较，这样操作起来比较困难，因为基准收益率是比较难确定的。虽然国家已经确定了一些行业的基准收益率，但也不能满足目前市场的需求，还是有大量的行业和部门至今没有制定出可以参照的基准收益率。而内部收益率不需要事先确定基准收益率，使用起来方便得多。

2)缺点。内部收益率计算起来比较麻烦，它需要大量与投资项目相关的数据，对于一些非常规投资项目往往有可能会出现多个或不存在内部收益率这样的情况，分析和判别起来比较困难。由于内部收益率是根据方案自身数据计算出的，所以不能直接反映资金价值的大小，对于独立方案采用内部收益率的方法来评价它的经济性和可行性还是非常方便的，但是进行多方案分析时，一般不能直接用于比较和选择。

任务二　工程项目方案经济评价

一、工程项目方案类型

多方案经济评价方法的选择与项目方案的类型(即项目方案之间的相互关系)有关。按照方案之间经济关系的类型，多方案可以划分为以下几种：

(1)互斥型方案。互斥型方案是指各个方案之间存在着互不相容、互相排斥的关系，各个方案可以互相代替，方案具有排他性。当进行方案比选时，选择其中一个方案，则排除了接受其他方案的可能性。这类多方案在实际工作中最常见到。互斥方案可以指同一项目的不同备选方案，如一个建设项目的工厂规模、生产工艺流程、主要设备、厂址选择等；也可以指不同的投资项目，如进行基础设施的投资，又如体育馆或是图书馆；还可以指工业项目的投资，工业项目投资是投资钢铁生产项目、石油开采项目等。

(2)独立型方案。独立型方案是指在多个备选方案中，它们的现金流量是独立的，方案与方案之间没有任何联系，不具有相关性，也就是说在独立型方案中，选择任何一个方案并不要求放弃另外的方案。例如，某施工企业有四个项目需要进行招标，在人力、财力和物力都足够的情况下，同时进行四个工程的施工，在没有资金约束的条件下，这四个方案之间不存在任何的制约和排斥关系，它们就是一组独立方案。

以上所述是指在无资源约束情况下的独立方案，因此称之为无资源限制的独立方案。很多情况下，方案选择大都可能遇到资源(资金、人力、原材料等)的限制，这种方案之间的关系就不是纯粹的独立关系。

(3)混合型方案。混合型方案是指项目组既存在互斥的关系又存在独立关系的方案。混合方案在结构上又可组织成两种形式。

1)在一组独立多方案中，每个独立方案下又有若干个互斥方案的形式。例如，某大型集团想在南京的江宁区(A)和浦口区(B)各投资建造两个大型的商场，显然 A、B 是独立的(图 4-11)。在 A 区有 3 个可行地点 A_1、A_2、A_3 供选择；在 B 区有两个可行地点 B_1、B_2 供选择。则 A_1、A_2、A_3 是互斥关系；B_1、B_2 也是互斥关系。

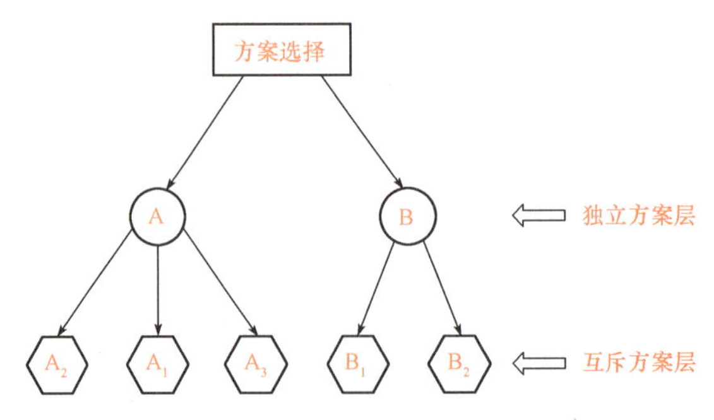

图 4-11　某大型集团混合型方案

2)在一组互斥多方案中，每个互斥方案下又有若干个独立方案的形式。例如，某大型企业面临两个投资机会，一个是投资房地产开发项目C，一个是生物制药项目D，由于资金有限只能在这两个项目中选择其一。房地产开发项目是某市一个大型的城市改造项目，其中有居住物业C_1、商业物业C_2，还有一处大型的体育设施项目(包括游泳馆、体育馆和室外健身场地等)C_3，该企业可以选择全部进行投资，也可选择其中的一个或两个项目进行投资；生物制药项目有D_1和D_2两个相距遥远的地区都急需投资以充分利用当地资源，该企业的资金也可以同时支持D_1和D_2两个项目的选择。

(4)互补型方案。互补型方案是指存在依存关系的一组方案。执行一个方案会增加另一个方案的效益，方案之间存在互为利用、互为补充的关系。根据相互依存关系，互补型方案可分为对称型互补方案和不对称型互补方案。在对称型互补方案中，方案之间相互依存，互为对方存在的前提条件；例如，要开发一个小区，则必须同时修建公路来进行人员、材料的进出，那么，开发小区和修建公路项目无论在建设时间和建设规模上都应该彼此适应、相辅相成，缺少其中一个，另一个就无法运行，这两者之间就是条件关系。不对称互补方案中其中某一个方案的存在是另一个方案存在的前提条件；例如，在大型商场设置餐饮和儿童娱乐设施会增加商场的收益，但餐饮和儿童娱乐设施并非是商场项目的必备条件。

(5)现金流量相关型方案。现金流量相关型方案是指在一组方案中，方案之间现金流量存在一定的影响。方案与方案之间不完全是排斥关系，也不完全是独立关系，但是一个方案的成立与否会影响其他方案现金流量的变化，从而也就影响了其他方案是否被采纳。

例如，在两地之间修建铁路和(或)公路，其中铁路项目和公路项目的关系就是典型的现金流量相关型关系，铁路和公路可以单独修建，也可以同时修建，但与独立方案不同，如果两个项目同时选择，那么由于交通分流的影响，每个项目的现金流量与单独选择该项目时的现金流量是不同的，要充分考虑两个项目的相互影响，合理估计影响后的现金流量。

二、互斥型方案的经济评价

1. 互斥型方案比较

(1)互斥型方案比较的原则。

1)环比原则。采用环比的原则来减少比较次数，将各方案按投资额从小到大排序，依次比较，最终选出最优方案。

2)差额分析原则。对不同的方案进行评价和比较必须从差额角度进行，即在投资额较低的方案被证明是可行的基础上，计算两个方案的现金流量差，分析研究某一方案比另一方案增加的投资在经济上是否合算，得到相关的差额评价指标；再与基准指标对比，以确定投资大还是投资小的方案为最优方案。

3)可比性原则。方案的可比性具体又分为资料数据的可比性，即数据资料收集整理方法统一，定额标准、价格水平一致；时间上的可比性，即比较方案具有相同的计算期；消耗费用的可比性，即被比较方案的费用及效益计算口径一致。

(2)互斥型方案的评价步骤。

1)绝对效果检验。考察备选方案中各方案自身的经济效果是否满足评价准则的要求；该步骤主要是采用相关经济评价指标进行检验，如静态投资回收期、净现值、净年值、内部收益率等。只有自身的经济效果满足了评价准则(静态投资回收期≤基准投资回收期，净现值≥0 或净年值≥0，内部收益率≥基准收益率)要求的备选方案才能进入下一评价步骤。

2)相对效果检验。在通过绝对经济效果检验的方案中进行评价选择，选出相对最优的方案，这一步也可称为选优。

三、独立型方案的经济评价

1. 资金不受限制的独立型方案的经济评价

如果独立方案之间共享的资源足够多(没有限制)，则任何一个方案的选择只与其自身的可行性有关，因此，只要该方案在经济上是可行的，就可以采用。因此，这种情况实际上就是单方案检验。当然需要指出的是，无资源限制并不是指有无限多的资源，而是资源足够多，可以满足所有方案的需要。

2. 资金受限制的独立型方案的经济评价

如果独立方案之间共享的资源是有限的，不能满足所有方案的需要，则在这种不超出资源限制的条件下，独立方案的选择有两种方法：一是方案组合法；二是净现值率排序法。

四、混合型方案的经济评价

1. 无资金约束条件下的选择

由于各个项目相互独立，而且没有资金限制，因此，只要项目可行，就可以采纳。把各个独立型项目所属的互斥型方案进行比较然后择优，即只要从各个独立项目中选择净现值最大且不小于零的互斥型方案加以组合即可。

2. 有资金约束条件下的选择

判别的步骤如下：

(1)评价各方案的可行性，舍弃不可行的方案。

(2)在总投资额不超过资金限额的情况下，进行独立方案的组合，并且在每个项目之中只能选择一个方案。

(3)求每一组合方案的净现值或净年值。

(4)根据净现值最大或净年值最大选择最优的方案组合。

五、互补型方案的经济评价

对于对称型互补方案，如方案 A 和方案 B 互为前提条件，此时，应将两个方案作为一个综合项目(A+B)进行经济评价；对于不对称型互补方案，可以转化为互斥型方案进行经济评价和选择，例如，教学楼建设方案和安装空调方案，可以转化为有空调的教学楼和没有空调的教学楼两个互斥型方案的比较问题。

六、现金流量相关型方案的经济评价

对于现金流量相关型方案的比选，常用的方法是通过方案组合的方法使各组合方案互斥化，与有资源限制的独立方案的比选不同的是：独立方案中，组合方案的现金流量是各独立方案现金流量的叠加，而现金流量相关型方案的组合方案的现金流量不是独立方案现金流量的叠加，而是考虑组合方案中各独立方案的相互影响，并对相互影响之后的现金流量进行准确估计。

对于现金流量相关型方案的比选，常用的方法也是通过方案组合的方法使各组合方案互斥化，不同的是由于方案之间的现金流量相互影响，因此，必须对方案之间现金流量的相互影响作出准确的估计。

任务三　工程项目方案经济评价方法的应用

一、互斥型方案经济评价的应用

1. 寿命期相同的互斥型方案经济评价

寿命期相同的互斥型方案经济评价常采用净现值（*NPV*）法。

（1）评价步骤。

1）绝对经济效果检验：计算各方案的 *NPV*，并加以检验，若某方案的 $NPV \geqslant 0$，则该方案通过了绝对经济效果检验，可以继续作为备选方案，进入下一步的选优；若某方案的 $NPV \leqslant 0$，则该方案没有资格进入下一步的选优。

2）相对经济效果检验：两两比较，通过绝对经济效果检验各方案的净现值 *NPV* 的大小，直至保留净现值 *NPV* 最大的方案。

3）选最优方案：相对经济效果检验后保留的方案为最优方案。

【例 4-8】 某企业购置设备，现有三个方案（表 4-4），各方案的寿命均为 10 年，第 10 年年末的残值为 0。设基准收益率 $i_c=12\%$，试用净现值判断哪个方案在经济上最优。

表 4-4　某企业购置设备方案

项目方案	期初投资/万元	年净收益/万元	寿命期/年
方案 1	7 500	2 100	10
方案 2	12 000	2 800	10
方案 3	15 000	3 700	10

【解】$NPV_1=-7\ 500+2\ 100(P/A, 12\%, 10)=-7\ 500+2\ 100\times5.650\ 2=4\ 365$（万元）

$NPV_2=-12\ 000+2\ 800(P/A, 12\%, 10)=-12\ 000+2\ 800\times5.650\ 2=3\ 821$（万元）

$NPV_3=-15\ 000+3\ 700(P/A, 12\%, 10)=-15\ 000+3\ 700\times5.650\ 2=5\ 906$（万元）

方案 3 的净现值最大，故方案 3 为最优方案。

在互斥型方案比选中，可计算出各方案自身现金流量的净现值，净现值最大的方案即为最优方案。

2. 寿命期不同的互斥型方案经济评价

寿命期不同的互斥型方案经济评价常采用年值(AW)法。

当相互比较的互斥型方案具有不同的计算期时，由于方案之间不具有可比性，不能直接采用差额分析法或直接比较法进行方案的比选。为了满足时间上的可比性，需要对各备选方案的计算期进行适当的调整，使各方案在相同的条件下进行比较，才能得出合理的结论。

(1)定义。**年值法主要采用净年值指标进行方案的比选，当各个方案的效益难以计量或效益相同时，也可采用费用年值指标。在年值法中，要分别计算各备选方案净现金流量的等额净年值 NAV 或费用年值 AC，并进行比较，以净年值 NAV 最大(或费用年值 AC 最小)的方案为最优方案。**年值法中是以“年”为时间单位比较各方案的经济效果，从而使计算期不同的互斥型方案间具有时间的可比性。

(2)计算公式：

$$NAV=\left[\sum_{t=0}^{n}(CI-CO)_t(1+i_c)^{-t}\right](A/P,i_c,n) \tag{4-11}$$

【例 4-9】 建筑公司要购买一种用于施工的设备，现有两种设备可供选择，设基准收益率为 12%，有关数据见表 4-5。试问应选择哪种设备。

表 4-5　设备现金流量表

设备	总投资/万元	使用寿命/年	年销售收入/万元	年经营成本/万元	净残值/万元
设备 1	16 000	6	11 000	5 200	1 500
设备 2	27 000	9	11 000	4 600	3 000

【解】$NAV_1=-16\,000(A/P,12\%,6)+(11\,000-5\,200)+1\,500(A/F,12\%,6)$

$=-16\,000\times0.243\,2+5\,800+1\,500\times0.123\,2=2\,094$(万元)

$NAV_2=-27\,000(A/P,12\%,9)+(11\,000-4\,600)+3\,000(A/F,12\%,9)$

$=-27\,000\times0.187\,7+6\,400+3\,000\times0.067\,7=1\,543$(万元)

由于 $NAV_1>NAV_2$，应该选择设备 1。

3. 寿命无限长互斥型方案经济评价

通常情况下，各备选方案的计算期都是有限的；但某些特殊工程项目的服务年限或工作状态是无限的，如果维修得足够好，可以认为能无限期延长，即其使用寿命无限长，如公路、铁路、桥梁、隧道等。

对这种寿命无限长互斥型方案的经济评价，直接采用年值指标择优选取。通常，先计算各个方案的年值，然后淘汰年值小于零的方案，最后选择年值最大的方案。

$$P=\lim_{n\to\infty}\left[A\frac{(1+i)^n-1}{i(1+i)^n}\right]=\lim_{n\to\infty}\left\{A\times\frac{1}{i}\left[1-\frac{1}{(1+i)^n}\right]\right\}=\frac{A}{i} \tag{4-12}$$

$$此时年金现值系数(P/A,i,\infty)=\frac{1}{i} \tag{4-13}$$

【例 4-10】 现在有两个方案 A、B，A 方案投资 650 000 元用于修建铁路可永久使用，年费用为 6 000 元，每间隔 5 年修补一次。B 方案投资 65 000 元用于购置一批设备，每十年更换一次，年费用为 34 000 元，残值为 7 000 元。$i_c=5\%$。选择哪个方案比较好？

【解】$AC_A=650\ 000\times0.05+1\ 000+10\ 000(A/F,\ 0.05,\ 5)=35\ 310$(元)

$AC_B=65\ 000(A/P,\ 0.05,\ 10)+34\ 000-7\ 000(A/F,\ 0.05,\ 10)=41\ 861$(元)

按照上式的计算结果，选择方案 A 比较合适。

【例 4-11】 有两个互斥型方案，方案一的总投资为 7 500 万元，使用寿命为 4 年，年净收益为 3 800 万元；方案二总投资为 12 000 万元，使用寿命为 6 年，年净收益为 4 000 万元，设基准收益率为 10%。试求方案可以无限重复下去时的最优方案。

【解】计算方案一、方案二寿命为无限大时的净现值：

$NPV_1=[-7\ 500(A/P,\ 10\%,\ 4)+3\ 800](P/A,\ 10\%,\ \infty)=14\ 338$(万元)

$NPV_2=[-12\ 000(A/P,\ 10\%,\ 6)+4\ 000](P/A,\ 10\%,\ \infty)=12\ 448$(万元)

根据上面两个式子可以看出，方案一为最优方案。

二、独立型方案经济评价的应用

1. 资金不受限制的独立型方案的经济评价

在资源不受限制的条件下，采用单方案判断的方法，即如果独立方案的净现(年)值大于零，则方案可行。

【例 4-12】 有两个独立型方案 A 和 B，方案 A 期初投资 200 万元，每年净收益为 50 万元，寿命为 8 年；方案 B 期初投资 400 万元，每年净收益为 80 万元，寿命为 10 年。若基准收益率为 15%，试对方案进行选择。

【解】$NAV_A=-200(A/P,\ 15\%,\ 8)+50=5$(万元)

$NAV_B=-400(A/P,\ 15\%,\ 10)+80=0.3$(万元)

由于方案 A 和方案 B 的净年值均大于 0，根据净年值的评判标准，可以得出 A、B 两方案均合理可行的结论。

2. 资金受限制的独立型方案的经济评价

如果独立方案之间共享的资源是有限的，不能满足所有方案的需要，则在这种不超出资源限制的条件下，独立方案的选择常用方案组合法。

(1)定义。在资源限制的条件下，按照排列组合的方法，列出独立方案所有可能的组合。所有可能的组合方案是互斥的，然后保留在组合方案中，净现值最大的一组所包含的方案即是独立方案的选择。方案组合法能够在各种情况下确保选择的方案组合是最优的可靠方法，是以净现值最大化作为评价目标，保证了最终所选出的方案组合的净现值最大。

(2)组合法进行方案选择的步骤。

1)列出独立方案的所有可能组合，形成若干个新的组合方案(其中包括 0 方案，其投资为 0，收益也为 0)，则所有可能组合方案形成互斥组合方案；

2)每个组合方案的现金流量为被组合的各独立方案的现金流量的叠加；

3)将所有的组合方案按初始投资额从小到大的顺序排列；

4)排除总投资额超过投资资金限额的组合方案；

5)对所剩的所有组合方案按互斥方案的比较方法确定最优的组合方案；

6)最优组合方案所包含的独立方案即为该组独立方案的最佳选择。

【例 4-13】 有三个独立方案 A、B 和 C，寿命期均为 10 年，现金流量见表 4-6。基准收益率为 8%，投资资金限额为 12 000 万元。试选出最佳投资方案。

表 4-6 现金流量表

方案	初始投资/万元	年净收益/万元	寿命/年
A	3 000	600	10
B	5 000	850	10
C	7 000	1 200	10

【解】三个方案的净现值都大于零，从单方案检验的角度看都是可行的，但是由于投资总额有限制，因此，三个方案不能同时实施，只能选择其中的一个或两个方案。

(1)列出不超过投资限额的所有组合方案。

(2)对每个组合方案内的各独立方案的现金流量进行叠加，作为组合方案的现金流量，并按投资额从小到大排列。

(3)按组合方案的现金流量计算各组合方案的净现值。

(4)净现值最大者即为最佳组合方案。

计算过程见表 4-7，(A+C)为最佳组合方案，故最佳投资决策是选择 A、C 方案。

表 4-7 计算过程

序号	组合方案	初始投资/万元	年净收益/万元	寿命/年	净现值/万元	结论
1	A	3 000	600	10	1 026	
2	B	5 000	850	10	704	
3	C	7 000	1 200	10	1 052	
4	A+B	8 000	1 450	10	1 730	
5	A+C	10 000	1 800	10	2 078	最佳
6	B+C	12 000	2 050	10	1 756	

三、混合型方案经济评价的应用

1. 无资金约束条件下的选择

由于各个项目相互独立，而且没有资金限制，因此，只要项目可行，就可以采纳。把各个独立型项目所属的互斥型方案进行比较然后择优，即只要从各个独立项目中选择净现值最大且不小于零的互斥型方案加以组合即可。

2. 有资金约束条件下的选择

判别的步骤如下：

(1)评价各方案的可行性，舍弃不可行的方案。

(2)在总投资额不超过资金限额的情况下，进行独立方案的组合，并且在每个项目之中只能选择一个方案。

(3)求每一组合方案的净现值或净年值。

(4)根据净现值最大或净年值最大选择最优的方案组合。

【例 4-14】 三个下属部门 A、B、C，每个部门提出了若干个方案，其有关数据见表 4-8。假设三个部门之间的投资是相互独立的，但部门内部的投资方案是互斥的，寿命期为 8 年，基准收益率为 10%。(1)若无资金限制，应选择哪些方案？(2)若资金限额为 450 万元，应选择哪些方案？

表 4-8 各方案投资效益表

部门	方案	投资额/万元	年净收益/万元
A	A_1	100	28
	A_2	200	50
B	B_1	100	14
	B_2	200	30
	B_3	300	45
C	C_1	100	51
	C_2	200	6
	C_3	300	87

【解】利用净现值的方法求解：

(1)若资金无限制，应在各个部门中选择一个净现值最大且大于 0 的方案加以组合。

先求各个方案的净现值并判断其可行性。各个方案的净现值见表 4-9，从该表可以看出，B 部门所有投资方案均不可行。因此，应在 A、C 部门中各选一个净现值最大的方案进行组合，最优方案组合为 A_2 和 C_1。

表 4-9 各个方案的净现值

部门	方案	投资额/万元	净现值/万元
A	A_1	100	49.40
	A_2	200	66.70
B	B_1	100	−25.30
	B_2	200	−35.95
	B3	300	−59.93
C	C_1	100	172.08
	C_2	200	136.10
	C_3	300	164.16

(2)在资金限额为 450 万元的情况下，将可行的方案进行组合，求出每一组合的净现值，净现值最大的组合就是最优组合。各组合方案及其净现值见表 4-10。从表中可以看出，由 A_2 和 C_1 组成的方案组合净现值最大，为 238.78 万元，最优组合方案为 A_2 和 C_1。

表 4-10　各组合方案及其净现值

序号	方案组合	总投资额/万元	总净现值/万元
1	A_1	100	49.40
2	A_2	200	66.70
3	C_1	100	172.08
4	C_2	200	136.10
5	C_3	300	164.16
6	A_1、C_1	200	221.48
7	A_1、C_2	300	185.50
8	A_1、C_3	400	213.6
9	A_2、C_1	300	238.78
10	A_2、C_2	400	202.80
11	A_2、C_3	500	投资超限

本章重点

1. 投资回收期的概念和计算。
2. 净现值和净年值的概念和计算。
3. 基准收益率的概念和确定。
4. 净现值与收益率的关系。
5. 内部收益率的含义和计算。
6. 互斥型方案、独立型方案和混合型方案的经济比较与优选方法。

本章难点

1. 净现值与收益率的关系。
2. 内部收益率的含义和计算。
3. 互斥型方案、独立型方案和混合型方案的经济比较与优选方法。

本章课时

18 课时

本章要求

通过本章的学习，学生应掌握工程经济效果的静态评价指标和动态评价指标的计算与应用准则，并且熟练运用互斥型方案、独立型方案和混合型方案的经济比较与优选方法。

思考与练习

一、单项选择题

1. 对于常规投资项目来说，若 $NPV>0$，下面选项错误的是(　　)。

   A. 方案可行　　B. 方案不可行　　C. $NAV>0$　　D. $IRR>i_0$

2. 内部收益率就是(　　)。

   A. 贷款的利率

   B. 基准贴现率

   C. 计算期内使净现值为零的利率

   D. 对占用资金的一种恢复能力，其值越高，方案的经济性越差

3. 通过静态投资回收期与某一指标的比较，可以判断方案是否可行。该项指标是(　　)。

   A. 项目寿命期　　B. 项目建设期

   C. 基准投资回收期　　D. 动态投资回收期

4. 关于动态投资回收期 P_t'，下列说法中错误的是(　　)。

   A. 若 $i_c=FIRR$，则有 $P_t=n$(计算期)

   B. 若 $P_t<n$，则有 $i_c=FIRR$

   C. 若 $P_t \leqslant P_c$(基准投资回收期)，说明项目能在要求的时间内收回投资

   D. 在方案评价方面，动态投资回收期法与 $FIRR$ 法不等价

5. 与计算动态投资回收期无关的量是(　　)。

   A. 现金流入　　B. 现金流出　　C. 项目寿命期　　D. 基准收益率

6. 关于静态投资回收期的说法，下述错误的是(　　)。

   A. 静态投资回收期考虑了资金的时间价值

   B. 静态投资回收期是以项目的净收益回收其全部投资所需要的时间

   C. 静态投资回收期不考虑资金的时间因素

   D. 静态投资回收期可以自项目投产年开始算起，但应予以注明

7. 某建设项目寿命期为 7 年，各年现金流量见表 4-11，该项目静态回收期为(　　)年。

表 4-11　某项目财务现金流量表　　元

年末	1	2	3	4	5	6	7
现金流入			900	1 200	1 200	1 200	1 200
现金流出	800	700	500	600	600	600	600

   A. 4.4　　B. 4.8　　C. 5.0　　D. 5.4

8. 某具有常规现金流量的投资方案，经计算 $FNPV(17\%)=230$，$FNPV(18\%)=-78$，则该方案的财务内部收益率为(　　)。

   A. 17.3%　　B. 17.5%　　C. 17.7%　　D. 17.9%

9. 如果某项目财务内部收益率大于基准收益率，则其财务净现值(　　)。

   A. 大于零　　B. 小于零　　C. 等于零　　D. 不确定

10. 如果方案在经济上是可以接受的，其财务内部收益率应(　　)。

A. 小于基准收益率　　　　B. 小于银行贷款利率

C. 大于基准收益率　　　　D. 大于银行贷款利率

二、多项选择题

1. 关于经济效益静态评价方法的描述，下列正确的有(　　)。

A. 是一种简便、直观的评价方法

B. 一般用于项目的可行性研究阶段

C. 可以用来判断两个或两个以上方案的优劣

D. 没有客观反映方案在寿命周期内的全部经济效果

E. 必须事先确定相应的基准值

2. 关于投资回收期的论述，下列正确的有(　　)。

A. 投资回收期是用未来净现金流量清偿全部投资所需的时间

B. 投资回收期的倒数是平均报酬率

C. 投资回收期越短的方案，投资收益率越高

D. 投资效果系数的倒数是投资回收期

E. 投资回收期越短的方案，风险越小

3. 关于静态投资回收期的说法，下列正确的有(　　)。

A. 如果方案的静态投资回收期大于基准投资回收期，则方案可以考虑接受

B. 如果方案的静态投资回收期小于基准投资回收期，则方案可以考虑接受

C. 如果方案的静态投资回收期大于方案的寿命期，则方案盈利

D. 如果方案的静态投资回收期小于方案的寿命期，则方案盈利

E. 通常情况下，方案的静态投资回收期小于方案的动态投资回收期

4. 动态投资回收期小于基准投资回收期意味着(　　)。

A. 项目净现值大于零

B. 项目内部收益率大于基准收益率

C. 静态投资回收期小于基准投资回收期

D. 项目可行

E. 项目净现值率大于零

5. 静态投资回收期指标的不足主要体现在(　　)。

A. 计算过程比较复杂

B. 需要事前确定基准折现率

C. 没有考虑项目回收后的效益

D. 没有考虑资金时间价值

E. 非常规项目不能使用

三、思考题

1. 简述投资回收期的概念和计算。

2. 简述净现值和净年值的概念和计算。

3. 简述基准收益率的概念和确定。

4. 简述净现值与收益率的关系。

5. 简述内部收益率的含义和计算方法。

6. 什么是互斥型和独立型方案？二者有什么区别？

四、计算题

1. 某项目净现金流量见表4-12，若基准贴现率为12%，要求：

(1)计算静态投资回收期、净现值、净现值率、净年值、内部收益率和动态投资回收期。

(2)画出累计净现金流量现值曲线。

表4-12　项目净现金流量 万元

年份	0	1	2	3	4	5	6	7
净现金流量	−60	−80	30	40	60	60	60	60

2. 已知：某地区拟建一座跨海大桥，有水泥结构和金属结构两种方案，两种方案的投资如下：水泥结构投资为1 200万元，年维护费为2万元，桥面每10年翻修一次，需5万元；金属结构投资为1 100万元，年维护费为8万元，每3年粉刷一次，需3万元，每10年整修一次需4万元，基准收益率为10%。

问题：(1)应该采用什么方法对这两个方案进行比选，为什么？

(2)采用一种合适的方法对两个方案进行比较，推选较优方案。

3. 某制造厂考虑三个投资计划，见表4-13，最低期望收益率为10%。

表4-13　某制造厂的三个投资计划

方案	A	B	C
投资(第1年年初)	65 000	58 000	93 000
年净收入(第1～5年年末)	18 000	15 000	23 000
残值(第5年年末收回)	12 000	10 000	15 000

(1)假设这三个计划是独立的，且资金没有限制，那么应选择哪个方案或哪些方案？

(2)在(1)中假定资金限制在160 000元，试选出最好的方案。

(3)假设计划A、B、C是互斥的，试用增量内部收益率法来选出最合适的投资计划，增量内部收益率说明什么意思？

4. 现有四个互斥方案，寿命期均为12年，其现金流量见表4-14，若基准贴现率为10%，应如何选择方案？

表4-14　现金流量表

方案	A0	A1	A2	A3	A4
初始投资(K)	0	18	25	30	35
1～12年的净收益(R)	0	4.05	4.4	6.3	6.5

5. 某工程项目拟定了两个方案(表4-15)，若年利率为10%，试作方案选择。

表 4-15　拟定的方案

项目	投资/万元	年收入/万元	年经营成本/万元	残值/万元	寿命/年	大修费/(万元/次)
Ⅰ方案	20	18	2.5	6	4	2(二年一次)
Ⅱ方案	10	10	1	4	3	

项目五　不确定性分析

知识目标

掌握盈亏平衡分析法的基本原理及其不同方案的比较应用；熟悉单因素敏感性分析方法；掌握风险分析方法。

技能目标

能够对投资项目作不确定分析，为投资决策提供客观、科学的依据，提高经济评价的准确度和可信度，避免和减少投资决策的失误。

素质目标

营造课堂活跃气氛；提升规范意识、质量意识、绿色环保意识，强化动手能力、社会责任心、合作意识及沟通协调能力。

导　入

阳光小学基础项目工程，施工管理人员需要决定下个月是否开工。若开工后不下雨，则可按期完工，获利润 5 万元；遇下雨天气，则要造成 1 万元的损失。假如不开工，无论下雨还是不下雨都要付窝工费 1 000 元。据气象预测，下月天气不下雨的概率为 0.2，下雨概率为 0.8，请为施工管理人员作出决策。

本章内容

任务一　不确定性分析概述

一、不确定性分析的概念

不确定性分析是技术方案经济效果评价中的一个重要内容。因为决策的主要依据是技术方案经济效果评价，而技术方案经济效果评价都是以一些确定的数据为基础，如技术方案总投资、建设期、年销售收入、年经营成本、年利率和设备残值等指标值，认为它们都是已知的、确定的，即使对某个指标值所作的估计或预测，也认为是可靠、有效的。但事实上，对技术方案经济效果的评价通常都是对技术方案未来经济效果的计算，一个拟实施技术方案的所有未来结果都是未知的。因为计算中所使用的数据大都是建立在分析人员对未来各种情况所作的预测与判断基础之上的，因此，无论用什么方法预测或估计，都会包含许多不确定性因素，可以说，不确定性是所有技术方案固有的内在特性。只是对不同的技术方案，这种不确定性的程度有大有小。为了尽量避免决策失误，我们需要了解各种内外部条件发生变化时对技术方案经济效果的影响程度，需要了解技术方案对各种内外部条件变化的承受能力。

不确定性不同于风险。风险是指不利事件发生的可能性，其中不利事件发生的概率是可以计量的；而不确定性是指人们在事先只知道所采取行动的所有可能后果，而不知道它们出现的可能性，或者两者均不知道，只能对两者做些粗略的估计，因此，不确定性是难以计量的。

不确定性分析是指研究和分析当影响技术方案经济效果的各项主要因素发生变化时，拟实施技术方案的经济效果会发生什么样的变化，以便为正确决策服务的一项工作。不确定性分析是技术方案经济效果评价中的一项重要工作，在拟实施技术方案未作出最终决策之前，均应进行技术方案不确定性分析。

二、不确定性产生的原因

不确定性因素产生的原因很多，一般情况下，产生不确定性的主要原因有以下几点：

(1)所依据的基本数据不足或者统计偏差。这是指由于原始统计上的误差、统计样本点的不足、公式或模型的套用不合理等所造成的误差。例如，技术方案建设投资和流动资金是技术方案经济效果评价中重要的基础数据，但在实际工程中，往往会由于各种原因而高估或低估了它的数额，从而影响了技术方案经济效果评价的结果。

(2)受预测方法的局限，预测的假设不准确。

(3)未来经济形势的变化。由于有通货膨胀的存在，会产生物价的波动，从而会影响技术方案经济效果评价中所用的价格，进而导致诸如年营业收入、年经营成本等数据与实际发生偏差；同样，由于市场供求结构的变化，会影响到产品的市场供求状况，进而对某些指标值产生影响。

(4)技术进步。技术进步会引起产品和工艺的更新替代，这样，根据原有技术条件和生产水平所估计出的年营业收入、年经营成本等指标就会与实际值发生偏差。

(5)无法以定量来表示的定性因素的影响。

(6)其他外部影响因素，如政府政策的变化，新的法律、法规的颁布，国际政治经济形势的变化等，均会对技术方案的经济效果产生一定的甚至是难以预料的影响。在评价中，如果我们想全面分析这些因素的变化对技术方案经济效果的影响是十分困难的，因此，在实际工作中，我们往往要着重分析和把握那些对技术方案影响大的关键因素，以期取得较好的效果。

三、不确定性分析的内容

由于上述种种原因，技术方案经济效果计算和评价所使用的计算参数，诸如投资、产量、价格、成本、利率、汇率、收益、建设期限、经济寿命等，总是不可避免地带有一定程度的不确定性。不确定性的直接后果是使技术方案经济效果的实际值与评价值相偏离，从而给决策者带来风险。假定某技术方案的基准收益率 i_c 定为 8%，根据技术方案基础数据求出的技术方案财务内部收益率为 10%，由于内部收益率大于基准收益率，因此，根据方案评价准则自然认为技术方案是可行的；但如果凭此就作出决策则是不够的，因为我们还没有考虑到不确定性问题，例如，如果在技术方案实施的过程中存在投资超支、建设工期拖长、生产能力达不到设计要求、原材料价格上涨、劳务费用增加、产品售价波动、市场需求量变化、贷款利率变动等，都可能使技术方案达不到预期的经济效果，导致财务内部收益率下降，甚至发生亏损。当内部收益率下降多于 2%，技术方案就会变成不可行，则技术方案就会有风险，如果不对这些进行分析，仅凭一些基础数据所做的确定性分析为依据来取舍技术方案，就可能会导致决策的失误。因此，为了有效地减少不确定性因素对技术方案经济效果的影响，提高技术方案的风险防范能力，进而提高技术方案决策的科学性和可靠性，除对技术方案进行确定性分析外，还很有必要对技术方案进行不确定性分析。因此，应根据拟实施技术方案的具体情况，分析各种内外部条件发生变化或者测算数据误差对技术方案经济效果的影响程度，以估计技术方案可能承担不确定性的风险及其承受能力，确定技术方案在经济上的可靠性，并采取相应的对策力争将风险降低到最小限度。这种对影响方案经济效果的不确定性因素进行的分析称为不确定性分析。

四、不确定性分析的方法

不确定性分析有许多方法，常用的不确定性分析方法有盈亏平衡分析、敏感性分析和概率分析。

1. 盈亏平衡分析

盈亏平衡分析也称量本利分析，就是将技术方案投产后的产销量作为不确定因素，通过计算技术方案的盈亏平衡点的产销量，据此分析判断不确定性因素对技术方案经济效果的影响程度，说明技术方案实施的风险大小及技术方案承担风险的能力，为决策提供科学依据。根据生产成本及销售收入与产销量之间是否呈线性关系，盈亏平衡分析又可进一步分为线性盈亏平衡分析和非线性盈亏平衡分析。通常只要求线性盈亏平衡分析。

2. 敏感性分析

敏感性分析是分析各种不确定性因素发生增减变化时，对技术方案经济效果评价指标的影响，并计算敏感度系数和临界点，找出敏感因素。

3. 概率分析

概率是指事件的发生所产生某种后果的可能性的大小。概率分析是利用概率来研究和预测不确定性因素对项目经济评价指标的影响的一种定量分析方法。

在具体应用时，要综合考虑技术方案的类型、特点、决策者的要求，相应的人力、财力，以及技术方案对经济的影响程度等来选择具体的分析方法。

任务二　盈亏平衡分析

盈亏平衡分析是在一定市场、生产能力及经营管理条件下（即假设在此条件下生产量等于销售量)，通过对产品产量、成本、利润相互关系的分析，判断企业对市场需求变化适应能力的一种不确定性分析方法，故也称量本利分析。

一、总成本与固定成本、可变成本

根据成本费用与产量(或工程量)的关系可以将技术方案总成本费用分解为可变成本、固定成本和半可变(或半固定)成本。

1. 固定成本

固定成本是指在技术方案一定的产量范围内不受产品产量影响的成本，即不随产品产量的增减发生变化的各项成本费用，如工资及福利费(计件工资除外)、折旧费、修理费、无形资产及其他资产摊销费、其他费用等。

2. 可变成本

可变成本是随技术方案产品产量的增减而成正比例变化的各项成本，如原材料、燃料、动力费、包装费和计件工资等。

3. 半可变(或半固定)成本

半可变(或半固定)成本是指介于固定成本和可变成本之间，随技术方案产量增长而增长，但不成正比例变化的成本，如与生产批量有关的某些消耗性材料费用、工模具费用及运输费等，这部分可变成本随产量变动一般是呈阶梯形曲线。由于半可变(或半固定)成本通常在总成本中所占比例很小，在技术方案经济效果分析中，为便于计算和分析，可以根据行业特点情况将产品半可变(或半固定)成本进一步分解成固定成本和可变成本。长期借款利息应视为固定成本；流动资金借款和短期借款利息可能部分与产品产量相关，其利息可视为半可变(或半固定)成本，为简化计算，一般也将其作为固定成本。

综上所述，技术方案总成本是固定成本与可变成本之和，它与产品产量的关系也可以近似地认为是线性关系，即

$$C=CF+C_uQ \tag{5-1}$$

式中 C——总成本；

CF——固定成本；

C_u——单位产品变动成本；

Q——产量(或工程量)。

二、销售收入与税金及附加

1. 销售收入

技术方案的销售收入与产品销量的关系有以下两种情况：

(1)该技术方案的生产销售活动不会明显地影响市场供求状况，假定其他市场条件不变，产品价格不会随该技术方案的销量的变化而变化，可以看作一个常数，销售收入与销量呈线性关系。

(2)该技术方案的生产销售活动将明显地影响市场供求状况，随着该技术方案产品销量的增加，产品价格有所下降，这时销售收入与销量之间不再是线性关系。为简化计算，本项目仅考虑销售收入与销量呈线性关系这种情况。

2. 税金及附加

由于单位产品的税金及附加是随产品的销售单价变化而变化的，为便于分析，将销售收入与税金及附加合并考虑。

经简化后，技术方案的销售收入是销量的线性函数，即

$$S=p\times Q-T_u\times Q \tag{5-2}$$

式中 S——销售收入；

p——单位产品售价；.

T_u——单位产品税金及附加(当投入、产出都按不含税价格时，T_u 不包括增值税)；

Q——销量。

三、量本利模型

1. 量本利模型

企业的经营活动，通常以生产数量为起点，而以利润为目标。**在一定期间将成本总额分解简化成固定成本和变动成本两部分后，再同时考虑收入和利润，使成本、产销量和利润的关系统一于一个数学模型。这个数学模型的表达形式为**

$$B=S-C \tag{5-3}$$

式中 B——利润；

S——销售收入。

为简化数学模型，对线性盈亏平衡分析作了如下假设：

(1)生产量等于销售量，即当年生产的产品(或提供的服务，下同)当年销售出去；

(2)产销量变化，单位可变成本不变，总生产成本是产销量的线性函数；

(3)产销量变化，销售单价不变，销售收入是产销量的线性函数；

(4)只生产单一产品；或者生产多种产品，但可以换算为单一产品计算，不同产品的生产负荷率的变化应保持一致。

根据上述假设，将式(5-1)、式(5-2)代入式(5-3)，可得：

$$B=p\times Q-C_u\times Q-T_u\times Q \tag{5-4}$$

式中 Q——产销量(即生产量等于销售量)。

式(5-4)明确表达了量本利之间的数量关系，是基本的损益方程式。它含有相互联系的6个变量，给定其中5个，便可求出另一个变量的值。

2. 基本的量本利图

将式(5-4)的关系反映在直角坐标系中，即成为基本的量本利图，如图5-1所示。

图5-1中的横坐标为产销量，纵坐标为金额(成本和销售收入)。假定在一定时期内，产品价格不变时，销售收入 S 随产销量的增加而增加，呈线性函数关系，在图形上就是以零为起点的斜线。产品总成本 C 是固定总成本和变动总成本之和，当单位产品的变动成本不变时，总成本也呈线性变化。

从图5-1可知，销售收入线与总成本线的交点是盈亏平衡点(*BEP*)，也称保本点。表明技术方案在此产销量下总收入与总成本相等，既没有利润，也不发生亏损。在此基础上，增加产销量，销售收入超过总成本，收入线与成本线之间的距离为利润值，形成盈利区；

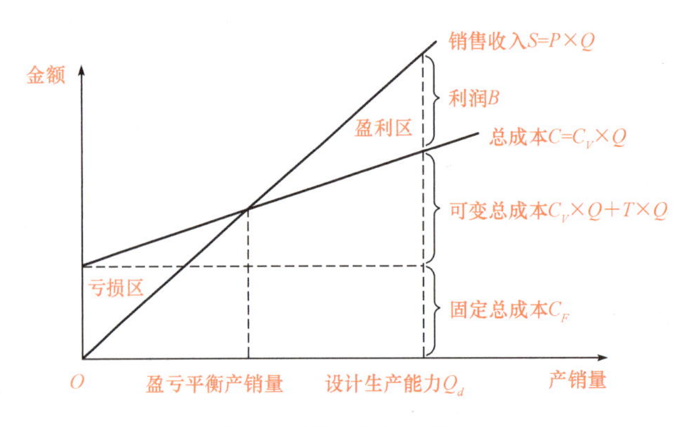

图 5-1　基本的量本利图

反之，形成亏损区。这种用图示表达量本利的相互关系，不仅形象直观，一目了然，而且容易理解。

盈亏平衡分析是通过计算技术方案达产年盈亏平衡点(*BEP*)，分析技术方案成本与收入的平衡关系，判断技术方案对不确定性因素导致产销量变化的适应能力和抗风险能力。技术方案盈亏平衡点(*BEP*)的表达形式有多种。可以用绝对值表示，如以实物产销量、单位产品售价、单位产品的可变成本、年固定总成本以及年销售收入等表示的盈亏平衡点；也可以用相对值表示，如以生产能力利用率表示的盈亏平衡点。其中以产销量和生产能力利用率表示的盈亏平衡点应用最为广泛。盈亏平衡点一般采用公式计算，也可利用盈亏平衡图求得。

四、产销量(工程量)盈亏平衡分析的方法

从图 5-1 可以看出，当企业在小于 Q_0 的产销量下组织生产，则技术方案亏损；在大于 Q_0 的产销量下组织生产，则技术方案盈利。显然产销量 Q_0 是盈亏平衡点(*BEP*)的一个重要表达。就单一产品技术方案来说，盈亏临界点的计算并不困难，一般是从销售收入等于总成本费用即盈亏平衡方程式中导出。**由式(5-4)中利润 $B=0$，即可导出以产销量表示的盈亏平衡点 $BEP(Q)$，其计算公式如下：**

$$BEP(Q)=\frac{C_F}{P-C_u-T_u} \tag{5-5}$$

式中　$BEP(Q)$——盈亏平衡点时的产销量；

C_F——固定成本；

C_u——单位产品变动成本；

p——单位产品销售价格；

T_u——单位产品营业税金及附加。

由于单位产品营业税金及附加常常是单位产品销售价格与税金及附加税率的乘积，故式(5-5)又可表示为

$$BEP(Q)=\frac{C_F}{P(1-r)-C_u} \tag{5-6}$$

式中　r——税金及附加的税率。

对技术方案运用盈亏平衡点分析时应注意：盈亏平衡点要按技术方案投产达到设计生产能力后正常年份的产销量、变动成本、固定成本、产品价格、税金及附加等数据来计算，而不能按计算期内的平均值计算。正常年份一般选择还款期间的第一个达产年和还款后的年份分别计算，以便分别给出最高和最低的盈亏平衡点区间范围。

【例 5-1】 某技术方案年设计生产能力为 10 万台，年固定成本为 1 200 万元，产品单台销售价格为 900 元，单台产品可变成本为 560 元，单台产品税金及附加为 120 元。试求盈亏平衡点的产销量。

【解】根据式(5-5)可得：

$$BEP(Q)=\frac{12\ 000\ 000}{900-560-120}=54\ 545(台)$$

计算结果表明，当技术方案产销量低于 54 545 台时，技术方案亏损；当技术方案产销量大于 54 545 台时，技术方案盈利。

五、生产能力利用率盈亏平衡分析的方法

生产能力利用率表示的盈亏平衡点 $BEP(\%)$，是指盈亏平衡点产销量占技术方案正常产销量的比重。所谓正常产销量，是指正常市场和正常开工情况下，技术方案的产销数量。在技术方案评价中，一般用设计生产能力表示正常产销量。

$$BEP(\%)=\frac{BEP(Q)}{Q_d}\times 100\% \tag{5-7}$$

式中　Q_d——正常产销量或技术方案设计生产能力。

进行技术方案评价时，生产能力利用率表示的盈亏平衡点常常根据正常年份的产品产销量、变动成本、固定成本、产品价格和税金及附加等数据来计算。即

$$BEP(\%)=\frac{C_F}{S_n-C_V-T}\times 100\% \tag{5-8}$$

式中　$BEP(\%)$——盈亏平衡点时的生产能力利用率；

S_n——年营业收入；

C_V——年可变成本；

T——年税金及附加。

通过式(5-7)可得：

$$BEP(Q)=BEP(\%)\times Q_d \tag{5-9}$$

可见式(5-5)与式(5-8)是可以相互换算的，即产销量(工程量)表示的盈亏平衡点等于生产能力利用率表示的盈亏平衡点乘以设计生产能力。

【例 5-2】 数据同例 5-1，试计算生产能力利用率表示的盈亏平衡点。

【解】根据式(5-8)可得：

$$BEP(\%)=\frac{1\ 200}{(900-560-120)\times 10}\times 100\%=54.55\%$$

计算结果表明，当技术方案生产能力利用率低于 54.55%时，技术方案亏损；当技术方案生产能力利用率大于 54.55%时，则技术方案盈利。

【例 5-3】 某公司生产某种结构件，设计年产销量为 3 万件，每件的售价为 300 元，单位产品的可变成本为 120 元，单位产品税金及附加为 40 元，年固定成本为 280 万元。

问题：(1)该公司不亏不盈时的最低年产销量是多少？

(2)达到设计能力时盈利是多少？

(3)年利润为 100 万元时的年产销量是多少？

【解】(1)计算该公司不亏不盈时的最低年产销量。

根据式(5-5)可得：

$$BEP(Q)=\frac{2\ 800\ 000}{300-120-40}=20\ 000(件)$$

计算结果表明，当公司生产结构件产销量低于 20 000 件时，公司亏损；当公司产销量大于 20 000 件时，则公司盈利。

(2)计算达到设计能力时的盈利。

根据式(5-4)可得该公司的利润：

$$\begin{aligned}B&=p\times Q-C_u\times Q-T_u\times Q\\&=300\times3-120\times3-280-40\times3\\&=140(万元)\end{aligned}$$

(3)计算年利润为 100 万元时的年产销量。

同样，根据式(5-4)可得：

$$\begin{aligned}Q&=\frac{B+CF}{p-C_u-T_u}\\&=\frac{1\ 000\ 000+2\ 800\ 000}{300-120-40}=27\ 143(件)\end{aligned}$$

盈亏平衡点反映了技术方案对市场变化的适应能力和抗风险能力。从图 5-1 中可以看出，盈亏平衡点越低，达到此点的盈亏平衡产销量就越少，技术方案投产后盈利的可能性越大，适应市场变化的能力越强，抗风险能力也越强。

盈亏平衡分析虽然能够从市场适应性方面说明技术方案风险的大小，但并不能揭示技术方案风险的根源。因此，还需采用其他方法来帮助达到这个目标。

任务三　敏感性分析

在技术方案经济效果评价中，各类因素的变化对经济指标的影响程度是不相同的。有些因素可能仅发生较小幅度的变化就能引起经济效果评价指标发生大的变动；而另一些因素即使发生了较大幅度的变化，对经济效果评价指标的影响也不是太大。我们将前一类因素称为敏感性因素，后一类因素称为非敏感性因素。决策者有必要把握敏感性因素，分析方案的风险大小。

一、敏感性分析的内容

技术方案评价中的敏感性分析，就是在技术方案确定性分析的基础上，通过进一步分析、预测技术方案主要不确定因素的变化对技术方案经济效果评价指标(如财务内部收益率、财务净现值等)的影响，从中找出敏感因素，确定评价指标对该因素的敏感程度和技术方案对其变化的承受能力。敏感性分析有单因素敏感性分析和多因素敏感性分析两种。

(1)单因素敏感性分析是对单一不确定因素变化对技术方案经济效果的影响进行分析，即假设各个不确定性因素之间相互独立，每次只考察一个因素变动，其他因素保持不变，以分析这个可变因素对经济效果评价指标的影响程度和敏感程度。为了找出关键的敏感性因素，通常只进行单因素敏感性分析。

(2)多因素敏感性分析是假设两个或两个以上互相独立的不确定因素同时变化时，分析这些变化的因素对经济效果评价指标的影响程度和敏感程度。

二、单因素敏感性分析的步骤

单因素敏感性分析一般按以下步骤进行。

(一)确定分析指标

技术方案评价的各种经济效果指标，如财务净现值、财务内部收益率、静态投资回收期等，都可以作为敏感性分析的指标。

分析指标的确定与进行分析的目标和任务有关，一般是根据技术方案的特点、实际需求情况和指标的重要程度来选择。

如果主要分析技术方案状态和参数变化对技术方案投资回收快慢的影响，则可选用静态投资回收期作为分析指标；如果主要分析产品价格波动对技术方案超额净收益的影响，则可选用财务净现值作为分析指标；如果主要分析投资大小对技术方案资金回收能力的影响，则可选用财务内部收益率指标等。

由于敏感性分析是在确定性经济效果分析的基础上进行的，一般而言，敏感性分析的指标应与确定性经济效果评价指标一致，不应超出确定性经济效果评价指标范围而另立新的分析指标。当确定性经济效果评价指标比较多时，敏感性分析可以围绕其中一个或若干个最重要的指标进行。

(二)选择需要分析的不确定性因素

影响技术方案经济效果评价指标的不确定性因素很多，但事实上没有必要对所有的不确定因素都进行敏感性分析，而只需选择一些主要的影响因素。在选择需要分析的不确定性因素时主要考虑两条原则：第一，预计这些因素在其可能变动的范围内对经济效果评价指标的影响较大；第二，对在确定性经济效果分析中采用该因素的数据的准确性把握不大。

选定不确定性因素时应当把这两条原则结合起来进行。对于一般技术方案来说，通常从以下几个方面选择敏感性分析中的影响因素。

(1)从收益方面来看，主要包括产销量与销售价格、汇率。许多产品，其生产和销售受国内外市场供求关系变化的影响较大，市场供求难以预测，价格波动也较大，而这种变化不是技术方案本身所能控制的，因此，产销量与销售价格、汇率是主要的不确定性因素。

(2)从费用方面来看，包括成本(特别是与人工费、原材料、燃料、动力费及技术水平有关的变动成本)、建设投资、流动资金占用、折现率、汇率等。

(3)从时间方面来看，包括技术方案建设期、生产期。生产期又可考虑投产期和正常生产期。

另外，选择的因素要与选定的分析指标相联系。否则，当不确定性因素变化一定幅度时，并不能反映评价指标的相应变化，达不到敏感性分析的目的。例如，折现率因素对静态评价指标不起作用。

(三)分析每个不确定性因素的波动程度及其对分析指标可能带来的增减变化情况

(1)对所选定的不确定性因素，应根据实际情况设定这些因素的变动幅度，其他因素固定不变。因素的变动可以按照一定的变化幅度(如±5%、±10%、±15%、±20%等；对于建设工期可采用延长或压缩一段时间表示)改变它的数值。

(2)计算不确定性因素每次变动对技术方案经济效果评价指标的影响。对每一因素的每一变动，均重复以上计算，然后，把因素变动及相应指标变动结果用敏感性分析表(表5-1)和敏感性分析图(图5-2)的形式表示出来，以便于测定敏感因素。

(四)确定敏感性因素

敏感性分析的目的是寻求敏感因素，这可以通过计算敏感度系数和临界点来判断。

1. 敏感度系数(S_{AF})

敏感度系数表示技术方案经济效果评价指标对不确定因素的敏感程度。其计算公式为

$$S_{AF}=\frac{\Delta A/A}{\Delta F/F} \tag{5-10}$$

式中 S_{AF}——敏感度系数；

$\Delta F/F$——不确定性因素 F 的变化率(%)；

$\Delta A/A$——不确定性因素 F 发生 ΔF 变化时，评价指标 A 的相应变化率(%)。

计算敏感度系数判别敏感因素的方法是一种相对测定法，即根据不同因素相对变化对技术方案经济效果评价指标影响的大小，可以得到各个因素的敏感性程度排序。

$S_{AF}>0$，表示评价指标与不确定因素同方向变化；$S_{AF}<0$，表示评价指标与不确定因素反方向变化。

$|S_{AF}|$越大，表明评价指标 A 对于不确定因素 F 越敏感；反之，则不敏感。据此可以找出哪些因素是最关键的因素。

敏感度系数提供了各不确定因素变动率与评价指标变动率之间的比例，但不能直接显示变化后评价指标的值。为了弥补这种不足，有时需要编制敏感性分析表，列示各因素变动率及相应的评价指标值，见表5-1。

表5-1　敏感性分析表　　万元

变化幅度项目	−20%	−10%	0	10%	20%	平均+1%	平均−1%
投资额	361.21	241.21	121.21	1.21	−118.79	−9.90%	9.90%
产品价格	−308.91	−93.85	121.21	336.28	551.34	17.75%	−17.75%
经营成本	293.26	207.24	121.21	35.19	−50.83	−7.10%	7.10%

敏感性分析表的缺点是不能连续表示变量之间的关系，为此，人们又设计了敏感性分

析图，如图 5-2 所示。图中横轴代表各不确定因素变动百分比，纵轴代表评价指标(以财务净现值为例)。根据原来的评价指标值和不确定因素变动后的评价指标值，画出直线。这条直线反映不确定因素不同变化水平时所对应的评价指标值。每一条直线的斜率反映技术方案经济效果评价指标对该不确定因素的敏感程度，斜率越大敏感度越高。一张图可以同时反映多个因素的敏感性分析结果。

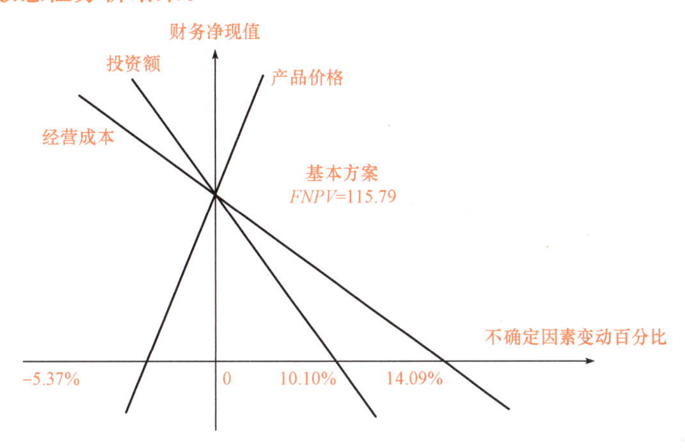

图 5-2　单因素敏感性分析图

由表 5-1 和图 5-2 可以看出，在各个变化因素变化率相同的情况下，产品价格每下降 1%，净现值下降 17.75%，且产品价格下降幅度超过 5.37%时，净现值将由正变负，也即项目由可行变为不可行；投资额每增加 1%，净现值将下降 9.90%，当投资额增加的幅度超过 10.10%时，净现值由正变负，项目变为不可行；营业成本每上升 1%，净现值下降 7.10%，当经营成本上升幅度超过 10.40%时，净现值由正变负，项目变为不可行。由此可见，净现值对各个因素的敏感程度来排序，依次是：产品价格、投资额、经营成本，最敏感的因素是产品价格。因此，从方案决策的角度来讲，应该对产品价格进行进一步更准确的测算，因为从项目风险的角度来讲，如果未来产品价格发生变化的可能性较大，则意味着这一项目的风险性也较大。

2. 临界点

临界点是指技术方案允许不确定因素向不利方向变化的极限值(图 5-3)。超过极限，技术方案的经济效果指标将不可行。例如，当产品价格下降到某一值时，财务内部收益率将刚好等于基准收益率，此点称为产品价格下降的临界点。临界点可用临界点百分比或者临界值分别表示某一变量的变化达到一定的百分比或者一定数值时，技术方案的经济效果指标将从可行转变为不可行。临界点可用专用软件的财务函数计算，也可由敏感性分析图直接求得近似值。采用图解法时，每条直线与判断基准线的相交点所对应的横坐标上不确定因素变化率即为该因素的临界点。利用临界点判别敏感因素的方法是一种绝对测定法，技术方案能否接受的判据是各经济效果评价指标能否达到临界值。如果某因素可能出现的变动幅度超过最大允许变动幅度，则表明该因素是技术方案的敏感因素。把临界点与未来实际可能发生的变化幅度相比较，就可大致分析该技术方案的风险情况。

【例 5-4】 某投资方案设计年生产能力为 10 万台，计划项目投产时总投资为 1 200 万元，其中建设投资为 1 150 万元，流动资金为 50 万元；预计产品价格为 39 元/台；税金及附加

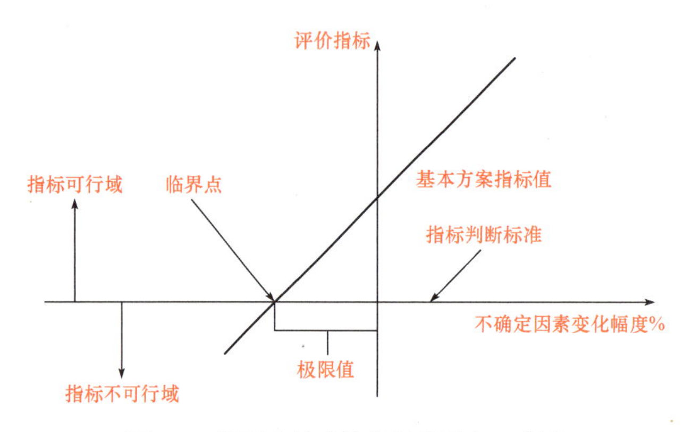

图 5-3　单因素敏感性分析临界点示意图

为销售收入的 10%；年成本费用为 140 万元；方案寿命期为 10 年；基准折现率为 10%。试就投资额、单位产品价格、成本等影响因素对该方案作敏感性分析。

【解】绘制现金流量图，如图 5-4 所示。

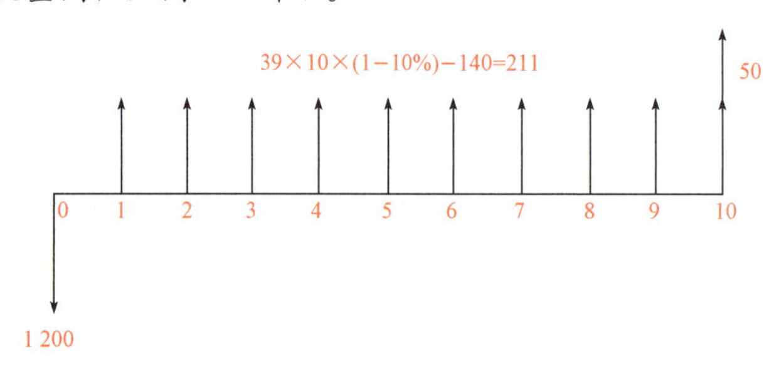

图 5-4　现金流量图

以净现值作为项目评价指标，则根据净现值的计算公式，可计算出项目在确定性条件下的净现值。

$$\begin{aligned}FNPV&=-1\,200+211(P/A,\ 10\%,\ 10)+50(P/F,\ 10\%,\ 10)\\&=-1\,200+211\times 6.144\,6+50\times 0.385\,5\\&=115.79(\text{万元})\end{aligned}$$

由于该项目确定性分析的结果 $FNPV>0$，初步评价该项目在经济效果上可以接受。接下来对项目进行敏感性分析。

取定三个因素，即投资额、产品价格和经营成本。然后令其逐一在初始值的基础上按±10%、±20%的变化幅度变动。

以投资额为不确定因素为例，计算过程示意如下：

(1)计算不确定因素变动后净现值。

投资额增加 10%，则项目的财务净现值为

$$\begin{aligned}FNPV&=-1\,200(1+10\%)+211(P/A,\ 10\%,\ 10)+50(P/F,\ 10\%,\ 10)\\&=-4.21(\text{万元})\end{aligned}$$

同理，可计算项目投资额增加 20%、投资额减少 10%和 20%的财务净现值。

(2)财务净现值对投资额的敏感系数为

SAF(投资增加10%)$=\frac{\Delta A/A}{\Delta F/F}=\frac{-103.6\%}{10\%}=-10.36$

同理，也可计算项目财务净现值对经营成本、产品价格变动的敏感度系数。

(3)投资变动的临界点。由敏感性分析图直接求得临界点百分比 x 的近似值。

$$x=115.79/(115.79+4.21)\times10\%=9.65\%$$

同理，也可以计算出项目财务净现值对经营成本、产品价格变动的临界点百分比分别为13.46%、5.37%。

在实践中常常将敏感度系数和临界点两种方法结合起来确定敏感因素。

三、多因素敏感性分析

单因素的敏感性分析是仅就一个因素发生变动时对项目经济评价指标的影响进行分析，只适用于分析最敏感的因素，它忽略了各不确定因素之间相互作用的可能性。实际上，不确定因素往往是同时变化的，因此，在这种情况下有必要进行多因素敏感性分析。

多因素敏感性分析计算比单因素敏感性分析要复杂得多。单因素敏感性分析得到的是一条敏感性曲线，若分析两个不确定因素同时变化的敏感性，则可以得到敏感性分析曲面。如果需要分析的不确定因素超过三个，则是三维敏感性分析体。下面结合实例仅进行双因素敏感性分析。

【例 5-5】 某企业为研究一项投资方案，提供了下面的参数估计，其数据资料见表 5-2。假定最关键的不确定因素是投资和年收入，试用净现值指标进行双因素的敏感性分析。

表 5-2 方案的现金流量表

项目	投资/元	寿命/年	残值/元	年收入/元	年支出/元	基准收益率
参数值	10 000	5	2 000	5 000	2 200	8%

【解】 设 x 表示初始投资变化的百分数，y 表示年收入变化的百分数，则净现值 $FNPV$ 与投资变化 x、年收入变化 y 的函数关系式为

$FNPY=-10\ 000(1+x)+[5\ 000(1+y)-2\ 200](P/A, 8\%, 5)+2\ 000(P/F, 8\%, 5)$

令 $FNPV=0$，则有：

$y=-0.127\ 3+0.500\ 9x$

当 $FNPV>0$，即 $y>-0.127\ 3+0.500\ 9x$ 时，该投资方案便可以盈利8%以上。

取 x 和 y 双因素的变动量均为±10%和±20%作图，可得双因素敏感性分析图，如图 5-5 所示。

如图 5-5 所示，x 与 y 的任一组合均代表初始投资和年销售收入变化的一个可能状态。直线 $y=-0.127\ 3+0.500\ 9x$ 是一条临界线，在临界线上 $FNPV=0$。在此临界线左上方的区域，$FNPV>0$；在此临界线右下方的区域，$FNPV<0$。当初始投资和年销售收入同时变动时，若变动量所对应的点落到 $FNPV<0$ 的区域，方案就会变为不可行。

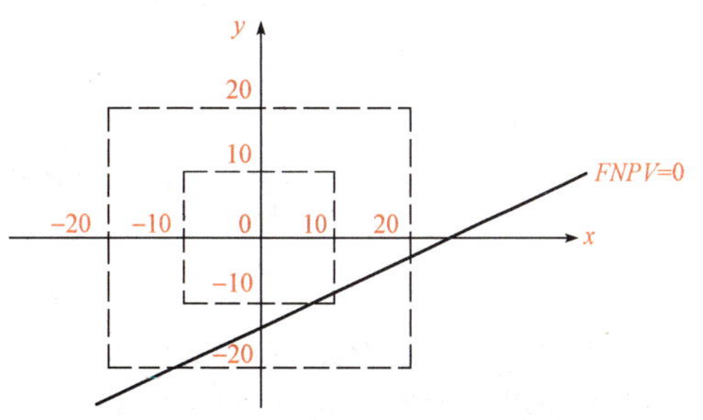

图 5-5 双因素敏感性分析图

四、敏感性分析的不足

敏感性分析有助于找出影响项目经济效果的敏感因素及其影响程度，便于决策者全面了解投资方案可能出现的经济效果变动情况，从而设法采取措施减少不利因素的影响，以利于提高项目的经济效果。然而，敏感性分析是建立在各个不确定因素发生变动可能性相同的前提下进行的，它忽略了这种变动是否发生和发生可能的程度有多大，如两个同样敏感的因素向不同方向变动的概率，即一个可能性很大，而另一个很小。显然，前一个因素会给项目带来很大的影响，而后一个虽也很敏感，但它变化的可能很小，对项目的影响自然也很小。敏感性分析无法区别这两个因素对项目带来的风险程度，就要靠概率分析来完成。

五、选择方案

如果进行敏感性分析的目的是对不同的技术方案进行选择，一般应选择敏感程度小、承受风险能力强、可靠性大的技术方案。

需要说明的是，单因素敏感性分析虽然对于技术方案分析中不确定因素的处理是一种简便易行、具有实用价值的方法。但它以假定其他因素不变为前提，这种假定条件，在实际经济活动中是很难实现的，因为各种因素的变动都存在着相关性，一个因素的变动往往引起其他因素也随之变动。例如，产品价格的变化可能引起需求量的变化，从而引起市场销售量的变化。所以，在分析技术方案经济效果受多种因素同时变化的影响时，要用多因素敏感性分析，使之更接近于实际过程。多因素敏感性分析由于要考虑可能发生的各种因素不同变动情况的多种组合，因此，计算起来要比单因素敏感性分析复杂得多。

综上所述，敏感性分析在一定程度上对不确定因素的变动、对技术方案经济效果的影响作了定量的描述，有助于搞清楚技术方案对不确定因素的不利变动所能允许的风险程度，有助于鉴别何者是敏感因素，从而能够及早排除对那些无足轻重的变动因素的注意力，把进一步深入调查研究的重点集中在那些敏感因素上，或者针对敏感因素制定出管理和应变对策，以达到尽量减少风险、增加决策可靠性的目的。但敏感性分析也有其局限性，它主要依靠分析人员凭借主观经验来分析判断，难免存在片面性。在技术方案的计算期内，各不确定性因素相应发生变动幅度的概率不同，这意味着技术方案承受风险的大小不同。而敏感性分析在分析某一因素的变动时，并不能说明不确定因素发生变动的可能性是大还是小。对于此类问题，还要借助于概率分析等方法。

任务四　概率分析

概率是指事件的发生所产生某种后果的可能性的大小。概率分析，是利用概率来研究和预测不确定因素对项目经济评价指标的影响的一种定量分析方法。

一、单方案的概率分析

在单方案概率分析中，一般是计算工程项目净现值的期望值和净现值大于或等于零时的累计概率。如果计算出的累计概率值越大，则说明工程项目承担的风险越小。

概率分析的主要步骤如下：

(1)列出要考虑的各种风险因素，如投资、经营成本、销售价格等。

(2)设想各种风险因素可能发生的状态，即确定其数值发生变化的个数。

(3)分别确定各种状态可能出现的概率，并使可能发生状态概率之和等于1。

(4)分别求出各种风险因素发生变化时，方案净现金流量在各状态发生的概率和相应状态下的净现值 *FNPV*。

(5)求方案净现值的期望值(均值)*E*(*FNPV*)：

$$E(FNPV)=\sum_{j=1}^{k}FNPV^{(j)}\times P_j \tag{5-11}$$

式中　P_j——第 j 种状态出现的概率；

k——可能出现的状态数；

$FNPV^{(j)}$——第 j 种状态下的净现值。

(6)求出方案净现值非负的累计概率。

(7)对概率分析结果作说明。

【例 5-6】 某商品住宅小区开发项目现金流量的估计值见表 5-3，根据经验推断，销售收入和开发成本为离散型随机变量，其值在估计值的基础上可能发生的变化及其概率见表 5-4。若基准收益率 $i_c=12\%$，试确定该项目净现值大于或等于零的概率。

表 5-3　基本方案的参数估计值　　万元

年份	1	2	3
销售收入	857	7 143	8 800
开发成本	5 888	4 873	6 900
其他税费	56	464	1 196
净现金流量	−5 087	1 806	9 350

表 5-4　不确定性因素的变化范围

因素概率变幅	−20%	0	20%
销售收入/万元	0.2	0.6	0.2
开发成本/万元	0.1	0.3	0.6

【解】(1)项目净现金流量未来可能发生的 9 种状态见表 5-5。

表 5-5　可能状态及结果

	销售收入状态概率	开发成本状况概率	可能状态(j)	状态概率(P_j)	$FNPV^{(j)}$	$P_j \cdot FNPV^{(j)}$
估算状态	0.2	0.6	1	0.12	3 123.2	374.8
		0.3	2	0.06	5 690.4	341.4
		0.1	3	0.02	8 257.6	165.2
	0.6	0.6	4	0.36	−141.3	−50.9
		0.3	5	0.18	2 425.9	436.7
		0.1	6	0.06	4 993.0	299.6
	0.2	0.6	7	0.12	−1 767.0	−212.0
		0.3	8	0.06	−838.7	−50.3
		0.1	9	0.02	1 728.5	34.6
合计				1.00	—	1 339.1

(2)分别计算项目净现金流量各种状态的概率 $P_j=(j=1, 2, \cdots, 9)$：

$P_1=0.2\times0.6=0.12$(销售收入降低 20%，开发成本增加 20%)；

$P_2=0.2\times0.3=0.06$(销售收入降低 20%，开发成本不变化)；

$P_3=0.2\times0.1=0.02$(销售收入降低 20%，开发成本降低 20%)；

其余类推，结果见表 5-5。

(3)分别计算项目各状态下的净现值 $FNPV^{(j)}(j=1, 2, \cdots, 9)$：

$$FNPV^{(1)}=\sum_{t=1}^{3}(CI-CO)_t^{(1)}(1+12\%)^{-t}=3\ 123.2(\text{万元})$$

其余类推，结果见表 5-5。

(4)计算项目净现值的期望值：

净现值的期望值$=0.12\times3\ 123.2+0.06\times5\ 690.4+0.02\times8\ 257.6+0.36\times(-141.3)+0.18\times2\ 425.9+0.06\times4\ 993.0+0.12\times(-1\ 767)+0.06\times(-838.7)+0.02\times1\ 728.5=1\ 339.1$(万元)

(5)计算净现值大于或等于零的概率：

$P(FNPV\geqslant0)=1-0.36-0.12-0.06=0.46$

(6)分析。该项目净现值的期望值大于零是可行的。但净现值大于零的概率不够大，仅为 0.46，说明项目存在一定的风险。

二、多方案的概率分析

(一)损益期望值法

损益期望值是几种状态损益值的加权之和，其计算公式为

$$E(A_i)=\sum_{j=1}^{n}P(\theta_j)\cdot a_{ij} \tag{5-12}$$

式中　$E(A_i)$——A_i 方案的损益期望值；

$P(\theta_j)$——自然状态 θ_j 的发生概率；

a_{ij}——A_i 方案在自然状态 θ_j 下的损益值；

n——自然状态数。

对于多个投资方案运用概率分析进行决策，损益期望值法应用最为广泛。由于损益期望值体现了损益值的平均水平，对于互斥方案的比选，通常选择收益期望值较大的方案或是选择成本期望值较低的方案。

【例 5-7】 某项目工程，施工管理人员需要决定下个月是否开工。若开工后不下雨，则可按期完工，获利润为 5 万元；遇天气下雨，则要造成 1 万元的损失。假如不开工，无论下雨还是不下雨都要付窝工费 1 000 元。据气象预测，下月天气不下雨的概率为 0.2，下雨概率为 0.8，试利用期望值的大小为施工管理人员作出决策。

【解】 开工方案的期望值：

$E_1=50\ 000\times0.2+(-10\ 000)\times0.8=2\ 000$(元)

不开工方案的期望值：

$E_2=(-1\ 000)\times0.2+(-1\ 000)\times0.8=-1\ 000$(元)

由于 $E_1>E_2$，应选择开工方案。

(二)决策树法

对于复杂项目，我们可以运用决策树来辅助进行分析。其中，决策树是指模拟树木的生长过程的树状图形。其画法如图 5-6 所示。

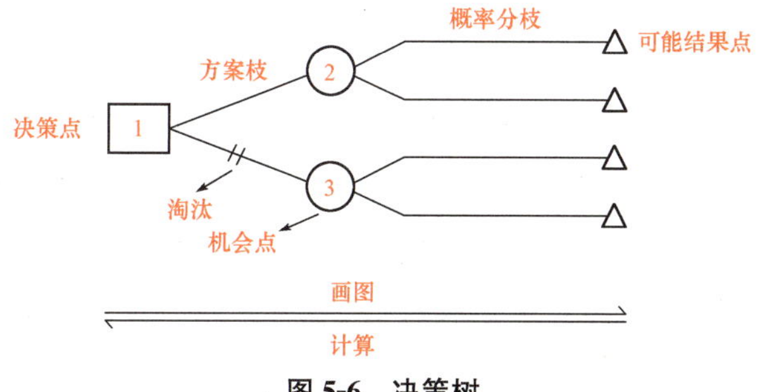

图 5-6 决策树

(1)先画一个方框作为出发点，又称决策节点。

(2)从出发点向右引出若干条直线，这些直线叫作方案枝。

(3)在每个方案枝的末端画一个圆圈，这个圆圈称为机会点。

(4)从自然状态点引出代表各自然状态的分枝，称为概率分枝。

(5)如果问题只需要一级决策，则概率分枝末端画三角形，表示终点。

决策树形象直观、思路清晰、层次分明、一目了然，程序上先画图，再计算；在计算之前，先对决策点“□”和机会点“○”进行编号，编号的原则是从左至右、从上至下。计算与编号的顺序相反，先计算编号大的机会点的损益期望值，再计算编号小的损益期望值。遇到决策点，再根据期望值结果作出选择(选择收益期望值较大的方案枝或是选择成本期望值较低的方案枝)，被否定的方案应用“//”代表“剪枝”，接着把被选方案枝的期望值前移至决策点，一直计算到最初的决策原点。最后，决策点“□”上只留下“一枝”最佳方案。如例 5-7，其决策树如图 5-7 所示。

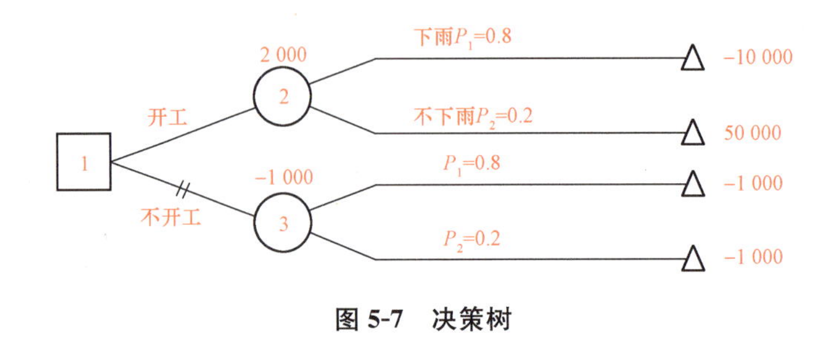

图 5-7　决策树

例 5-7 中的决策比较简单，只有一个决策点。对于复杂的决策可能会有多个决策点。

【例 5-8】 某工程分两期进行施工，第一期工程完工后，由于某种原因，第二期工程要半年后才能开工，这样工地上的施工机械设备就面临着是否要搬迁的问题。如果搬迁，半年后再搬回来，共需搬迁费 8 000 元；如果不搬迁，对工地上的设备必须采取保养性措施：遇到天气好(概率为 0.6)时，可采取一般性保养措施，所需费用 3 000 元；当遇到天气经常下雨(概率为 0.4)时，仍采取一般性保养措施所需费用 3 000 元，且肯定会造成 10 万元经济损失；若采取特殊保养措施，需费用 10 000 元，且有 0.8 的可能性造成 1 000 元损失，0.2 的可能性造成 4 000 元损失。试用决策树选择方案。

【解】(1)从左至右逐步绘制决策树。

(2)逆时针顺序逐步计算各个机会点“○”的损益期望值。

节点⑤：103 000 元

节点⑥：1 000×0.8+4 000×0.2+10 000=11 600(元)

比较计算结果，应选择特殊保养措施，“剪掉”一般保养措施，因此，决策点节点④的期望值为 11 600 元。

节点③：1 600×0.4+3 000×0.6=6 440(元)

节点②：8 000 元

比较计算结果，节点②的期望值大于节点③的期望值。故应选择不搬迁，“剪掉”搬迁方案。

因此，最终的决策方案为不搬。若天气差，则采取特殊保养措施，该方案的损失期望值为 6 440 元。其决策树如图 5-8 所示。

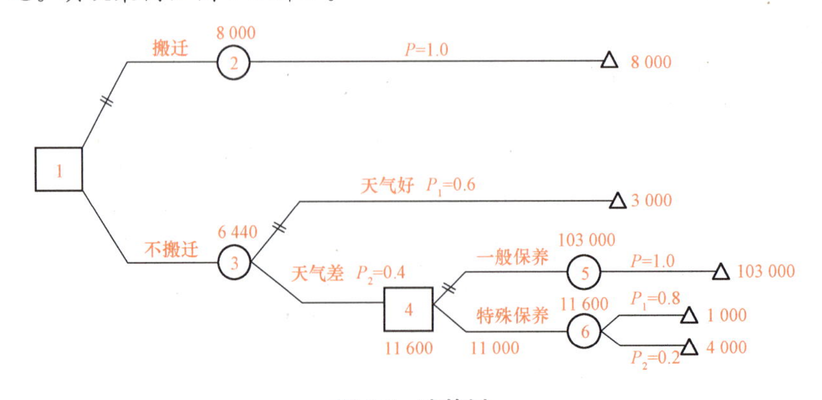

图 5-8　决策树

本章重点

1. 盈亏平衡分析法。
2. 风险分析方法，即概率分析方法。

本章难点

单因素敏感性分析方法。

本章课时

8 课时

本章要求

通过本章的学习，学生应掌握盈亏平衡分析法的基本原理及其不同方案的比较应用；熟悉单因素敏感性分析方法；掌握风险分析方法。

思考与练习

一、单项选择题

1. 下列一般不属于不确定性产生的主要原因的是(　　)。

A. 通货膨胀的影响　　B. 生产能力的变化

C. 技术进步的影响　　D. 天气变化

2. 下列不属于线性盈亏平衡分析的前提条件的是(　　)。

A. 产量等于销售量

B. 可变成本费用是产量的线性函数

C. 销售收入是销售量的线性函数

D. 生产多种产品

3. 对于线性盈亏平衡分析前提条件，下列错误的是(　　)。

A. 产量等于销售量

B. 固定成本费用是销售量的线性函数

C. 销售收入是销售量的线性函数

D. 生产单一产品

4. 某建设项目年设计生产能力为 15 万台，年固定成本为 1 500 万元，产品单台销售价格为 800 元，单台产品可变成本为 500 元，单台产品销售税金及附加为 80 元，该项目盈亏平衡点的产销量 $BEP(Q)$为(　　)台。

A. 58 010　　B. 60 000　　C. 60 100　　D. 68 182

5. 对某项目进行单因素敏感性分析，设甲、乙、丙、丁四个因素分别发生 5%、10%、10%、15%的变化，使评价指标财务净现值分别产生 10%、15%、25%、25%的变化，相比而言，最敏感的因素是(　　)。

A. 甲　　　　　B. 乙　　　　　C. 丙　　　　　D. 丁

6. 在下列盈亏平衡分析的因素中，属于变动成本的是(　　)。

A. 修理费用　　　B. 原材料费用　　C. 长期借款利息　D. 短期借款利息

7. 某建设项目的年设计生产能力为5 000台，单台产品销售价格为400元，年固定成本为660 000元，单台产品可变成本为180元，单台产品税金为20元。则其生产能力利用率的盈亏平衡点为(　　)。

A. 3 300台　　　B. 33%　　　　C. 6 600台　　　D. 66%

8. 某建设项目以财务净现值为指标进行敏感性分析的有关数据见表5-6，则按净现值确定的敏感程度由大到小的顺序为(　　)。

表5-6　以财务净现值为指标进行敏感分析的有关数据　　　万元

项目	−10%	0	+10%
①建设投资	914.93	861.44	807.94
②营业投入	703.08	861.44	1 019.80
③经营成本	875.40	861.44	847.47

A. ①—②—③　　B. ②—①—③　　C. ②—③—①　　D. ③—②—①

9. 为了估计项目可能承担的不确定性风险和对风险的承受能力，需要进行(　　)。

A. 确定性分析　　B. 不确定性分析　C. 财务分析　　D. 市场分析

10. 盈亏平衡分析是将项目投产后的产销量作为不确定因素，通过计算企业或项目盈亏平衡点的产销量，分析判断不确定性因素对方案经济效果的影响程度，说明项目实施的风险大小及项目(　　)。

A. 承担风险的能力　　　　　　B. 盈利的能力

C. 排除风险的能力　　　　　　D. 经营的能力

二、多项选择题

1. 关于盈亏平衡分析的说法，下列正确的有(　　)。

A. 盈亏平衡点越小，项目投产后盈利的可能性越大，抗风险能力越强

B. 当企业在小于盈亏平衡点的产量下组织生产时，企业盈利

C. 盈亏平衡分析只适用于项目的财务评价

D. 生产能力利用率大于盈亏平衡点的利用率时，企业即可盈利

E. 盈亏平衡分析不能反映产生项目风险的根源

2. 盈亏平衡分析方法中根据成本费用与产量关系可将总成本费用分解为(　　)。

A. 生产成本　　B. 可变成本　　C. 固定成本　　D. 直接成本

E. 半固定成本

3. 下列属于可变成本的有(　　)。

A. 原料费　　　B. 燃料、动力费　C. 计件工人工资　D. 借款利息

E. 折旧费

4. 将量本利模型的关系反映在直角坐标系中，构成量本利图，下列关于量本利图的说法正确的有(　　)。

A. 销售收入线与总成本线的交点是盈亏平衡点

B. 在盈亏平衡点的基础上，满足设计生产能力增加产销量，将出现亏损

C. 产品总成本是固定成本和变动成本之和

D. 盈亏平衡点的位置越高，适应市场变化的能力越强

E. 盈亏平衡点的位置越高，项目投产后盈利的可能性越小

5. 在单因素敏感性分析时，常选择的不确定性因素主要有(　　)。

A. 内部收益率　　B. 项目总投资　　C. 产品价格　　D. 经营成本

E. 产销量

三、思考题

1. 为什么技术经济研究要进行不确定性分析?

2. 什么是不确定性分析? 其分析方法主要有哪些?

3. 何谓敏感性分析? 其目的是什么?

4. 什么是敏感性因素? 确定敏感性因素的方法有哪些?

四、计算题

1. 某建设项目年设计生产能力为 20 万台，产品单台售价为 1 600 元，生产人员基本工资为 1 600 万元/年，设备折旧费为 850 万元/年，管理费为 750 万元/年，原材料费为 16 000 万元/年，包装费为 1 400 万元/年，生产用电费为 800 万元/年，单台产品销售税金及附加为 200 元。则该项目的盈亏平衡点的产销量为多少?

2. 某项目设计生产能力为年产 40 万件产品，每件产品价格为 120 元，单位产品可变成本为 100 元，年固定成本为 420 万元，产品销售税金及附加占销售收入的 5%，试求盈亏平衡产量。

3. 某建筑工地需抽出积水以保证施工顺利进行，现有 A、B 两个方案可供选择。

A 方案：新建一条动力线，需购置一台 2.5 kW 电动机并线运转，其投资为 1 400 元，第五年年末残值为 200 元。电动机每小时运行成本为 0.84 元，每年预计的维护费为 120 元，因设备完全自动化而无须专人看管。

B 方案：购置一台 3.68 kW(5 马力)柴油机，其购置费为 550 元，使用寿命为 5 年，设备无残值。运行每小时燃料费为 0.42 元，平均每小时维护费为 0.15 元，每小时的人工成本为 0.8 元。

若设备寿命均为 5 年，基准折现率为 10%，试用盈亏平衡分析方法确定两方案的优劣范围，计算并绘出简图。

4. 某投资方案用于确定性分析的现金流量见表 5-7，表中数据是对未来最可能出现的情况预测估算得到的。由于未来影响经济环境的某些因素的不确定性，预计投资额、年收益、年支出参数的最大变化范围为 −20%～20%，基准折现率为 10%。试对各参数分别作敏感性分析。

(1)利用相对测定法进行单因素敏感性分析；

(2)从五个因素中选两个最敏感因素进行多因素敏感性分析。

表 5-7　现金流量表

参数	投资额 R	年收益 AR	年支出 AC	残值 L	寿命期 N
单位	元	元	元	元	年
预测值	15 000	32 000	2 000	2 000	10

5. 某地区为满足水泥产品的市场需求拟扩大生产能力规划建水泥厂，提出了三个可行方案：(1)新建大厂，投资900万元，据估计销路好时每年获利350万元，销路差时亏损100万元，经营限期10年；(2)新建小厂投资350万元，销路好时每年可获利110万元，销路差时仍可以获利30万元，经营限期10年；(3)先建小厂，3年后销路好时再扩建，追加投资550万元，经营限期为7年，销路好时每年可获利400万元，差时仍为30万元。据市场销售形式预测，10年内产品销路好的概率为0.7，销路差的概率为0.3。根据上述情况，使用决策树进行分析，选择最优方案。

项目六　设备更新的经济分析

知识目标

了解设备的磨损与补偿方式，了解设备更新的基本概念；掌握设备经济寿命的概念；掌握设备经济寿命确定的方法；掌握设备更新的经济分析方法。

技能目标

能够正确计算设备的经济寿命，能够正确比较设备更新方案，选择建筑设备更新方案。

素质目标

营造课堂活跃气氛；提升规范意识、质量意识、绿色环保意识，强化动手能力、社会责任心、合作意识及沟通协调能力。

导　入

新华建筑公司 5 年前用 10 000 元购买了一台设备，目前估计价值为 3 000 元。现在又出现了一种改进新型号，售价为 12 500 元，寿命为 8 年，其运营费用低于现有设备。新、旧设备各年的残值(当年转让或处理价格)及使用费用见表 6-6，基准收益率 $i=15\%$，若企业该种设备只需要使用 3 年，请你帮企业出个建议，看看是否需要更新及何时更新?

本章内容

任务一　设备更新的原因及特点

随着新工艺、新技术、新机具、新材料的不断涌现，工程施工在更大的深度和广度上实现了机械化，施工机械设备已成为施工企业生产力不可缺少的重要组成部分。因此，建筑施工企业都存在着如何使企业的技术结构合理化，如何使企业设备利用率、机械效率和设备运营成本等指标保持在良好状态的问题，这就必须对设备磨损的类型及补偿方式、设备更新方案的比选进行科学的技术经济分析。

一、设备磨损的类型

设备是企业生产的重要物质条件，企业为了进行生产，必须花费一定的投资，用以购置各种机器设备。设备购置后，无论是使用还是闲置，都会发生磨损。设备磨损是设备在使用或闲置过程中，由于物理作用(如冲击力、摩擦力、振动、扭转、弯曲等)、化学作用(如锈蚀、老化等)或技术进步的影响等，使设备遭受了损耗。设备磨损既有有形磨损，又有无形磨损，其是有形磨损和无形磨损共同作用的结果。设备磨损可分为两大类四种形式，如图 6-1 所示。

(一)有形磨损

设备在使用(或闲置)过程中发生的实体磨损或损失，称为有形磨损或物质磨损，如图 6-2 所示。

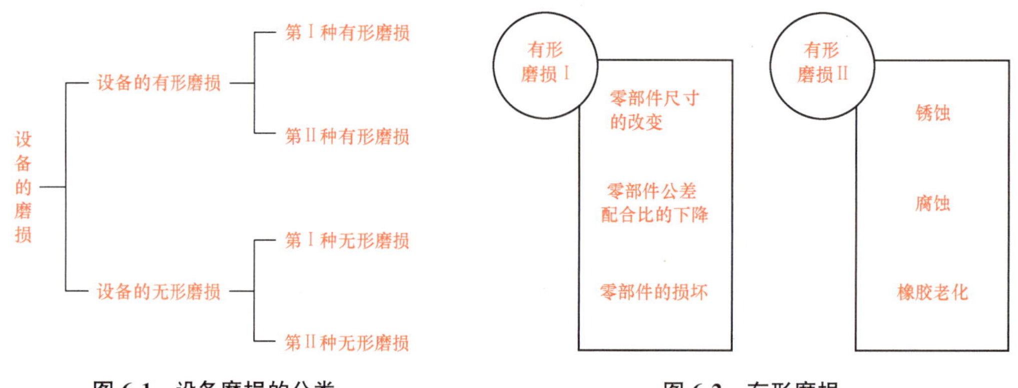

图 6-1 设备磨损的分类　　图 6-2 有形磨损

第Ⅰ种有形磨损——设备在使用过程中，在外力的作用下实体产生的磨损、变形和损坏，称为第Ⅰ种有形磨损。这种磨损的程度与使用强度和使用时间长度有关。

第Ⅰ种有形磨损可使设备精度降低，劳动生产率下降，当这种磨损达到一定程度时，整个机器就会出现毛病，功能下降，设备的使用费用急增，当这种磨损达到比较严重的程度时，设备就不能正常工作甚至发生事故，直至失去工作能力。

第Ⅱ种有形磨损——设备在闲置过程中受自然力的作用而产生的实体磨损，如金属件生锈、腐蚀、橡胶件老化等，称为第Ⅱ种有形磨损。这种磨损与闲置的时间长度和所处环境有关。

上述两种有形磨损都造成设备的性能、精度等的降低，使得设备的运行费用和维修费用增加，效率低下，反映了设备使用价值的降低。第Ⅰ种有形磨损与使用时间和使用强度有关，而第Ⅱ种有形磨损在一定程度上与闲置时间和保管条件有关。

在实际生产中，除去封存不用的设备，以上两种磨损形式往往不是以单一形式表现出来的，而是共同作用于机器设备上。有形磨损的技术后果是机器设备的使用价值降低，到一定程度可使设备完全丧失使用价值。设备有形磨损的经济后果是生产效率下降，消耗不断增加，废品率上升，与设备有关的费用也逐渐提高，从而使所生产的单位产品成本上升。当有形磨损严重时，如果不采取措施，将引发事故，从而造成更大的经济损失。

设备在使用过程中产生的零部件有形磨损大致有初期磨损阶段、正常磨损阶段和剧烈磨损阶段三个时期。

(二)无形磨损

所谓无形磨损，就是由于科学技术进步而不断出现性能更加完善的设备、生产效率更高的设备，致使原有设备的价值降低，或者是生产同样结构的设备，由于工艺改进或生产批量增大等原因，其生产成本不断降低使原有设备贬值。无形磨损又称精神磨损、经济磨损。设备无形磨损不是由生产过程中使用或自然力的作用造成的，而是由于社会经济环境变化造成的设备价值贬值，是技术进步的结果。无形磨损又分为两种形式，如图 6-3 所示。

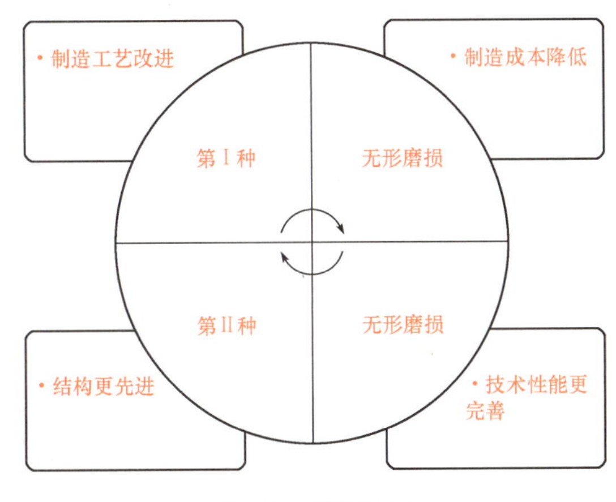

图 6-3　无形磨损

第Ⅰ种无形磨损——设备的技术结构和性能并没有变化，但由于技术进步，设备制造工艺不断改进，社会劳动生产率水平的提高，同类设备的再生产价值降低，因而设备的市场价格也降低了，致使原设备相对贬值。这种磨损称为第Ⅰ种无形磨损。

这种无形磨损的后果只是现有设备原始价值部分贬值，设备本身的技术特性和功能即使用价值并未发生变化，故不会影响现有设备的使用。因此，不产生提前更换现有设备的问题。

第Ⅱ种无形磨损——由于科学技术的进步，不断创新出结构更先进、性能更完善、效率更高、耗费原材料和能源更少的新型设备，使原有设备相对陈旧落后，其经济效益相对降低而发生贬值。

第Ⅱ种无形磨损的后果不仅是使原有设备价值降低，而且由于技术上更先进的新设备的发明和应用会使原有设备的使用价值局部或全部丧失，这就产生了是否用新设备代替现有陈旧落后设备的问题。

有形和无形两种磨损都引起设备原始价值的贬值，这一点两者是相同的。不同的是，遭受有形磨损的设备，特别是有形磨损严重的设备，在修理之前常常不能工作；而遭受无形磨损的设备，并不表现为设备实体的变化和损坏，即使无形磨损很严重，其固定资产物质形态却可能没有磨损，仍然可以使用，只不过继续使用它在经济上是否合算，需要分析研究。

(三)设备的综合磨损

设备的磨损是具有双重性的。设备的综合磨损是指同时存在有形磨损和无形磨损的损坏和贬值的综合情况。对任何特定的设备来说，这两种磨损必然同时发生和同时互相影响。某些方面的技术要求可能加快设备有形磨损的速度，如高强度、高速度、大负荷技术的发展，必然使设备的物质磨损加剧。同时，某些方面的技术进步又可提供耐热、耐磨、耐腐蚀、耐振动、耐冲击的新材料，使设备的有形磨损减缓，但是其无形磨损加快。

二、设备磨损的补偿方式

设备发生磨损后，需要进行补偿，以恢复设备的生产能力。由于设备遭受磨损的形式不同，补偿磨损的方式也不一样。补偿可分为局部补偿和完全补偿。设备有形磨损的局部补偿是修理；设备无形磨损的局部补偿是现代化改装。设备有形磨损和无形磨损的完全补偿是更新，如图 6-4 所示。

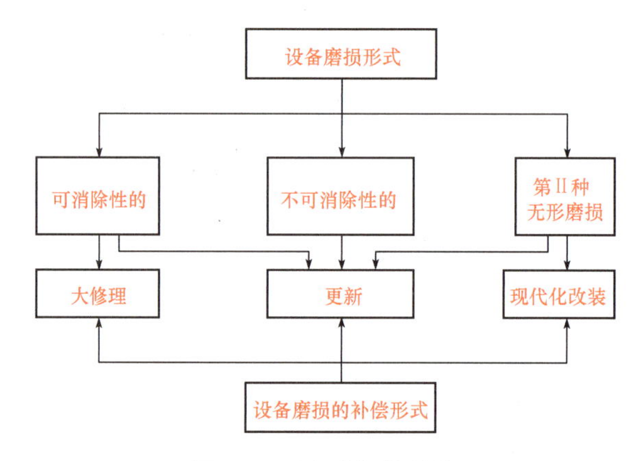

图 6-4　设备磨损的补偿

设备大修理是更换部分已磨损的零部件和调整设备，以恢复设备的生产功能和效率为主；设备现代化改装是对设备的结构作局部的改进和技术上的革新，如增添新的、必需的零部件，以增加设备的生产功能和效率为主；这两者都属于局部补偿。更新是对整个设备进行更换，属于完全补偿。

由于设备总是同时遭受到有形磨损和无形磨损，因此，对其综合磨损后的补偿形式应进行更深入的研究，以确定恰当的补偿方式。对于陈旧落后的设备，即消耗高、性能差、使用操作条件不好、对环境污染严重的设备，应当用较先进的设备尽早替代；对整机性能尚可，有局部缺陷，个别技术经济指标落后的设备，应选择适应技术进步的发展需要，吸收国内外的新技术，不断地加以改造和现代化改装。在设备磨损补偿工作中，最好的方案是有形磨损期与无形磨损期相互接近，这是一种理想的“无维修设计”(也就是说，当设备需要进行大修理时，恰好到了更换的时刻)。但是大多数的设备，通常通过修理可以使有形磨损期达到 20～30 年甚至更长，但无形磨损期却比较短。在这种情况下，就存在如何对待已经无形磨损但物质上还可使用的设备的问题。另外，还应看到，第Ⅱ种无形磨损虽使设备贬值，但它是社会生产力发展的反映，这种磨损越大，表示社会技术进步越快。因此，应该充分重视对设备磨损规律性的研究，加速技术进步的步伐。

任务二　设备的经济寿命

一、设备寿命的概念

设备寿命是指设备从投入生产开始，经过有形磨损和无形磨损，直到在技术上或经济上不宜继续使用，需要进行更新所经历的时间。设备的寿命在不同需要的情况下有不同的内涵和意义。现代设备的寿命，不仅要考虑自然寿命，而且还要考虑设备的技术寿命和经济寿命。

(一)设备的自然寿命

设备的自然寿命又称物质寿命，是指设备从投入使用开始，直到因物质磨损严重而不能继续使用、报废为止所经历的全部时间。其主要是由设备的有形磨损所决定的。做好设备维修和保养可延长设备的物质寿命，但不能从根本上避免设备的磨损，任何一台设备磨损到一定程度时，都必须进行更新。因为随着设备使用时间的延长，设备不断老化，维修所支出的费用也逐渐增加，从而出现恶性使用阶段，即经济上不合理的使用阶段，因此，设备的自然寿命不能成为设备更新的估算依据。

(二)设备的技术寿命

由于科学技术迅速发展，一方面，对产品的质量和精度的要求越来越高；另一方面，也不断涌现出技术上更先进、性能更完善的机械设备，这就使得原有设备虽还能继续使用，但已不能保证产品的精度、质量和技术要求而被淘汰。**因此，设备的技术寿命就是指设备从投入使用到因技术落后而被淘汰所延续的时间，也即是指设备在市场上维持其价值的时间，故又称有效寿命。**例如，一台电脑，即使完全没有使用过，它的功能也会被更为完善、技术更为先进的电脑所取代，这时它的技术寿命可以认为等于零。由此可见，技术寿命主要是由设备的无形磨损所决定的，它一般比自然寿命要短，而且科学技术进步越快，技术寿命越短。所以，在估算设备寿命时，必须考虑设备技术寿命期限的变化特点及其使用的制约或影响。

(三)设备的经济寿命

经济寿命是指设备从投入使用开始，到继续使用在经济上不合理而被更新所经历的时间。其是由设备维护费用的提高和使用价值的降低所决定的。设备使用年限越长，所分摊的设备年资产消耗成本越少。但是随着设备使用年限的增加，一方面，需要更多的维修费维持原有功能；另一方面，设备的操作成本及原材料、能源耗费也会增加，年运行时间、生产效率、质量将下降。因此，年资产消耗成本的降低，会被年度运行成本的增加或收益的下降所抵消。**在整个变化过程中存在着某一年份，设备年平均使用成本最低，经济效益最好，如图 6-5 所示，在 N_0 年时，设备年平均使用成本达到最低值。我们称设备从开始使用到其年平均使用成本最小(或年盈利最高)的使用年限 N_0 为设备的经济寿命。所以，设备的经济寿命就是从经济观点(即成本观点或收益观点)确定的设备更新的最佳时刻。**

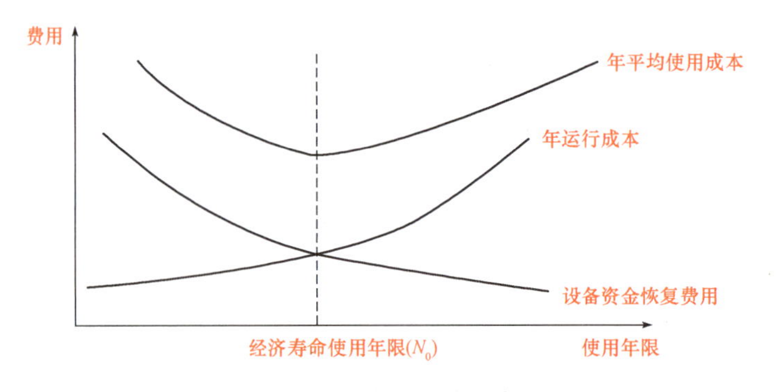

图 6-5　设备的经济寿命

影响设备寿命期限的因素较多，其中主要有：设备的技术构成，包括设备的结构及工艺性，技术进步；设备成本；加工对象；生产类型；工作班次；操作水平；产品质量；维护质量；环境要求。

二、设备经济寿命的估算

(一)设备经济寿命的确定原则

设备在使用过程中，由于有形磨损和无形磨损的共同作用，在设备使用到一定期限时，就需要利用新设备进行更新。这种更新取决于设备使用寿命的效益或成本的高低。确定设备经济寿命期的原则如下：

(1)使设备在经济寿命内平均每年净收益(纯利润)达到最大。

(2)使设备在经济寿命内一次性投资和各种经营费总和达到最小。

(二)设备经济寿命的确定方法

设备年度费用一般包含设备的资金费用和使用费用两部分。设备的资金费用就是指设备初始费用扣除设备的残值后，在服务年限内各年的分摊值；使用费用是指设备的年度运行成本(如人工、能源损耗等)和年度维修成本(如维护、修理费用等)。确定设备经济寿命的方法可以分为静态模式和动态模式两种。

1. 静态模式下设备经济寿命的确定方法

静态模式下设备经济寿命的确定方法，就是在不考虑资金时间价值的基础上计算设备年平均使用成本 $\bar{C}_N$。使 $\bar{C}_N$ 为最小的 N_0 就是设备的经济寿命。

若设备使用 N 年，则 N 年内的年平均使用成本为

$$\bar{C}_N = \frac{P - L_N}{N} + \frac{1}{N}\sum_{t=1}^{N} C_t \tag{6-1}$$

式中　$\bar{C}_N$——N 年内设备的年平均使用成本；

P——设备目前实际价值，如果是新设备包括购置费和安装费，如果是旧设备包括旧设备现在的市场价值和继续使用旧设备追加的投资；

C_t——第 t 年的设备运行成本，包括人工费、材料费、能源费、维修费、停工损失、废次品损失等；

L_N——第 N 年年末的设备净残值。

在式(6-1)中，$\frac{P-L_N}{N}$ 为设备的平均年度资产消耗成本，而 $\frac{1}{N}\sum_{t=1}^{N}C_t$ 为设备的平均年度运行成本。

在式(6-1)中，如果使用年限 N 为变量，则当 $N_0(0<N_0\leqslant N)$ 为经济寿命时，应满足 $\overline{C}_N$ 最小。

【例 6-1】 某设备目前实际价值为 30 000 元，有关统计资料见表 6-1，求其经济寿命。

表 6-1 设备有关统计资料

继续使用年限 t	1	2	3	4	5	6	7
年运行成本/元	5 000	6 000	7 000	9 000	11 500	14 000	17 000
年末残值/元	15 000	7 500	3 750	1 875	1 000	1 000	1 000

【解】由统计资料可知，该设备在不同使用年限时的年平均成本见表 6-2。

表 6-2 设备在不同使用年限时的年平均成本 元

使用年限 N	资产消耗成本 $(P-L_N)$	平均年资产消耗成本 (3)=(2)/(1)	年度运行成本 C_t	运行成本累计 $\sum C_t$	平均年度运行成本 (6)=(5)/(1)	年平均使用成本 $\overline{C}_N$ (7)=(3)+(6)
(1)	(2)	(3)	(4)	(5)	(6)	(7)
1	15 000	15 000	5 000	5 000	5 000	20 000
2	22 500	11 250	6 000	11 000	5 500	16 750
3	26 250	8 750	7 000	18 000	6 000	14 750
4	28 125	7 031	9 000	27 000	6 750	13 781
5	29 000	5 800	11 500	38 500	7 700	13 500
6	29 000	4 833	14 000	52 500	8 750	13 583
7	29 000	4 143	17 000	69 500	9 929	14 072

由计算结果可以看出，该设备在使用 5 年时，其平均使用成本 13 500 元为最低。因此，该设备的经济寿命为 5 年。

由式(6-1)和表 6-2 可以看出，用设备的年平均使用成本 $\overline{C}_N$ 估算设备的经济寿命的过程是：在已知设备现金流量的情况下，逐年计算出从寿命 1 年到 N 年全部使用期的年平均使用成本 $\overline{C}_N$，从中找出年平均使用成本 $\overline{C}_N$ 的最小值及其所对应的年限，从而确定设备的经济寿命。

由于设备使用时间越长，设备的有形磨损和无形磨损越加剧，从而导致设备的维护修理费用增加越多，这种逐年递增的费用 ΔC_t，称为设备的低劣化。用低劣化数值表示设备损耗的方法称为低劣化数值法。如果每年设备的劣化增量是均等的，即 $\Delta C_t=\lambda$，每年劣化呈线性增长。假设评价基准年(即评价第一年)设备的运行成本为 C_1，则平均每年的设备使用成本 $\overline{C}_N$ 可用下式表示：

$$\begin{aligned}\bar{C}_N &= \frac{P-L_N}{N}+\frac{1}{N}\sum_{t=1}^{N}C_t \\ &= \frac{P-L_N}{N}+C_1+\frac{1}{N}[\lambda+2\lambda+3\lambda\cdots+(N-1)\lambda] \\ &= \frac{P-L_N}{N}+C_1+\frac{1}{2N}[N(N-1)\lambda] \\ &= \frac{P-L_N}{N}+C_1+\frac{1}{2}[(N-1)\lambda] \end{aligned} \tag{6-2}$$

要使 $\bar{C}_N$ 为最小，设 L_N 为一常数（如果 L_N 不为常数且无规律可循时，需用列表法计算），对式(6-2)的 N 进行一阶求导，并令其导数为零，据此，可以简化经济寿命的计算，即

$$N_0=\sqrt{\frac{2(P-L_N)}{\lambda}} \tag{6-3}$$

式中 N_0——设备的经济寿命；

λ——设备的低劣化值。

【例 6-2】 设有一台设备，目前实际价值 P=8 000 元，预计残值 L_N=800 元，第一年的设备运行成本 Q=600 元，每年设备的劣化增量是均等的，年劣化值 λ=300 元，求该设备的经济寿命。

【解】设备的经济寿命 $N_0=\sqrt{\frac{2\times(8\ 000-800)}{300}}=7$(年)

将各年的计算结果列表（表 6-3），进行比较后，也可得到同样的结果。

表 6-3 用低劣化数值法计算设备最优更新期 元

使用年限 N	平均年资产消耗成本 $(P-L_N)/N$	年度运行成本 C_t	运行成本累计 $\sum C_t$	平均年度运行成本(5)=(4)/(1)	年平均使用成本 $\bar{C}_N$ (6)=(2)+(5)
(1)	(2)	(3)	(4)	(5)	(6)
1	7 200	600	600	600	7 800
2	3 600	900	1 500	750	4 350
3	2 400	1 200	2 700	900	3 300
4	1 800	1 500	4 200	1 050	2 850
5	1 440	1 800	6 000	1 200	2 640
6	1 200	2 100	8 100	1 350	2 550
7	1 029	2 400	10 500	1 500	2 529
8	900	2 700	13 200	1 650	2 550
9	800	3 000	16 200	1 800	2 600

2. 动态模式下设备经济寿命的确定方法

如果考虑资金时间价值，设备的年平均总费用应将设备的投资、残值、年度使用费用乘以相应的折现系数，然后进行计算。动态模式下设备经济寿命就是在考虑资金时间价值的基础上计算设备年平均使用成本 $\bar{C}_N$，使 $\bar{C}_N$ 为最小的 N_0 就是设备的经济寿命。

一般情况下，设 i 为折现率，则 N 年内设备的总成本现值 TC_N 为

$$TC_N = P - L_N(P/F,i,n) + \sum_{t=1}^{N} C_t(P/F,i,t) \tag{6-4}$$

N 年内设备的年平均使用成本 AC_N 为

$$AC_N = TC_N(A/P,\ i,\ n) \tag{6-5}$$

【例 6-3】 某机器设备的原始费用为 15 000 元，估计寿命期为 10 年，各年的使用费用见表 6-4，假设无论什么时候弃置该设备的残值都为 500 元，若基准收益率为 15%，该设备的经济寿命是多少年？

表 6-4　设备各年的使用费用　　元

继续使用年限 t	1	2	3	4	5	6	7	8	9	10
年运行成本/元	2 000	2 400	2 800	3 600	4 400	5 400	6 400	7 600	8 800	10 000
年末残值/元	500	500	500	500	500	500	500	500	500	500

【解】计算见表 6-5。

表 6-5　设备年平均成本计算表　　元

使用年限 N	年运行成本	$(P/F,\ i,\ t)$	$C_t(P/F,\ i,\ t)$	$\sum_{i=1}^{N} C_t(P/F,i,t)$	$P-L_N(P/F,\ i,\ n)$	$(A/F,\ i,\ n)$	AC_N [(5)+(6)]×(7)
(1)	(2)	(3)	(4)	(5)	(6)	(7)	(8)
1	2 000	0.869 6	1 739	1 739	14 565	1.150 0	18 750
2	2 400	0.756 1	1 815	3 554	14 622	0.615 1	11 180
3	2 800	0.657 5	1 841	5 395	14 671	0.438 0	8 789
4	3 600	0.571 8	2 058	7 453	14 714	0.350 3	7 765
5	4 400	0.497 2	2 188	9 641	14 751	0.298 3	7 276
6	5 400	0.432 3	2 334	11 975	14 784	0.264 2	7 070
7	6 400	0.375 9	2 406	14 381	14 812	0.240 4	7 018
8	7 600	0.326 9	2 484	16 865	14 837	0.222 9	7 066
9	8 800	0.284 3	2 502	19 367	14 858	0.209 6	7 174
10	10 000	0.247 2	2 472	21 839	14 876	0.199 3	7 317

从表 6-5 可以看出，该设备的使用年限为 7 年时，其年平均成本最低，为 7 018 元，故其经济寿命在考虑资金的时间价值，基准收益率为 15%的情况下是 7 年。

任务三　设备更新及其经济分析

一、设备更新的概念

设备更新是对旧设备的整体更换，就其本质可分为原型设备更新和新型设备更新。原

型设备更新是简单更新，就是用结构相同的新设备去更换有形磨损严重而不能继续使用的旧设备。这种更新主要是解决设备的损坏问题，不具有更新技术的性质。新型设备更新是以结构更先进、技术更完善、效率更高、性能更好、能源和原材料消耗更少的新型设备来替换那些在技术上陈旧、在经济上不宜继续使用的旧设备。通常，所说的设备更新主要是指后一种，它是技术发展的基础。因此，就实物形态而言，设备更新是用新的设备替换陈旧落后的设备；就价值形态而言，设备更新是设备在运动中消耗掉的价值的重新补偿。设备更新是消除设备有形磨损和无形磨损的重要手段。其目的是提高企业生产的现代化水平，尽快地形成新的生产能力。

二、设备更新的策略

设备更新分析是企业生产发展和技术进步的客观需要，对企业的经济效益有着重要的影响。过早的设备更新，无论是由于设备暂时出故障就报废的草率决定，还是片面追求现代化购买最新式设备的决定，都将造成资金的浪费，失去其他的收益机会；对一个资金十分紧张的企业可能走向另一个极端，采取拖延设备的更新，这将造成生产成本的迅速上升，失去竞争的优势。因此，设备是否更新？何时更新？选用何种设备更新？既要考虑技术发展的需要，又要考虑经济方面的效益。这就需要建造师不失时机地做好设备更新分析工作，采取适宜的设备更新策略。

设备更新策略应在系统、全面地了解企业现有设备的性能、磨损程度、服务年限、技术进步等情况后，分清轻重缓急，有重点、有区别地对待。凡修复比较合理的，不应过早更新；可以修中有改进，通过改进工装就能使设备满足生产技术要求的不要急于更新；更新个别关键零部件就可以达到要求的，不必更换整台设备；更换单机能满足要求的，不必更换整条生产线。**通常优先考虑更新的设备如下：**

(1)设备损耗严重，大修后性能、精度仍不能满足规定工艺要求的。

(2)设备耗损虽在允许范围之内，但技术已经陈旧落后，能耗高、使用操作条件不好、对环境污染严重，技术经济效果很不好的。

(3)设备役龄长，大修虽然能恢复精度，但经济效果上不如更新的。

三、设备更新方案的比选原则

确定设备更新必须进行技术经济分析。设备更新方案比选的基本原理和评价方法与互斥型投资方案比选相同。但在实际设备更新方案比选时，应遵循如下原则：

(1)设备更新分析应站在客观的立场分析问题。设备更新问题的要点是站在客观的立场上，而不是站在旧设备的立场上考虑问题。若要保留旧设备，首先要付出相当于旧设备当前市场价值的投资，才能取得旧设备的使用权。

(2)不考虑沉没成本。沉没成本是既有企业过去投资决策发生的、非现在决策能改变的(或不受现在决策影响)、已经计入过去投资费用回收计划的费用。由于沉没成本是已经发生的费用，无论企业生产什么和生产多少，这项费用都不可避免地要发生，因此，现在决策对它不起作用。在进行设备更新方案比选时，原设备的价值应按目前实际价值计算，而不考虑其沉没成本。例如，某设备 4 年前的原始成本是 80 000 元，目前的账面价值是 30 000 元，现在的市场价值仅为 18 000 元。在进行设备更新分析时，旧设备往往会产生一

笔沉没成本，即

$$沉没成本=设备账面价值-当前市场价值 \tag{6-6}$$

或

$$沉没成本=(设备原值-历年折旧费)-当前市场价值 \tag{6-7}$$

则本例旧设备的沉没成本为12 000(30 000-18 000)元，是过去投资决策发生的而与现在更新决策无关，目前该设备的价值等于市场价值18 000元。

(3)逐年滚动比较。逐年滚动比较是指在确定最佳更新时机时，应首先计算比较现有设备的剩余经济寿命和新设备的经济寿命，然后利用逐年滚动计算方法进行比较。

如果不遵循这些原则，方案比选结果或更新时机的确定可能发生错误。

四、设备更新方案的比选

设备更新方案的比选就是对新设备方案与旧设备方案进行比较分析，也就是决定现在立刻购置新设备、淘汰旧设备，还是至少保留使用旧设备一段时间，再用新设备替换旧设备。新设备原始费用高，营运费用和维修费用低；旧设备目前净残值低，营运费用和维修费用高。必须进行权衡判断，才能作出正确的选择，一般情况要进行逐年比较。

在进行设备更新方案比选时，可按如下步骤进行：

(1)计算新、旧设备方案不同使用年限的年平均使用成本和经济寿命。

(2)确定设备更新时机。

设备更新即便在经济上是有利的，却也未必应该立即更新。换言之，设备更新分析还包括更新时机选择的问题。现有已用过一段时间的旧设备究竟在什么时机更新最经济?

(1)如果旧设备继续使用1年的年平均使用成本低于新设备的年平均使用成本，即

$$静态模式时\quad \bar{C}_N(旧)<\bar{C}_N(新) \tag{6-8}$$

或

$$动态模式时\quad AC_N(旧)<AC_N(新) \tag{6-9}$$

此时，不更新旧设备，继续使用旧设备1年。

(2)当新、旧设备方案出现：

$$静态模式时\quad \bar{C}_N(旧)>\bar{C}_N(新) \tag{6-10}$$

或

$$动态模式时\quad AC_N(旧)>AC_N(新) \tag{6-11}$$

此时，应更新现有设备，这即是设备更新的时机。

(3)当不同时机更新方案比选时，出现：

$$静态模式时\quad \bar{C}_N(甲方案)<\bar{C}_N(乙方案) \tag{6-12}$$

或

$$动态模式时\quad AC_N(甲方案)<AC_N(乙方案) \tag{6-13}$$

此时，应选择甲方案更新时机。

总之，以经济寿命为依据的更新方案比较，使设备都使用到最有利的年限来进行分析。

【例6-4】 某企业5年前用10 000元购买了一台设备，目前估计价值为3 000元。现在又出现了一种改进新型号，售价为12 500元，寿命为8年，其运营费用低于现有设备。新、旧设备各年的残值(当年转让或处理价格)及使用费用见表6-6。若基准收益率$i=15\%$，企业该种设备只需要使用3年，问是否需要更新及何时更新?

表 6-6　新、旧设备各年的残值及使用费用

继续使用年限 t	旧设备		新设备	
	运行成本/元	年末残值/元	运行成本/元	年末残值/元
1	2 000	1 500	500	9 000
2	3 000	700	800	8 000
3	4 000	300	1 100	7 000
4			1 400	6 000
5			1 700	5 000
6			2 100	4 000
7			2 700	3 000
8			3 300	2 000

【解】企业该种设备只需要使用 3 年，列出新、旧设备使用方案组合见表 6-7。

表 6-7　新、旧设备使用方案组合

更新方案	旧设备	新设备
立刻更新	使用 0 年	使用 3 年
1 年后更新	使用 1 年	使用 2 年
2 年后更新	使用 2 年	使用 1 年
不更新	使用 3 年	使用 0 年

计算各方案费用年值(年平均成本)：

当设备立刻更新时，$AC=[12\ 500+500(P/F，15\%，1)+800(P/F，15\%，2)+(1\ 100-7\ 000)(P/F，15\%，3)](A/P，15\%，3)=4\ 231$(元)

当设备 1 年后更新时，$AC=[3\ 000+(2\ 000-1\ 500)+12\ 500(P/F，15\%，1)+500(P/F，15\%，2)+(800-8\ 000)(P/F，15\%，3)](A/P，15\%，3)=4\ 357$(元)

当设备 2 年后更新时，$AC=[3\ 000+2\ 000(P/F，15\%，1)+(3\ 000-700+12\ 500)(P/F，15\%，2)+(500-9\ 000)(P/F，15\%，3)](A/P，15\%，3)=4\ 529$(元)

当设备不更新时，$AC=[3\ 000+2\ 000(P/F，15\%，1)+3\ 000(P/F，15\%，2)+(4\ 000-300)(P/F，15\%，3)](A/P，15\%，3)=4\ 135$(元)

比较上述 4 种方案，设备在不更新的时候费用年值最小，为 4 135 元，所以旧设备还可以使用 3 年，不需要更新设备。

五、设备大修理经济分析

1. 设备大修理概述

设备是由不同材质的众多零部件组成的。这些零部件在设备中各自承担着不同的功能，工作条件各不相同。在设备使用过程中，它们遭受的有形磨损是非均匀性的。通常，在设备的实物构成中总有一部分是相对耐用的(机座、床身等)，而另外的部分则易于损坏(齿轮、轴承等)。

在实践中，通常把为保持设备在平均寿命期限内的完好使用状态而进行的局部更换或者修复工作叫作维修。维修的目的是消除设备的经常性的有形磨损和排除机器运行时遇到的各种故障，以保证设备在其寿命内保持必要的性能(如生产能力、效率、精度等)，发挥正常的效用。

维修按其经济内容可分为日常维护和计划修理(小修理、中修理、大修理)等几种形式。日常维护是指与拆除和更换设备中被磨损的零部件无关的一些维修内容，诸如设备的润滑与保洁，定期检验与调整，消除部分零部件的磨损等；小修理就是对设备进行局部修复，更换少量的磨损零件，排除故障，清洗设备，调整机构，保证设备能正常使用到下次计划修理时间；中修理就是更换和修复部分磨损零件(包括少数主要零部件)，使修理的部分达到要求精度、性能和工作效率，保证设备能够使用到下次中修理或大修理时间；大修理就是要更换和修复全部磨损的零部件，修理基础零件，排除一切故障，全面恢复和提高设备的原有性能，以达到设备原有的出厂水平。

由于磨损是非均匀性的，大修理能够利用被保留下来的零部件，比购买新设备花的钱少一些，这就是大修理存在的前提，即使设备的使用期限得到延长。虽然设备的大修理对保持其在使用过程中的工作能力是非常必要的，但长期无休止地进行大修理也会引起很多弊端。其中，最显然的是对技术上陈旧的设备，长期修理在经济上是不合理的，大修理成本一次比一次高，效率越来越低，性能越来越差，设备的使用费用也会越来越高。因此，必须掌握好设备进行大修理的限度。

在做大修理决策时，还应注意两点：一是尽管要求大修理过的设备达到出厂水平，但实践中大修理过的设备无论从生产率、精度、速度等方面，还是从故障的频率、有效利用率等方面，都不如同类型的新设备。大修理后设备的综合质量会有某种程度的降低，这是客观事实。二是大修理的周期会随着设备使用时间的延长，而越来越短。假如新设备投入使用到第一次大修理的间隔期定为 6～8 年，那么第二次大修理的间隔期就有可能降至 4～6 年。也就是说，大修理间隔期会随着修理次数的增加而缩短，从而也使大修理的经济性逐步降低。

事实上，设备在使用过程中其性能或效率是下降的。如果不及时修理，设备的寿命一定很短。如果到第一个大修理期限时就进行大修理，其性能恢复但会有一定的劣化，到第二个大修理期，再进行第二次大修理，其性能再恢复并劣化。这样，经过一次次大修理，其性能虽然能恢复到某种程度，但它难以恢复到原来(标准)的性能。可以看出，设备性能的劣化随着使用时间的延长而增加；设备大修理费用是随着性能的劣化程度的增加而增加的。

多次无止境地修理，设备性能随修理次数的增加而越来越低，且设备维修费用越来越高，性能的降低也会带来各种消耗的增加，使其在经济上不合理，同时严重阻碍了技术的进步。因此，必须打破传统观念，不能只靠修理或大修理来维持生产，应对设备修理进行经济分析，依靠技术进步来发展生产。

2. 确定设备大修理的经济条件

设备大修理经济与否要进行具体分析。一般地，大修理应满足下列条件中的一个或两个：

(1) $R<K_{N0}-L_N$

式中　R——大修理费用；

L_N——旧设备的残值；

K_{N0}——新置设备的价值。

即大修理费用 R 小于新置设备的价值 P 扣除其残值 L_N 的费用，则大修理合理。

(2)$C_1>C_0$

式中　C_1——新设备的单位产品成本；

C_0——旧设备大修理后的单位产品成本。

即大修理后的单位产品成本小于使用新设备的单位产品成本，则大修理合理。

需要注意的是，利用上式进行判断时要求大修理后的设备在技术性能上与同种新设备的性能大致相同时，才能成立，否则不如把旧设备卖掉，购置新设备使用。

【例 6-5】 某厂有一台设备已使用 5 年，拟进行一次大修理，预计费用为 5 000 元，大修理前残值为 3 000 元，大修理后增至 6 400 元。大修理后每年生产 10 万件产品，年运行成本为 31 000 元，4 年后再大修理，这时设备的残值为 2 000 元。新设备的价值为 28 000 元，预计使用 5 年后进行一次大修理，此时残值为 5 000 元，期间每年生产 12 万件产品，年运行成本为 30 000 元，基准收益率 $i_0=10\%$，问大修理是否合理？

【解】从客观立场上看，该设备的第一次大修理后使用的代价是旧设备的残值 3 000 元加上大修理费 5 000 元，合计为 8 000 元，因此，大修理后设备的初始费用为 8 000 元，小于更换新设备的投资费用 28 000 元，因此，满足大修理最低经济界限条件。

$$旧设备单位产品成本\ C_0=\frac{[8\,000-2\,000(P/F,\ 10\%,\ 4)](A/P,\ 10\%,\ 4)+31\,000}{10}$$

$$=3\,309(元/万件)$$

$$新设备单位产品成本\ C_1=\frac{[28\,000-5\,000(P/F,\ 10\%,\ 5)](A/P,\ 10\%,\ 5)+30\,000}{12}$$

$$=3\,047(元/万件)$$

由于 $C_0>C_1$，所以应当更换新设备。

设备磨损可以通过设备大修理来进行补偿，但是也不能无止境地一修再修，应有其技术经济界限。在下列情况下，设备必须进行更新：

(1)设备投入工作时间过长，精度丧失，结构陈旧，技术落后，无修理或改造价值的。

(2)设备先天不足，粗制滥造，生产效率低，不能满足产品工艺要求且难修好的。

(3)设备技术性能落后，工人劳动强度大，影响人身安全的。

(4)设备严重“四漏”，能耗高，污染环境的。

特别是一般经过三次大修理，再修理也难以恢复到出厂精度和生产效率，且大修理费用超过原值的 60%以上的，设备必须进行更新。

六、设备现代化改装经济分析

1. 设备现代化改装的概念

所谓设备现代化改装，是指应用现代的技术成就和先进经验，适应生产的具体需要，改变现有设备的结构，提高现有设备的技术性能，使其全部达到或局部达到新设备的水平。设备现代化改装是克服现有设备的技术陈旧状态，消除因技术进步而导致的无形磨损，促进技术进步的方法之一，也是扩大设备的生产能力，提高设备质量的重要途径。

现有设备通过现代化改装在技术上可以做到：①提高设备所有技术特性，使之达到现代新设备的水平；②改善设备某些技术特性，使之局部达到现代新设备的水平。

现代化改装属于广义更新概念的范畴，它不同于其他更新形式的是：现代化改装是企业内部自主完成的，更重要的是它只是对设备的局部进行更新，而不改变本主体的基本结构和技术性能。因此，它具有针对性强、适应性广的特点，而且一般情况下投入的资金比较少，带来的收益和效益却比较显著，在设备更新中，现代化改装的形式比较容易被接受和使用。

现代化改装的具体方式有：对原有设备的零部件进行更新；安装新的装置；增加新的附件等。在某些情况下，改装后的设备适应生产需要的程度和技术特性可以超过新设备，因此，其在经济上有很大的优越性，特别是在更新资金有限的情况下，更具有重要的现实意义。

2. 设备现代化改装的经济性决策

设备现代化改装在进行经济性决策时，所要考虑的问题与设备更新决策极为相似，就是在两个或两个以上的设计和实施方案中确定一个最佳方案。总费用现值最小的方案，就是最优方案。

任务四　设备购买与租赁的经济分析

一、设备租赁的含义

一般来说，企业所需要的设备都是通过自有资金或借入资金购置或研制的，但如果企业资金紧张、筹措困难，或是有些设备价格昂贵、专业化程度较高、结构复杂，难于研制，可考虑通过租赁方式获得设备。

设备租赁，从字面上讲，就是租用他人的设备进行使用。具体来说，就是指设备使用者(承租人)按照合同约定在一定期间内向设备所有者(出租人)支付一定费用而取得设备使用权的一种方式。在租赁过程中，双方按合同约定来履行各自的责任与义务，并享有相应权利。一般常见的租赁设备有大型的施工设备、特殊运输工具、高尖端科研医疗仪器、计算机通信设备和办公设备等。

一般租赁费用由租赁保证金、租金和担保费构成。

1. 租赁保证金

租赁保证金是指承租人为确认租赁合同并保证其顺利执行而先行缴纳的一部分费用。当合同到期时，出租人会将这部分费用退还给承租人或在最后若干期的租金中抵减。租赁保证金一般是设备价值或合同金额的某个比率。

2. 租金

租金是租赁合同的核心内容，关系到租赁双方的经济利益。出租人要从租金收入中得到出租设备的补偿和一定的利润；而承租人租赁设备除支付租金外还需要从中取得一定的利润。影响租金的因素很多，如设备的价格、融资的利息及费用、各种税金、运费、各种费用的支付时间等。

3. 担保费

出租人通常要求承租人请担保人对租赁行为进行担保，一旦承租人因故不能支付租金时，可由担保人支付租金。

二、设备租赁的方式与特点

1. 设备租赁的方式

常见的设备租赁方式主要有以下两种：

(1)经营租赁。经营租赁是指承租人支付租金在一定时期内拥有该设备的使用权的行为。经营租赁时，出租人负责设备的维修、保养与保险，承租人不需要获得该设备的所有权，只是负担相应租金来取得设备的使用权。这样，可以无须承担设备无形磨损的风险，对承租人来说，可以根据市场的变化决定设备的租赁期限，是一种非常灵活的租赁方式。

(2)融资租赁。融资租赁是指承租人以融通资金为目的，最终获得租赁资产所有权的一种租赁形式。在租赁期间，承租人按合同约定支付租金，并对设备自行维修保养，租赁期满，设备所有权由出租人转移至承租人。融资租赁实质上是一种分期付款购置设备的形式，分期支付的租金相当于贷款的还本付息。

经营租赁与融资租赁各有特点，分别适应于不同目的的投资者。一般来说，如果短期临时性地使用设备，使用期限远小于设备的使用寿命，则应采用经营租赁方式。如果计划长期使用设备，使用期限基本接近设备的使用寿命，则应采用融资租赁方式。

现代国际融资租赁中还出现了以下的新形式：

(1)售后回租。售后回租是指根据协议一个企业将其设备出售给出租人然后再将其租回使用的租赁形式。设备的售价约等于其市价，也可能略低于市价。在这种租赁形式下，出售设备的企业可得到相当于设备售出的资金。同时，还可以通过租赁获得设备的使用权，一般租期为20～50年。当然，在此期间，出售又租回设备的公司要支付租金并将失去财产所有权。

(2)杠杆租赁。杠杆租赁又称为衡平租赁，是指出租人只投资租赁设备购置款项的20%～40%，并以此来带动其他金融机构为其余款项提供无追索权贷款的一种租赁行为。20世纪70年代末，杠杆租赁首先在美国发展起来，是融资租赁的高级形式。其适用于价值在几百万美元以上的大型租赁设备的长期租赁业务，可满足承租人对租赁设备有效寿命在10年以上，高度资本集约型设备的融资需要，如飞机、海上石油平台、通信卫星设备等。

(3)综合租赁。综合租赁是指将融资租赁的基本形式与某些贸易方式相结合的租赁形式。其包括租赁与补偿贸易相结合，租赁与来料加工、来件装配相结合和租赁与包销相结合等形式。

2. 设备租赁的特点

设备租赁的优点如下：

(1)节省设备投资。用较少的资金获得急需的生产设备，使企业在资金短缺的情况下仍然可以使用设备。

(2)加快设备更新速度。在科技迅猛发展的今天，设备更新速度大大提高，租赁可以减少企业因设备陈旧、技术落后而带来的风险。

(3)提高设备的利用率。特别是对一些季节性或临时性需要使用的设备，企业通过租赁进行使用可以避免购置设备带来的闲置。

(4)合理避税。设备租赁费用作为企业的费用可以在所得税税前扣除，能减少企业所得税的支出，给企业带来一定的利益。

(5)手续简便，设备进货速度快。

设备租赁的缺点如下：

(1)承租人对设备只有使用权，没有所有权，因此，不能随意对设备进行技术改造，不能处置设备，也不能用于担保或是抵押贷款。

(2)资金成本高。一般来说，承租人在租赁期间所交的租金总额要高于直接购置设备的费用。

(3)长年支付租金，形成承租人的长期负债。

(4)租赁合同规定严格，违约损失很重。

由于设备租赁有利有弊，因此，在租赁前要进行慎重的分析与决策。

三、设备购买与租赁的决策分析

1. 影响设备购买或租赁的主要因素

企业在进行设备投资前，必然要仔细分析各年的现金流量和经营不确定因素，最终确定能够获得最佳经济效益的投资方式。为此，需要考虑以下因素：

(1)支付方式。设备租赁需要支付租金，租金的支付日期、支付币种、支付方式都会对租金产生一定的影响；借款需要按期付息，到期还本；分期购买需要按期支付利息和部分本金。另外，还要进一步考虑分几次交款、每期间隔时间、订金额度、每次付款额度、利率大小等。决策者需要选取一种成本较低的方式。

(2)筹资方式。企业是向金融机构借款，还是融资租赁获得资金，或是通过发行企业股票或债券来融资，哪一种方式最简便省时？有的方式耗时长，有的方式资金数额小。企业决策者根据自身需要确定是愿意耗费时间得到低息贷款，还是尽早获得设备，取得经济效益。

(3)使用方式。企业是需要长期占有设备，还是只是需要短期使用设备？如果企业只是希望短期使用某种设备，那么经营租赁方式比较适合，既满足了企业尽快使用设备的要求，又可以避免设备陈旧所带来的损失。

2. 设备购买与租赁的分析方法

企业在计划增加设备前，是购买设备还是租赁设备需要对不同方案进行经济上的比较选优。如果设备给企业带来的收入相同，则只需比较租赁费用和购买费用。当设备寿命相同时，一般可以采用净现值法；设备寿命不同时，可以采用年值法。

(1)不考虑税收影响的情况。在不考虑税收影响的情况下，可以直接用净现值法或年值法来进行比较。

【例 6-6】 某企业需用一台设备。如果直接购买价格为 40 000 元，使用寿命为 10 年，预计该设备的净残值为 1 000 元。如果通过租赁形式获得该设备的使用权，则每年需要支付租金 3 500 元。该设备每年的运行费用为 4 000 元，各种可能的其他费用每年约为 2 500 元。基准折现率为 10%。请问企业会选择购买设备还是租赁设备？

【解】企业选择购买，其费用现值为

$$PC_1 = 40\,000+4\,000(P/A,\ 10\%,\ 10)+2\,500(P/A,\ 10\%,\ 10)-1\,000(P/F,\ 10\%,\ 10)$$
$$=40\,000+4\,000\times 6.144\,6+2\,500\times 6.144\,6-1\,000\times 0.385\,5$$
$$=79\,554.5(\text{元})$$

企业选择租赁，其费用现值为

$$PC_2 = 3\,500(P/A,\ 10\%,\ 10)+4\,000(P/A,\ 10\%,\ 10)+2\,500(P/A,\ 10\%,\ 10)$$
$$=3\,500\times 6.144\,6+4\,000\times 6.144\,6+2\,500\times 6.144\,6$$
$$=61\,446(\text{元})$$

根据计算结果，有 $PC_1 > PC_2$，则租赁设备对企业来说更为有利。

同样，此题如果用费用年值法进行分析，结果也是一样的。

(2)考虑税收影响的情况。一般来说，企业都要将销售利润上缴所得税，因此，进行设备购买与租赁分析时也应该考虑税收的影响。按财务制度规定，租赁设备的租金允许计入成本；购买设备每年计提的折旧费用也允许计入成本；若采用借款购买设备，每年支付的利息也可以计入成本。在其他费用不变的情况下，计入成本越多，则税收的抵减额也会越大。因此，应该在充分考虑各种方式税收优惠的前提下，对方案进行比选。

【例 6-7】 某企业需要某种设备，其购置费用为 100 000 元，使用寿命为 4 年，残值为 5 000 元。这台设备扣除燃料、保险费、维修费以后可获得销售收入 100 000 元，企业按 40%缴纳所得税。企业如果租赁设备，每年需要支付租金 30 000 元，基准收益率为 10%。如果企业可以一次性付款购买设备，也可以租赁，将如何比选方案？

【解】企业一次性付款购买的情况，见表 6-8。

表 6-8　一次性付款购买设备的现金流量表　　元

年份	0	1	2	3	4
购置费用	100 000				
收入(不含运营费用)		100 000	100 000	100 000	100 000
折旧费		23 750	23 750	23 750	23 750
所得税		30 500	30 500	30 500	30 500
残值					5 000
净现金流量	−100 000	69 500	69 500	69 500	74 500

计算净现值

$$NPV_1 = -100\,000+69\,500(P/A,\ 10\%,\ 4)+5\,000(P/F,\ 10\%,\ 4)$$
$$=-100\,000+69\,500\times 3.169\,9+5\,000\times 0.683\,0$$
$$=123\,723.05(\text{元})$$

企业租赁设备情况，见表 6-9。

表 6-9　租赁设备的现金流量表　　元

年份	0	1	2	3	4
收入(不含运营费用)		100 000	100 000	100 000	100 000
租赁费	30 000	30 000	30 000	30 000	
所得税		28 000	28 000	28 000	28 000
净现金流量	−30 000	42 000	42 000	42 000	72 000

计算净现值

$NPV_2 = -30\ 000 + 42\ 000(P/A, 10\%, 3) + 72\ 000(P/F, 10\%, 4)$

$= -30\ 000 + 42\ 000 \times 2.486\ 9 + 72\ 000 \times 0.683\ 0$

$= 123\ 625.8$(元)

根据计算结果，$NPV_1 > NPV_2$，因此，对企业来说，选择购买设备是合理的。

本章重点

1. 设备的经济寿命。
2. 不同更新方案的比较方法。

本章难点

1. 设备的动态经济寿命的确定。
2. 选择建筑设备更新方案。

本章课时

6 课时

本章要求

通过本章的学习，学生应了解设备更新的原因及特点；重点掌握设备的经济寿命确定方法；掌握不同更新方案的比较方法。

思考与练习

一、单项选择题

1. 由于科学技术进步，不断创新出性能更完善、效率更高的设备，使原有设备相对陈旧落后，其经济效益相对降低而发生贬值，这种磨损称为(　　)。

   A. 第Ⅰ种有形磨损　　B. 第Ⅰ种无形磨损

   C. 第Ⅱ种有形磨损　　D. 第Ⅱ种无形磨损

2. 下列属于第Ⅰ种有形磨损的是(　　)。

   A. 由于摩擦使设备精度下降

   B. 在自然力作用下，设备的配件老化

C. 设备金属部件在自然力作用下锈蚀

D. 同类设备再生产价值降低，导致现有设备贬值

3. 关于设备磨损的表述，下列正确的是(　　)。

A. 有形磨损造成设备的性能、精度降低，但设备使用价值不变

B. 有形磨损和无形磨损都引起机器设备原始价值的贬值

C. 遭受无形磨损的设备不能继续使用

D. 无形磨损是受自然力作用的结果

4. 有形磨损的局部补偿形式是(　　)。

A. 保养　　B. 修理　　C. 更新　　D. 现代化改装

5. 无形磨损的局部补偿形式是(　　)。

A. 保养　　B. 修理　　C. 更新　　D. 现代化改装

6. 对第Ⅱ种无形磨损的局部补偿可采用现代化改装，其主要目的是(　　)，

A. 恢复设备生产功能和效率　　B. 增加设备生产功能和效率

C. 保持设备生产功能和效率　　D. 补偿设备使用价值

7. 企业的设备更新既是一个经济问题，也是一个重要的决策问题。在作设备更新方案比较时，对原设备价值的考虑是按(　　)。

A. 设备原值　　B. 资产净值　　C. 市场实际价值　D. 低于市场价值

8. 对于设备更新概念的说法，下列不正确的是(　　)。

A. 设备更新是设备在运动中消耗掉的价值的重新补偿

B. 原型设备更新是用结构更先进、技术更完善的新设备去更换有形磨损严重而不能继续使用的旧设备

C. 设备更新的目的是提高企业生产的现代化水平，尽快形成新的生产能力

D. 设备更新是用新的设备替换陈旧落后的设备

9. 某设备目前的实际价值为 8 000 元，预计残值为 800 元，第一年设备运行成本为 600 元，每年设备的劣化增量是均等的，年劣化值为 300 元，则该设备的经济寿命是(　　)年。

A. 5　　B. 6　　C. 7　　D. 8

10. 某设备原始价值为 800 元，无论使用多久，其残值均为零，而其使用费第一年为 200 元，以后每年增加 100 元。若不计利息，则该设备的经济寿命是(　　)年。

A. 2　　B. 3　　C. 4　　D. 5

二、多项选择题

1. 造成设备无形磨损的原因是(　　)。

A. 技术进步

B. 社会劳动生产率水平提高

C. 受自然力的作用产生磨损

D. 同类设备的再生产价值降低

E. 使用磨损

2. 更新是对整个设备进行更换，属于完全补偿，适用于设备的磨损形式包括(　　)。

A. 可消除性的有形磨损

B. 第Ⅰ种无形磨损

C. 不可消除性的有形磨损

D. 无形磨损

E. 第Ⅱ种无形磨损

3. 关于设备磨损及磨损补偿的说法，下列正确的有(　　)。

A. 设备在闲置过程中不会发生磨损

B. 更新是对整个设备进行更换，属于完全补偿

C. 有形磨损和无形磨损都会引起机器设备原始价值的贬值

D. 无形磨损是技术进步的结果，同类设备再生产价值降低，致使原设备贬值

E. 物理磨损使得设备的运行费用和维修费用增加，效率低下

4. 设备发生了可消除的有形磨损，其补偿方式有(　　)。

A. 大修理　　B. 更新　　C. 现代化改装　　D. 提取折旧

E. 技术改造

5. 关于设备的自然寿命的说法，下列正确的是(　　)。

A. 自然寿命是指设备从开始使用直到由于有形磨损等原因造成不能继续使用为止所经历的全部时间

B. 自然寿命主要是由设备的无形磨损决定的

C. 搞好设备的维修和保养可延长设备的物理寿命

D. 设备的自然寿命不能成为设备更新的估算依据

E. 自然寿命主要是由设备的有形磨损决定的

三、思考题

1. 设备磨损的形式有哪几种?

2. 简述设备更新的原因。

3. 何为设备的经济寿命?

4. 比较设备更新与设备大修理、现代化改装的异同。

5. 什么是融资租赁，请举例说明。

四、计算题

1. 某企业有一台设备，购置成本为10 000元，第1年的使用费用为1 000元，以后逐年递增300元。第1年年末设备的净残值为4 200元，以后逐年递减400元。该设备的最长使用年限为10年。设贴现率为10%，请问该设备的经济寿命是多少?

2. 某企业因生产需要4年前购入一台生产设备，价值为18 000元，年使用费为2 000元，估计还可以使用5年，不计残值。现在，该企业又可以花27 000元购买一台新设备，预计新设备寿命为5年，不计残值，年使用费为400元。如果购买新设备，则旧设备可以2 000元出售，贴现率为7%。问企业应如何决策?

五、案例题

机器A在5年前以原始费用4 000 000元购置，估计可以使用10年，第10年年末估计净残值为20 000元，年使用费为75 000元，目前相同型号、相同损耗程度的机器市场售价是60 000元。现在，市场上同类机器B的原始费用为2 400 000元，估计可以使用10年，第10年年末的净残值为300 000元，年使用费为400 000元。现有两个方案：方案

一，继续使用机器A；方案二，将机器A出售，然后购买机器B。若基准折现率为15%，问如何进行决策？

问题：

1. 此问题的决策首先应该确定采用哪种评价指标？

2. 对于机器A计算经济评价指标时，是采用原始费用400 000元，还是选用目前的市场售价60 000元为初始的购置成本，为什么？

项目七　投资项目可行性研究

知识目标

了解投资项目建设程序；熟悉可行性研究的内容；了解财务评价内容；掌握新设项目法人项目财务评价和既有法人项目的财务评价；掌握国民经济评价的概念；了解效益和费用及影子价格的确定方法。

技能目标

能够综合分析和全面科学论证拟建项目在技术上是否适用，经济上是否有利，建设上是否可行，避免或减少建设项目决策的失误，提高投资的综合效果。

素质目标

营造课堂活跃气氛；提升规范意识、质量意识和绿色环保意识，强化动手能力、社会责任心、合作意识及沟通协调能力。

导　入

某市开发区由于经济发展速度快，外来人口增加，需要解决职工子女的上学问题，根据总体规划，拟新建开发区高级中学，建设规模为30个班级，规划部门正在进行分析调查，现请作为专家的你为该项目做可行性研究，并编制研究报告。

本章内容

任务一　可行性研究概述

一、投资项目建设程序

1. 投资项目的概念

项目是指在一定约束条件下（主要是限定的资源和时间），具有明确目标的一次性任务

(或活动)。

广义的项目含义非常广泛，泛指一切符合项目定义，具备项目特点的一次性任务(或活动)。最常见的项目有：开发项目，如某种资源的开发、一个小区的开发、某种新产品的开发等；建设项目，如一座大楼的建造、一个机场的兴建、一条高速公路的修建等；科研项目，如基础科学研究项目、应用科学研究项目、科技攻关项目等；以及工业生产项目、软件开发项目等。在这里，狭义的项目专指建设项目。根据我国对建设项目的有关规定并参照世界各国有关建设项目管理资料，构成建设项目的主要条件和特点如下：

(1)按照一个总体设计进行建设，行政上实行统一管理，经济上实行统一核算。尽管有些项目由若干个单体工程组成，只要符合上述“三个统一”的原则，就归结为一个建设项目。

(2)有明确的建设目标和任务，如有明确的生产能力目标和工程质量标准，有工期目标和投资限额目标等。

(3)一般具有建筑工程和设备安装工程等有形资产，有些项目还有购买商标、专利、专有技术等形成的无形资产。

(4)过程的一次性和成果的单件性。建设项目的活动过程既不同于一般工业生产的那种大批量重复性生产过程，也不同于企事业单位或政府机关的那种周而复始的行政管理过程。它一般都具有特定的开头、展开和结尾的过程。整个过程一次过去，基本没有简单的重复。建设项目活动的成果——建筑产品具有单件性，每个建筑产品都是与众不同的，世界上没有两个完全相同的建筑产品。

(5)建设过程必须遵循客观规律，按照一定的程序进行。一个建设项目，通常都要依次经过可行性研究、评价、决策、设计、实施、竣工投产、总结评价等阶段。

为了计划管理和统计分析研究的需要，建设项目可从不同的角度进行分类。按建设目的，可分为生产性项目和非生产性项目；按建设性质，可分为新建项目、扩建项目、改建项目、迁建项目、恢复项目等；按建设阶段，可分为预备项目、筹建项目、实施项目、建成投产项目等；按建设规模，可分为大型项目、中型项目、小型项目；按土建工程性质，可分为房屋建筑工程项目、土木建筑工程项目(如公路、桥梁、机场、铁道、港口码头、水利工程等)、工业建筑工程项目(如发电厂、钢铁厂、化工厂、矿山等)；按使用性质，可分为公共工程项目(如公路、通信、城市给水排水、教育科研设施、医疗保健设施、文化体育设施、政府机关用房等)、生产性产业建设项目、服务性产业建设项目(如宾馆、商场等)、生活设施建设项目；按建设内容与管理的关系，可分为建设项目、设计项目、施工项目、采购项目等。

2. 项目建设程序

项目建设程序是指建设项目从设想、规划、评估、决策、设计、施工到竣工验收、交付使用整个过程中，各项工作必须遵循的先后次序的法则。这个法则是人们通过长期的建设实践，在充分认识客观规律、科学地总结实践经验的基础上制定出来的，反映了建设工作所固有的客观规律和经济规律，是不以人们的意志为转移的。

按照这个规律，建设程序分成若干阶段，这些阶段有严格的先后顺序，不能任意颠倒。否则，项目建设就走弯路，遭受重大损失。

从建设项目管理的角度看，建设程序一般可分为以下7个主要阶段：

(1)项目建议书阶段。项目建议书是项目投资者(业主)向国家提出要求建设某一建设项目的建议性文件，也是投资者决策前对拟建项目的轮廓性设想。项目建议书主要是从宏观上分析投资项目建设的必要性，看其是否符合市场需求和国家长远规划的方针和要求；同时，初步分析项目建设的可能性，看其是否具备建设条件、是否值得投资等。

(2)可行性研究阶段。项目建议书被批准后，即可进行可行性研究。

可行性研究是根据审定的项目建议书，对投资项目在技术、工程、经济、社会和外部协作条件等的可行性及合理性进行全面的分析论证，作多方案的比选，推荐最佳方案，为项目决策提供可靠的依据。

可行性研究所提交的成果是可行性研究报告。可行性研究报告一经批准，就标志着该项目立项工作的完成，就可以进行勘测设计工作了。

(3)勘测设计阶段。勘测是指设计前和设计过程中所要进行的勘察、调查、测量工作。设计是对拟建工程的实施在技术上和经济上所进行的全面而详细的安排。设计工作是分阶段、逐步深入地进行的。大中型建设项目一般采用两阶段设计——初步设计、施工图设计；重大或特殊项目可采用三阶段设计，增设技术设计阶段。

初步设计是研究拟建项目在技术上的可靠性和经济上的合理性，对设计的项目作出基本技术决定，并通过编制总概算确定总的建设费用和主要技术经济指标。技术设计是对初步设计中的重大技术问题进一步开展工作，在进行科研、试验、设备试制取得可靠数据和资料的基础上，具体地确定初步设计中所采用的工艺、土建结构等方面的主要技术问题，并编制修正总概算。施工图设计是按照初步设计或技术设计所确定的设计原则、结构方案和控制性尺寸，根据建筑安装施工和非标准设备制造的需要绘制施工详图，并编制施工图预算。

(4)建设准备阶段。完成项目开工建设前的各项准备工作包括：①征地、拆迁和施工场地平整；②完成施工用的水、电、路、通信等工程；③组织设备、材料订货；④组织监理、施工招标，选定监理单位和施工单位等；⑤制订年度建设计划。

年度建设计划是合理安排分年度施工项目和投资，规定计划年度应完成建设任务的文件。其具体规定各年度应该建设的工程项目和进度要求，应该完成的投资额和投资额的构成，应该交付使用固定资产的价值和新增的生产能力等。只有列入批准的年度建设计划的工程项目，才能进行施工和支取建设用款。

(5)建设实施阶段。各项建设准备工作做好后，经批准开工便进入了建设实施阶段，即施工阶段。在该阶段，建设单位按项目管理的要求，组织好施工单位的施工和甲供设备、材料的供应，协调好工程建设的外部环境；监理单位根据项目建设的有关文件和各类工程承包合同，做好对工程的投资、进度和质量的控制、协调和管理；承包商(包括建筑安装施工、设备制造、材料供应等单位)根据承包合同的约定和承诺，全面履行各项合同义务，保质、保量、按时完成工程建设任务。

建设实施阶段还要做好生产准备工作，如招收和培训人员，生产的组织，技术、物资的准备等。

(6)竣工验收阶段。竣工验收是项目建设全过程的最后一环，是全面考核建设成果、检验设计和施工质量的重要步骤，是确认建设项目能否动用的关键环节。同时，也是由基本建设转入生产或使用的标志。竣工验收工作一般可分为单项工程验收和整个项目验收两个阶段进行。每一个单项工程完工后，由建设单位或监理单位组织验收；整个建设项目全部建设完成后，则应根据国家对竣工验收的规定组织验收。

(7)后评价阶段。在项目建成投产并达到设计生产能力后(一般为项目建成后1～3年)，通过对项目前期工作、项目实施、项目运营情况的综合研究，分析项目建成后的实际情况与预测情况的差距及其原因，从而吸取经验教训，为今后改进项目的准备、决策、实施、管理、监督等工作提供依据，并为提高项目投资效益提出切实可行的对策措施。

在项目建设程序中，通常将项目建议书阶段和可行性研究阶段(有些行业的项目还包括初步设计阶段)统称为建设前期阶段或投资决策阶段，将勘测设计阶段至竣工验收阶段称为建设实施阶段。建设前期阶段主要解决项目是否做和做什么、做多大；建设实施阶段则主要解决如何做的问题。

二、可行性研究概述

1. 可行性研究的概念

可行性研究是一种运用多种学科(包括工程技术科学、社会学、经济学及系统工程学等)知识，对拟建项目的必要性、可能性以及经济、社会有利性进行全面、系统、综合的分析和论证，以便进行正确决策的研究活动，是一种综合的经济分析技术。可行性研究的任务是以市场为前提，以技术为手段，以经济效果为最终目标，对拟建的投资项目，在投资前期全面、系统地论证该项目的必要性、可能性、有效性和合理性，对项目作出可行或不可行的评价。

可行性研究工作最早是在20世纪30年代美国开发田纳西河流域时开始试行，作为流域开发规划的重要阶段。第二次世界大战结束后，由于科学技术的发展和经济建设的需要，可行性研究在大型工程项目中得到了广泛应用，成为投资项目决策前的一个重要的工作阶段。现在，世界各国对重要的投资项目都普遍要进行可行性研究。1978年，联合国工业发展组织为了推动和帮助发展中国家的经济发展，编写出版了《工业项目可行性研究手册》一书，系统地说明了工业项目可行性研究的内容与方法。我国从1979年开始，在研究了西方国家运用可行性研究的经验后，经过反复酝酿，逐步将可行性研究纳入建设程序。1981年1月，国务院在《技术引进和设备进口工作暂行条例》中，明确规定“所有技术引进和设备进口项目，都要编制项目建议书和可行性研究报告”。1982年9月，原国家计划委员会(以下简称国计委)在《关于编制建设前期工作计划的通知》中，进一步扩大了需要进行可行性研究工作的建设项目的范围。1983年2月，国计委制定和颁发了《关于建设项目进行可行性研究的试行管理办法》，1991年又对此作了修订，该办法对我国基本建设项目可行性研究的编制程序、内容、审批等进行了规定。2004年7月《国务院关于投资体制改革的决定》中提出，彻底改革不分投资主体、不分资金来源、不分项目性质，一律按投资规模大小分别由各级政府及有关部门审批的办法，对于企业不使用政府投资建设的项目，一律不再实行审批制，区别不同情况实行核准制和备案制。

可行性研究不仅可以为投资者的科学决策提供依据，同时还可以为银行贷款、合作者签约、工程设计等提供依据和基础资料，它是决策科学化的必要步骤和手段。

在项目建设和运营的整个周期中，建设前期阶段是决定投资项目经济效果的关键阶段，是投资者研究和控制的重点。如果到了建设实施阶段甚至运营阶段才发现工程费用过高，或者市场对项目产品需求不足、原材料不能保证等问题，则会给投资者造成巨大损失。因此，无论是发达国家还是发展中国家，都把可行性研究作为投资项目建设的重要环节。为了消除盲目性，减少投资风险，以便在竞争中获取最大利润，投资者宁愿在投资前花费一定的代价，也要进行投资项目的可行性研究，以提高投资获利的可靠程度。

2. 可行性研究的阶段划分

联合国工业发展组织出版的《工业项目可行性研究手册》将可行性研究工作分为3个阶段，即机会研究、初步可行性研究和详细可行性研究。

(1)机会研究。机会研究主要是为项目投资者寻求具有良好发展前景、对经济发展有较大贡献且具有较大成功可能性的投资、发展机会，并形成项目设想。可以说，机会研究是项目生成的摇篮。机会研究的一般方法是从经济、技术、社会及自然情况等大的方面发生的变化中发掘潜在的发展机会，通过创造性的思维提出项目设想。对于工业项目来说，机会研究主要通过以下几个方面的研究来寻找投资机会：

1)在加工或制造方面有潜力的自然资源新发现；

2)作为工业原材料的农产品生产格局的状况与趋向；

3)由于人口或购买力增长而具有需求增长潜力的产品以及类似新产品的情况；

4)有应用前景的新技术发展情况；

5)现有经济系统潜在的不平衡，如原材料工业与加工制造业的不平衡；

6)现有各工业行业前向或后向扩展与完善的可能性；

7)现有工业生产能力扩大的可能性、多种经营的可能性和生产技术改造的可能性；

8)进口情况以及替代进口的可能性；

9)投资环境，包括宏观经济政策、产业政策等；

10)生产要素的成本和可得性；

11)出口的可能性等。

总而言之，机会研究围绕着是否具有良好发展前景的潜在需求开展工作。这种研究是大范围的、粗略的，要求时间短、花钱少。

机会研究阶段相当于我国的项目建议书阶段，其主要任务是提供可能进行建设的投资项目。如果证明项目投资的设想是可行的，再进行更深入的调查研究。

(2)初步可行性研究。初步可行性研究又称预可行性研究。

机会研究所提出的项目设想是否真正可行，这需要对项目设想作进一步的分析和细化，从产品的市场需求、经济政策、法律、资源、能源、交通运输、技术、工艺及设备等方面对项目的可行性进行系统的分析。然而，一个完善的可行性研究工作量是十分巨大的，需要消耗大量的人力、物力、财力，而且时间较长。因此，在投入必要的资金、人力及时间进行详细可行性研究之前，先进行初步可行性研究。初步可行性研究主要对项目在市场、技术、环境、选点、资金等方面的可行性进行初步分析，基本上是粗线条的。

1)初步可行性研究的主要任务。

①分析机会研究的结论，并在详尽资料的基础上作出投资决定；

②根据项目设想产生的依据，确定是否进行下一步的详细可行性研究；

③确定哪些关键性问题需要进行辅助性专题研究，如市场需求预测、试验室试验、试验工厂试验等；

④判断项目设想是否有生命力，能否获得较大的利润。

2)初步可行性研究主要解决的问题。

①产品市场需求量的估计，预测产品进入市场的竞争能力；

②机器设备、建筑材料和生产所需原材料、燃料动力的供应情况及其价格变动的趋势；

③工艺技术在试验室或试验工厂试验情况的分析；

④厂址方案的选择，重点是估算并比较交通运输费用和重大工厂设施的费用；

⑤合理经济规模的研究，对几种不同生产规模的建厂方案，估算其投资支出、生产成本、产品售价和可获得的利润，从而选择合理的经济规模；

⑥生产设备的选型，着重研究决定项目生产能力的主要设备和一些投资费用较大的设备。

在提出初步可行性研究报告时，还要提出项目总投资。

初步可行性研究是机会研究与详细可行性研究之间的一个中间阶段，它与机会研究的区别主要在于所获资料的详细程度不同。如果项目机会研究有足够的资料，也可以越过初步可行性研究阶段，直接进行详细可行性研究。如果项目机会研究阶段项目的有关资料不足，获利情况不明显，则要通过初步可行性研究来判断项目是否值得投资建设。

(3)详细可行性研究。详细可行性研究又称最终可行性研究。

通过初步可行性研究的项目一般都不会再被淘汰，但具体实施方案和计划还需要通过详细可行性研究来确定。项目采用哪种方案来实现以及实现后的实际效果，主要取决于详细可行性研究的结果。详细可行性研究的主要任务是对项目的产品纲要、技术工艺及设备、厂址与厂区规划、投资需求、资金融通、建设计划以及项目的经济效果等多方面进行全面、深入、系统的分析和论证，通过多方案比较选择最佳方案。虽然详细可行性研究的研究范围没有超出初步可行性研究的范围，但研究深度却远大于初步可行性研究的深度。

在实际工作中，可行性研究的3个阶段未必十分清晰。有些小型和简单项目，常把机会研究与初步可行性研究合二为一。在我国，许多项目的前两个阶段与详细可行性研究工作常常也是交织在一起进行的。下面介绍的可行性研究主要是指详细可行性研究。

3. 可行性研究的内容

企业是国民经济的细胞。用系统理论来说，企业是整个社会经济系统中的一个子系统，它在生产经营过程中，必须不断地与环境进行人、财、物及信息的交换。企业能否正常生产和运营并取得预期的经济效果，除与所用技术、管理水平等有关外，主要取决于企业在生产经营过程中，这种与外部环境的交换能否有保证。例如，企业生产所需要的原材料、能源能否得到可靠的供应，能否得到足够的、符合要求的公共设施服务(如水、电、通信、运输等)，生产的产品能否及时被市场吸收并实现其价值，企业排放的废水、废物等能否被自然环境“消化”等。这些问题不能等到项目建成后再去考虑，而必须在项目投资前就要预先估计和妥善解决，否则就会使建成的项目因“先天不足”而无法实现其预期目标，造成投资浪费。**因此，作为项目投资前评估、论证的可行性研究，通常包括项目兴建理由与目标、市场预测、资源条件评价、建设规模与产品方案、场址选择、技术设备方案和工程方案、原材料燃料供应、总图运输与公用辅助工程、环境影响评价、劳动安全卫生与消防、组织机构与人力资源配置、项目实施进度、投资估算、融资方案、财务评价、国民经济评价、社会评价、风险分析等内容。**

任务二　建设项目财务评价

一、财务评价的一般概念

(一)财务评价的概念及作用

1. 财务评价的概念

财务评价是根据国家现行财税制度和价格体系，分析、计算项目直接发生的财务效益和费用，编制财务报表，计算评价指标，考察项目盈利能力、清偿能力以及外汇平衡等财务状况，据以判别项目的财务可行性。

2. 财务评价的作用

(1)考察项目的财务盈利能力。

(2)用于制订适宜的资金规划。

(3)为协调企业利益与国家利益提供依据。

(二)财务评价的程序

(1)估算现金流量。

(2)编制基本财务报表。

(3)计算与评价财务评价指标。

(4)进行不确定性分析。

(5)风险分析。

(6)得出评价结论。

(三)财务评价的内容与评价指标

(1)财务盈利能力评价主要考察投资项目的盈利水平。以此为目的，需编制全部投资现金流量表、自有资金现金流量表和损益表三个基本财务报表。计算财务内部收益率、财务净现值、投资回收期、投资收益率等指标。

(2)投资项目的资金构成一般可分为自有资金和借入资金。自有资金可长期使用，而借入资金必须按期偿还。项目的投资者自然要关心项目偿债能力；借入资金的所有者——债权人也非常关心贷出资金能否按期收回本息。项目偿债能力分析可在编制贷款偿还表的基础上进行。为了表明项目的偿债能力，可按尽早还款的方法计算。在计算中，贷款利息一般作如下假设：长期借款，当年贷款按半年计息，当年还款按全年计息。

(3)外汇平衡分析主要是考察涉及外汇收支的项目在计算期内各年的外汇余缺程度。在编制外汇平衡表的基础上，了解各年外汇余缺状况，对外汇不能平衡的年份根据外汇短缺程度提出切实可行的解决方案。

(4)不确定性分析是指在信息不足，无法用概率描述因素变动规律的情况下，估计可变因素变动对项目可行性的影响程度及项目承受风险能力的一种分析方法。不确定性分析包括盈亏平衡分析、敏感性分析、风险分析。

二、基础财务报表的编制

为了进行投资项目的经济效果分析，需编制的财务报表主要有财务现金流量表、利润及利润分配表和资产负债表。对于大量使用外汇的项目，还要编制外汇平衡表。

(一)现金流量表的编制

工程项目的现金流量系统将项目计算期内各年的现金流入与现金流出按照各自发生的时点序列排列，表达为具有确定时间概念的现金流量系统。**现金流量表是反映企业现金流入和流出的报表，是对建设项目现金流量系统的表格式反映，用以计算各项静态和动态评价指标，进行项目财务盈利能力分析。**

现金流量表的编制基础是会计上的收付实现制原则。它是以现金是否收到或付出，作为该时期收入和费用是否发生的依据。只有收到现金的收入才能记作收入；同样，只有付出现金的费用才能记作费用。因此，现金流量表中的成本是经营成本。按投资计算基础的不同，现金流量表可分为项目投资现金流量表、项目资本金现金流量表和投资各方现金流量表。

1. 项目投资现金流量表

项目投资现金流量表是以项目为一个独立系统，从融资前的角度进行设置的。它将项目建设所需的总投资作为计算基础，反映项目在整个计算期(包括建设期和生产经营期)内现金的流入和流出，其现金流量构成见表7-1。通过项目投资现金流量表可计算项目财务内部收益率、财务净现值和投资回收期等评价指标，并可考察项目的盈利能力，为各个方案进行比较建立共同的基础。

根据需要，可从所得税前(即息税前)和(或)所得税后(即息税后)两个角度进行考察，选择计算所得税前和(或)所得税后指标。但需要注意的是，这里所指的“所得税”是根据息税前利润(计算时其原则上不受融资方案变动的影响，即不受利息多少的影响)乘以所得税税率计算的，称为“调整所得税”。这区别于“利润及利润分配表”“项目资本金现金流量表”和“财务计划现金流量表”中的所得税。

表7-1　项目投资现金流量表

项目	计算期							
	1	2	3	4	5	6	…	n
1 现金流入								
1.1 销售(营业)收入								
1.2 补贴收入								
1.3 回收固定资产余值								
1.4 回收流动资产								
2 现金流出								
2.1 建设投资								
2.2 流动资金								
2.3 经营资金								

续表

项目	计算期							
	1	2	3	4	5	6	…	n
2.4 销售税金及附加								
2.5 维持运营资金								
3 所得税前净现金流量(1－2)								
4 累计税前净现金流量								
5 调整所得税								
6 所得税后净现金流量(3－5)								
7 累计税后净现金流量								
计算指标： 财务净现值(i_c=　　%)： 财务内部收益率： 投资回收期：	所得税前					所得税后		

2. 项目资本金现金流量表

项目资本金现金流量表是从项目法人(或投资者整体)角度出发，以项目资本金作为计算的基础，把借款本金偿还和利息支付作为现金流出，用以计算资本金内部收益率，反映投资者权益投资的获利能力。项目资本金现金流量表见表7-2。

表7-2　项目资本金现金流量表

项目	计算期							
	1	2	3	4	5	6	…	n
1 现金流入								
1.1 销售(营业)收入								
1.2 补贴收入								
1.3 回收固定资产余值								
1.4 回收流动资产								
2 现金流出								
2.1 项目资本金								
2.2 借款本金偿还								
2.3 借款利息支付								
2.4 经营成本								
2.5 销售税金及附加								
2.6 所得税								
2.7 维持运营资金								
3 净现金流量(1－2)								
计算指标： 资本金内部收益率：								

项目资本金包括建设投资、建设期利息和流动资金。

3. 投资各方现金流量表

投资各方现金流量表是分别从各个投资者的角度出发，以投资者的出资额作为计算的基础，用以计算投资各方的收益率。投资各方现金流量表见表7-3。

表7-3 投资各方现金流量表

项目	计算期							
	1	2	3	4	5	6	…	n
1 现金流入								
1.1 实分利润								
1.2 资产处置收益分配								
1.3 租赁费收入								
1.4 技术转让或使用收入								
1.5 其他现金收入								
2 现金流出								
2.1 实交资本								
2.2 租赁资产支出								
2.3 其他现金流出								
3 净现金流量(1—2)								
计算指标： 投资各方内部收益率：								

(二)利润及利润分配表

利润及利润分配表是反映企业在一定会计期间的经营成果的报表。此表编制的基础是会计上的权责发生制原则，根据该原则，收入或费用的确认应以收入或费用的实际发生作为确认计量的标准，凡是当期已经实现的收入和已经发生或应当负担的费用，无论款项是否收付，都应作为当期的收入和费用处理；凡是不属于当期的收入和费用，即使款项已经在当期收付，也不应作为当期的收入和费用处理。因此，利润及利润分配表使用的是总成本费用。利润及利润分配表见表7-4。

利润及利润分配表的编制分以下三个步骤：

第一步，以营业收入为基础，减去营业成本、税金及附加、销售费用、管理费用、财务费用、资产减值损失，加上公允价值变动收益(减去公允价值变动损失)和投资收益(减去投资损失)，计算出营业利润；

第二步，以营业利润为基础，加上营业外收入，减去营业外支出，计算出利润总额；

第三步，以利润总额为基础，减去所得税费用，计算出净利润(或净亏损)。

表 7-4　利润及利润分配表

项目	投产期	达产期			
	1	2	3	…	n
1 销售收入					
2 销售税金及附加					
3 总成本费用					
4 利润总额					
5 所得税(25%)					
6 税后利润					
7 期初未分配利润					
8 可供分配利润					
9 盈余公积金(10%)					
10 可供投资者分配的利润					
11 分配投资者股利					
12 未分配利润					
13 息税前利润					
计算指标利息备付率					
偿债备付率					

(三)财务计划现金流量表

财务计划现金流量表反映项目计算期各年的投资、融资及经营活动的现金流入和流出，用于计算累计盈余资金，分析项目的财务生存能力。财务计划现金流量表见表 7-5。

表 7-5　财务计划现金流量表

	合计	计算期					
		1	2	3	4	…	n
1 经营活动净现金流量							
1.1 现金流入							
1.1.1 营业收入							
1.1.2 增值税销项税							
1.1.3 补贴收入							
1.1.4 其他现金收入							
1.2 现金流出							

续表

	合计	计算期					
		1	2	3	4	…	n
1.2.1 经营成本							
1.2.2 增值税进项税							
1.2.3 税金及附加							
1.2.4 增值税							
1.2.5 所得税							
1.2.6 其他现金流出							
2 投资活动净现金流量							
2.1 现金流入							
2.2 现金流出							
2.2.1 建设投资							
2.2.2 维持运营投资							
2.2.3 流动资金							
2.2.4 其他现金流出							
3 筹资活动净现金流量							
3.1 现金流入							
3.1.1 资本金投入							
3.1.2 建设资金借款							
3.1.3 流动资金借款							
3.1.4 债券							
3.1.5 短期借款							
3.1.6 其他现金流入							
3.2 现金流出							
3.2.1 各种利息支出							
3.2.2 偿还债务本金							
3.2.3 应付利润							
3.2.4 其他现金流出							
4 净现金流量(1+2+3)							
5 累计盈余资金							

(四)资产负债表

资产负债表综合反映项目计算期内各年末资产、负债和投资人权益的增减变化及对应关系，用以考察项目资产、负债、投资人权益的结构是否合理，进行偿债能力分析。资产负债表的编制依据是：资产＝负债＋投资人权益。其报表格式见表7-6。

表7-6　资产负债表

项目	计算期					
	1	2	3	4	…	n
1 资产						
1.1 流动资产总额						
1.1.1 货币资金						
1.1.2 应收账款						
1.1.3 预付账款						
1.1.4 存货						
1.2 在建工程						
1.3 固定资产净值						
1.4 无形资产及其他资产净值						
2 负债及投资人权益						
2.1 流动负债总额						
2.1.1 应付账款						
2.1.2 流动资金借款						
2.2 长期借款						
2.3 负债小计						
2.4 投资人权益						
2.4.1 资本金						
2.4.2 资本公积金						
2.4.3 累计盈余公积金						
2.4.4 累计未分配利润						
计算指标资产负债率						
流动比率						
速动比率						

(五)借款还本付息计划表

借款还本付息计划表反映项目计算期内各年借款本金偿还和利息支付情况，用于计算偿债备付率和利息备付率指标。借款还本付息计划表见表7-7。

表 7-7　借款还本付息计划表

项目	合计	计算期					
		1	2	3	4	…	n
1 借款							
1.1 期初借款余额							
1.2 当期还本付息							
其中：还本							
付息							
1.3 期末借款余额							
2 借款							
2.1 期初借款余额							
2.2 当期还本付息							
其中：还本							
付息							
2.3 期末借款余额							
3 债券							
3.1 期初债务余额							
3.2 当期还本付息							
其中：还本							
付息							
3.3 期末债务余额							
4 借款和债券合计							
4.1 期初余额							
4.2 当期还本付息							
其中：还本							
付息							
4.3 期末余额							
计算指标　偿债备付率							
利息备付率							

【例 7-1】 某建设项目建设期为 1 年，运营期为 10 年。固定资产投资为 1 800 万元(不包括无形资产)，其中 800 万元为自有资金，1 000 万元为银行贷款，贷款年利率为 6%，采用在运营期内等额还本利息照付的方式还款。

固定资产使用年限为 10 年，期末净残值率为 5%。

无形资产为 200 万元，在运营期内均匀摊销。

流动资金为 1 200 万元，在运营期第 1 年投入，期末一次性收回。

流动资金有一半是自有资金，一半为银行贷款，贷款年利率为 5%，每年偿还利息，本金在期末一次性偿还。

该项目投入运营后，每年营业收入为 3 000 万元，年税金及附加为营业收入的 10%，所得税税率为33%。

年经营成本为1 000万元。

法定盈余公积金按净利润的8%提取，不提取任意盈余公积金。

试编制固定资产还本付息表、总成本费用表和利润表、项目投资现金流量表、项目资本金现金流量表。

【解】(1)固定资产还本付息表的编制。

建设期固定资产贷款利息=(0+1 000/2)×6%=30(万元)

每年偿还固定资产本金=1 030/10=103(万元)

固定资产还本付息表见表7-8。

表7-8　固定资产还本付息表　　万元

项目	年										
	1	2	3	4	5	6	7	8	9	10	11
年初累计贷款	0	1 030	927	824	721	618	515	412	309	206	103
本年新增借款	1 000										
本年应计利息	30	61.8	55.62	49.44	43.26	37.08	30.9	24.72	18.54	12.36	6.18
本年应还本金	0	103	103	103	103	103	103	103	103	103	103

(2)总成本费用表的编制。

固定资产原值=固定资产投资+建设期贷款利息=1 800+30=1 830(万元)

年折旧费=1 830×(1−5%)/10=173.85(万元)

年推销费=200/10=20(万元)

每年流动资金借款利息=1 200/2×5%=30(万元)

总成本费用表见表7-9。

表7-9　总成本费用表　　万元

序号	项目	年									
		2	3	4	5	6	7	8	9	10	11
1	经营成本	1 000	1 000	1 000	1 000	1 000	1 000	1 000	1 000	1 000	1 000
2	折旧费	173.85	173.85	173.85	173.85	173.85	173.85	173.85	173.85	173.85	173.85
3	摊销费	20	20	20	20	20	20	20	20	20	20
4	财务费	91.8	85.62	79.44	73.26	67.08	60.9	54.72	48.54	42.36	36.18
4.1	固定投资贷款利息	61.8	55.62	49.44	43.26	37.08	30.9	24.72	18.54	12.36	6.18
4.2	流动资金贷款利息	30	30	30	30	30	30	30	30	30	30
5	总成本费用	1 285.65	1 279.47	1 273.29	1 267.11	1 260.93	1 254.75	1 248.57	1 242.39	1 236.21	1 230.03

(3)利润表的编制。

营业税金及附加=3 000×10%=300(万元)

利润表见表 7-10。

表 7-10　利润表　　万元

序号	项目	年									
		2	3	4	5	6	7	8	9	10	11
1	销售收入	3 000	3 000	3 000	3 000	3 000	3 000	3 000	3 000	3 000	3 000
2	销售税金及附加	300	300	300	300	300	300	300	300	300	300
3	总成本费用	1 285.65	1 279.47	1 273.29	1 267.11	1 260.93	1 254.75	1 248.57	1 242.39	1 236.21	1 230.03
4	利润总额	1 414.35	1 420.53	1 426.71	1 432.89	1 439.07	1 445.25	1 451.43	1 457.61	1 463.79	1 469.97
5	所得税	466.74	468.77	470.81	472.85	474.89	476.93	478.97	481.01	483.05	485.09
6	净利润	947.61	951.76	955.96	960.04	964.18	968.32	972.46	976.60	980.74	984.88
7	盈余公积金	75.81	76.14	76.47	76.80	77.13	77.47	77.80	78.13	78.46	78.79

(4)项目投资现金流量表的编制。

项目投资现金流量表见表 7-11。

(5)项目资本金现金流量表的编制。

第 11 年年末回收固定资产余值=1 830−173.85×10=91.5(万元)

第 11 年年末回收流动资金为 1 200 万元。

综上所述，项目资本金现金流量表见表 7-12。

表 7-11　项目投资现金流量表　　万元

序号	项目	年										
		1	2	3	4	5	6	7	8	9	10	11
1	现金流入		3 000	3 000	3 000	3 000	3 000	3 000	3 000	3 000	3 000	4 291.5
1.1	销售收入		3 000	3 000	3 000	3 000	3 000	3 000	3 000	3 000	3 000	3 000
1.2	回收固定资产余值											
1.3	回收流动资金											
2	现金流出	2 000.00	2 997.03	1 797.03	1 797.03	1 797.03	1 797.03	1 797.03	1 797.03	1 797.03	1 797.03	1 797.03
2.1	固定资产投资	2 000										

续表

序号	项目	年										
		1	2	3	4	5	6	7	8	9	10	11
2.2	流动资金		1 200									
2.3	经营成本		1 000	1 000	1 000	1 000	1 000	1 000	1 000	1 000	1 000	1 000
2.4	销售税金及附加		300	300	300	300	300	300	300	300	300	300
2.5	调整所得税		497.03	497.03	497.03	497.03	497.03	497.03	497.03	497.03	497.03	497.03
3	净现金流量	−2 000	2.97	1 202.97	1 202.97	1 202.97	1 202.97	1 202.97	1 202.97	1 202.97	1 202.97	1 202.97
4	累计净现金流量	−2 000.00	−1 997.03	−794.06	408.91	1 611.88	2 814.85	4 017.82	5 220.79	6 423.76	7 626.73	10 121.21
5	所得税前净现金流量	−2 000.00	500.00	1 700.00	1 700.00	1 700.00	1 700.00	1 700.00	1 700.00	1 700.00	1 700.00	2 991.50
6	所得税前累计净现金流量	−2 000.00	−1 500.00	200.00	1 900.00	3 600.00	5 300.00	7 000.00	8 700.00	10 400.00	12 100.00	15 091.50

表 7-12 项目资本金现金流量表 万元

序号	项目	年										
		1	2	3	4	5	6	7	8	9	10	11
1	现金流入		3 000	3 000	3 000	3 000	3 000	3 000	3 000	3 000	3 000	4 291.5
1.1	销售收入		3 000	3 000	3 000	3 000	3 000	3 000	3 000	3 000	3 000	3 000
1.2	回收固定资产余值											91.5
1.3	回收流动资金											1 200
2	现金流出	1 000	2 550.06	1 945.92	1 941.78	1 937.64	1 933.5	1 929.36	1 925.22	1 921.08	1 916.94	1 912.8
2.1	项目资本金	1 000	600									

续表

序号	项目	年										
		1	2	3	4	5	6	7	8	9	10	11
2.2	借款本金偿还		103	103	103	103	103	103	103	103	103	103
2.3	借款利息支付		91.8	85.62	79.44	73.26	67.08	60.9	54.72	48.54	42.36	36.18
2.4	经营成本		1 000	1 000	1 000	1 000	1 000	1 000	1 000	1 000	1 000	1 000
2.5	税金及附加		300	300	300	300	300	300	300	300	300	300
2.6	所得税		455.26	457.3	459.34	461.38	463.42	465.46	467.5	469.54	471.58	473.62
3	净现金流量	−1 000	449.94	1 054.08	1 058.22	1 062.36	1 066.5	1 070.64	1 074.78	1 078.92	1 083.06	2 378.8

三、财务评价基本报表与评价指标的关系

财务评价的主要内容包括盈利能力评价和清偿能力评价。财务评价的方法有：以现金流量表为基础的动态获利性评价和静态获利性评价，以资产负债表为基础的财务比率分析和考虑项目风险的不确定性分析等。财务评价基本报表与评价指标的关系见表 7-13。

表 7-13　财务评价基本报表与评价指标的关系

评价内容	基本报表	评价指标	
		静态指标	动态指标
盈利能力分析	项目投资现金流量表	全部投资回收期	财务内部收益率、财务净现值
	项目资本金现金流量表		资本金财务内部收益率
	投资各方现金流量表		投资各方财务内部收益率
	利润及利润分配表	总投资收益率	
偿债能力分析	利润及利润分配表	偿债备付率 利息备付率	
	资产负债表	资产负债率 流动比率 速动比率	
	借款还本付息表	借款偿还期	
生存能力分析	财务计划现金流量表	净现金流量 累计盈余资金	

四、新设项目法人项目财务评价

新设项目法人项目是指由项目的发起者及其他投资人新组建成项目法人并进行建设的项目，其财务评价的主要内容是在编制财务现金流量表、利润及利润分配表、资金来源与运用表、借款还本付息计划表的基础上，进行盈利能力分析和偿债能力分析。

(一)盈利能力分析

盈利能力分析是项目财务评价的主要内容之一，通过计算财务净现值、财务内部收益率、投资回收期、投资利润率和投资净利润率等指标，考察项目财务上的盈利能力。

1. 静态指标

所谓静态指标，就是在不考虑资金的时间价值前提下，对项目或方案的经济效果所进行的经济计算与度量。财务评价中主要有下列几个静态指标：

(1)投资回收期(P_t)。投资回收期(或投资返本年限)是以项目的净收益回收项目全部投资所需的时间，或者说是为补偿项目的全部投资而要积累一定的净收益所需的时间。项目评价求出的投资回收期(P_t)与基准投资回收期(P_c)比较，当 $P_t \leqslant P_c$ 时，表明项目投资能在规定的时间内收回，能满足设定的要求。投资回收期一般以年为单位，并从项目建设开始年算起。若从项目投产年算起，应予注明。其表达式为

$$\sum_{t=1}^{P_t}(CI-CO)_t=0 \tag{7-1}$$

式中 CI——现金流入量；

CO——现金流出量；

$(CI-CO)_t$——第 t 年的净现金流量；

P_t——投资回收期(年)。

投资回收期可用现金流量表中累计净现金流量计算求得，具体计算公式为

$$P_t=\text{累计净现金流量开始出现正值的年份数}-1+\frac{\text{上年累计净现金流量的绝对值}}{\text{当年净现金流量}} \tag{7-2}$$

(2)投资利润率。投资利润率是指项目达到设计生产能力后的正常生产年份的利润总额或项目生产期内的年平均利润总额与项目总资金的比率。其计算公式为

$$\text{投资利润率}=\frac{\text{年利润总额或年平均利润总额}}{\text{项目总资本金}}\times 100\% \tag{7-3}$$

投资利润率可根据利润与利润分配表、投资使用与资金筹措计划表求得。在财务评价中，将投资利润率与基准投资利润率对比，以判别项目单位投资盈利能力是否达到所要求的水平。

(3)资本金净利润率。资本金净利润率是指项目达到设计生产能力后的正常生产年份的净利润或项目生产期内年平均利润率与项目资本金的比率，它反映投入项目的资本金的盈利能力。资本金净利润率可根据利润与利润分配表、投资使用与资金筹措计划表求得。其计算公式为

$$\text{资本金净利润率}=\frac{\text{年净利润或年平均净利润}}{\text{项目资本金}}\times 100\% \tag{7-4}$$

式中，净利润就是“利润与利润分配表”中的税后利润。

2. 动态指标

所谓动态指标，就是在考虑(以复利方法计算)资金的时间价值情况下，对项目或方案的经济效益所进行的计算与度量。与静态指标相比，它的特点是能够动态地反映项目在整个计算期内的资金运动情况，包括投资回收期以后若干年的经济效益、项目结束时的固定资产余值及流动资金的回收等。

动态指标的计算是建立在资金等值的基础上的，即将不同时间点的资金流入与资金流出换算成同一时间点的价值。它为不同方案和不同项目的经济比较提供了同等的基础，并能反映出未来时期的发展变化情况。对投资者和决策者树立资金周转观念、利息观念、投入产出观念，合理利用建设资金，提高经济效益都具有十分重要的意义。

常用的财务评价动态指标有如下几个：

(1)财务净现值(*FNPV*)。 财务净现值是指项目按设定的折现率(i_c)将各年的净现金流量折现到建设起点(建设期初的现值之和)。当 $FNPV \geqslant 0$ 时，项目财务上盈利能力可接受；当 $FNPV < 0$ 时，项目财务上不可行。利用财务现金流量表可以计算出财务净现值 $FNPV$，其表达式为

$$FNPV = \sum_{t=0}^{n} \frac{(CI - CO)_t}{(1 + i_c)^t} \tag{7-5}$$

式中　i_c——设定的折现率，取部门或行业的基准收益率或最低可接受收益率；

n——计算期年数，包括建设期和生产运营期，一般为 10～20 年。

(2)财务内部收益率(*FIRR*)。 财务内部收益率是指项目在计算期内各年净现金流量现值累计等于零时的折现率。若 $FIRR \geqslant i_c$，项目财务上盈利能力可接受；若 $FIRR < i_c$，项目财务上不可行。其表达式为

$$\sum_{t=0}^{n} \frac{(CI - CO)_t}{(1 + FIRR)^t} = 0 \tag{7-6}$$

应当指出的是，在项目财务评价中，存在三个不同的内部收益率，即项目财务内部收益率、项目资本金内部收益率和投资各方内部收益率。尽管对应的财务现金流量表内涵不完全一样，但其内部收益率的表达式和计算方法是完全相同的。

(3)财务净现值率(*FNPVR*)。 财务净现值率是财务净现值与全部投资现值之比，亦即单位投资现值的净现值。当 $FNPVR \geqslant 0$ 时，项目可行；当 $FNPVR < 0$ 时，项目不可行。其表达式为

$$FNPVR = \frac{FNPV}{I_P} \tag{7-7}$$

式中　I_P——投入总资金的现值。

净现值率是在净现值基础上发展起来的，可作为净现值的补充指标，它反映了净现值与投资现值的关系。净现值率的最大化，有利于实现有限投资的净贡献最大化，它在多方案选择中有重要作用。

(二)偿债能力分析

偿债能力分析主要是通过编制借款还本付息计划表，计算借款偿还期、利息备付率、偿债备付率等指标，反映项目的借款偿还能力，并通过编制资金来源与运用表和资产负债表，考察项目的财务状况。

1. 借款偿还期(P_d)

借款偿还期是指在国家财政规定及项目具体财务条件下，项目投产后可用作还款的利润、折旧、摊销及其他收益偿还(最大能力还款)建设投资借款金以及(未付)建设期利息所需要的时间，一般以年为单位表示。 该指标适用于那些没约定偿还期限而希望尽快还款的项目，计算出的数据越小，说明偿债能力越强。其表达式为

$$I_d = \sum_{t=0}^{P_d} R_t \tag{7-8}$$

式中　I_d——建设投资借款本金与(未付)建设期利息之和；

P_d——借款偿还期(从借款开始年计算，若从投产年算起时应予以注明)；

R_t——第 t 年可用于还款的最大资金额。

在实际应用中，借款偿还期可由借款还本付息计划表直接推算，以年表示。其计算公式为

$$P_d = \text{借款偿还后开始出现盈余的年份数} - 1 + \frac{\text{盈余当年应偿还借款额}}{\text{盈余当年可用于还款的资金}} \tag{7-9}$$

当借款偿还期满足贷款机构的要求期限时，即认为项目是有清偿能力的。

【例 7-2】 某项目在第 14 年有了盈余资金。在第 14 年年中，未分配利润为 7 262.76 万元，可作为归还借款的折旧和摊销为 1 942.29 万元，还款期间的企业留利为 98.91 万元。当年归还国内借款本金为 1 473.86 万元，归还国内借款利息为 33.90 万元，项目开始借款年份为第 1 年。求借款偿还期。

【解】按照公式有

$$P_d = 14 - 1 + \frac{1\,473.86}{7\,262.76 - 98.91 + 1\,942.29} = 13.16(\text{年})(\text{从借款开始年算起})$$

2. 利息备付率和偿债备付率

对于某些涉及利用外资的项目，其国外或境外的借款偿还期限已经预先约定，这时应计算利息备付率和偿债备付率，以考察项目偿还利息或债务的保障能力。并根据不同的还款方式，计算约定期内各年应偿还的本金和利息数额。

(1)利息备付率。

$$\text{利息备付率} = \frac{\text{息税前利润}}{\text{当期应付利息}} = \frac{(\text{利润总额} + \text{当期应付利息})}{\text{当期应付利息}} \tag{7-10}$$

式中，当期应付利息是指计入总成本费用的全部利息。

利息备付率可以分年计算，也可以按整个借款期计算，分年计算的结果更能反映项目的偿债能力。利息备付率至少应大于 2；若低于 1 则表示没有足够的资金支付利息，偿债风险很大。

(2)偿债备付率。

$$\text{偿债备付率} = \frac{\text{可用于还本付息的资金}}{\text{当期应还本付息额}} \tag{7-11}$$

式中，可用于还本付息的资金包括可用于还款的利润、折旧和摊销以及在成本中列支的利息费用；当期应还本付息额包括当期应还贷款本金及计入成本的利息额。

偿债备付率可以分年计算，也可以按整个借款期计算。偿债备付率至少应大于 1；若低于 1 则表示没有足够的资金偿付当期债务，需通过短期借款偿付已到期债务。

3. 约定期限下不同还款方式的还本付息计算

(1)等额偿还本金和利息。

$$A = I_d \frac{i(1+i)^{P_d}}{(1+i)^{P_d} - 1} = I_d(A/P, i, P_d) \tag{7-12}$$

式中　A——每年还本付息额。

还本付息额中各年偿还的本金和利息是不等的，但两者之和相等，偿还本金部分将逐年增多，支付利息部分将逐年减少。

每年支付利息＝年初本金累计×年利率

每年偿还本金＝每年还本付息额－每年支付利息

【例 7-3】 假设建设期建设投资借款本息之和为 2 000 万元，借款偿还期为 4 年，年利率为 10%，用等额偿还本金和利息的方法，列表计算各年偿还的本金和利息各是多少？

【解】每年还本付息额 $A=2\ 000(A/P，10\%，4)=630.94$(万元)

计算结果见表 7-14。

表 7-14　各年偿还的本金和利息　　万元

年份	年初借款余额	本年应计利息	本年偿还本金	本年支付利息	年末借款余额
1	2 000.00	200.00	430.94	200.00	1 569.06
2	1 569.06	156.91	474.03	156.91	1 095.03
3	1 095.03	109.50	521.44	109.50	573.59
4	573.59	57.36	573.59	57.36	0
合计			2 000.00	523.77	

(2)等额还本、利息照付。

每年支付利息＝年初本金累计×年利率

每年偿还本金＝建设期借款本息之和(I_d)/借款偿还期(P_d)

各年度偿还本息之和是不等的，偿还期内每年偿还的本金额相等，利息将随本金逐年偿还减少。

【例 7-4】 假设条件同例 7-3，用等额还本、利息照付方式，列表计算各年偿还本金和利息各是多少？

【解】每年偿还本金＝2 000/4＝500(万元)

计算结果见表 7-15。

表 7-15　每年偿还本金和利息　　万元

年份	年初借款余额	本年应计利息	本年偿还本金	本年支付利息	年末借款余额
1	2 000.00	200.00	500.00	200.00	1 500.00
2	1 500.00	150.00	500.00	150.00	1 000.00
3	1 000.00	100.00	500.00	100.00	500.00
4	500.00	50.00	500.00	50.00	0
合计			2 000.00	500.00	

4. 资产负债率

资产负债率是指一定时点上负债总额与资产总额的比率，表示总资产中有多少是通过负债得来的。其是评价项目负债水平的综合指标，反映项目利用债权人提供资金进行经营

活动的能力，并反映债权人发放贷款的安全程度。资产负债率可由资产负债表求得，其计算公式为

$$资产负债率=\frac{负债总额}{全部资产总额}\times 100\% \tag{7-13}$$

一般认为，资产负债率的适宜水平为40%～60%。对于经营风险较高的企业，例如，高科技企业，为减少财务风险应选择比较低的资产负债率；对于经营风险低的企业，例如，供水、供电企业，资产负债率可以较高。我国交通、运输、电力等基础行业，资产负债率平均为50%，加工业为65%，商贸业为80%。而英国、美国资产负债率很少超过50%，亚洲和欧盟则明显高于50%，有的企业达70%。

5. 流动比率

流动比率是指一定时间点上流动资产与流动负债的比率，反映项目流动资产在短期债务到期以前可以变为现金用于偿还流动负债的能力。流动比率可由资产负债表求得，其计算公式为

$$流动比率=\frac{流动资产}{流动负债}\times 100\% \tag{7-14}$$

一般认为流动比率为200%较适当，理由是变现能力差的存贷通常占流动资产总额的一半左右。但到20世纪90年代以后，由于采用新的经营方式，平均值已降为1.5∶1左右。例如，美国平均为1.4左右，日本为1.2左右，达到或超过2的企业已经是个别现象。

6. 速动比率

速动比率是指一定时点上速动资产与流动负债的比率，反映项目流动资产中可以立即用于偿付流动负债的能力。速动比率可由资产负债表求得，其计算公式为

$$速动比率=\frac{速动资产}{流动负债}\times 100\% \tag{7-15}$$

式中，速动资产=流动资产-存货。

一般认为速动比率为100%较适当。但20世纪90年代以来已降为0.8∶1左右。在有些行业，例如，小型零售商很少有赊销业务，故很少有应收账款。因此，速动比率低于一般水平，并不意味着缺乏流动性。

五、既有项目法人项目财务评价

既有项目法人项目主要是指依托现有企业进行改建、扩建与技术改造的项目或由现有企业发起的新建项目，与新设项目法人项目相比，其最显著的组织特点就是不组建新的项目法人。

(一)既有项目法人项目财务评价的特殊性

由于既有项目法人项目不组建新的独立法人，项目的运营与理财同现有企业的运营与理财融为一体。因此，与新设项目法人项目相比，其财务评价复杂程度高，牵扯面广，需要数据多，涉及项目和企业两个层次、“有项目”与“无项目”两个方面，其特殊性主要表现在以下几个方面：

(1)在不同程度上利用了原有资产和资源，以增量调动存量，以较小的新增投入取得较大的效益；在财务评价中，注意应将原有资产作为沉没费用处理。

(2)原来已在生产，若不改建、扩建，原有状况也会发生变化，因此，项目效益与资费的识别与计算要比新设项目法人项目复杂很多，着重于增量分析与评价。例如，项目的效益目标可以是新增生产线或新品种，也可以是降低成本、提高产量或质量等多个方面；项目的费用不仅要考虑新增投资、新增成本费用，而且还可能要考虑因改造引起的停产损失和部分原有资产的拆除和迁移费用等。

(3)建设期内建设与生产可能同步进行，出现“有项目”与“无项目”计算期是否一致问题。这时应以“有项目”的计算期为基础，对“无项目”进行计算期调整。调整的手段一般是追加投资或加大各年修理费，以延长其寿命期，在某些特殊情况下，也可以将“无项目”适时终止，其后的现金流量作零处理。

(4)项目与企业既有联系，又有区别。既要考察项目给企业带来的效益，又要考察企业整体的财务状况，这就提出了项目范围界定的问题。对于那些难以将项目(局部)与企业(整体)效益及费用严格区分的项目，增量分析将会出现一定的困难，这时应把企业作为项目范围，从总量上考察项目的建设效果。

(二)既有项目法人项目效益与费用的数据

按照费用与效益识别的有无对比原则，对既有项目法人项目而言，为了求得增量效益与费用的数据，必须要计算五套数据。

(1)现状数据，反映项目实施前的效益和费用现状，是单一的状态值。

(2)“无项目数据”，是指不实施该项目时，在现状基础上考虑计算期内效益和费用的变化趋势(其变化值可能大于、等于或小于零)，经合理预测得出的数值序列。

(3)“有项目数据”，是指实施该项目后计算期内的效益和费用数据，是数值序列。

(4)新增效据，是“有项目”与“现状”效益及费用数据的差额。

(5)增量数据，是“有项目”与“无项目”效益及费用的差额，即“有无对比”得出的效据。

以上五套数据中，“无项目”数据的预测是一个难点，也是增量分析的关键所在，应采取稳妥的原则，避免人为地夸大增量效益。若将现状数据和无项目数据均看作零，则有项目数据与新增数据、增量数据相同，这时，既有项目法人项目就等同于新设项目法人项目。

(三)盈利能力分析

既有项目法人项目的盈利能力分析是在明确项目范围和确定上述五套数据的基础上进行的。通过编制项目增量财务现金流量表、资本金增量财务现金流量表计算项目增量财务内部收益率、增量财务净现值和增量投资回收期以及资本金增量内部收益率等指标，判别增量投资的盈利能力。

上述各项增量分析指标的含义、计算以及判别基准均与新设项目法人项目相同，只是依据的表格不同，采用的是“有无对比”的增量数据。

有些项目与老厂界限清晰或涉及范围较少，可以对盈利能力增量分析进行简化，即按照“有无对比”的原则，直接判定增量数据用于报表编制，并进行增量分析。这种做法实际上就是按照新设项目法人项目的方式进行盈利能力分析的。

(四)偿债能力分析

既有项目法人项目的偿债能力分析是根据借款还本付息计划表，计算借款偿还期、利息备付率、偿债备付率等指标，反映项目自身的偿还债务的能力；并通过编制资金来源与运用表、资产负债表显示项目对企业整体财务状况的影响，利润与利润分配表也在偿债能力分析中起到一定作用，有关的表格格式基本上与新设项目法人项目的表格相似，指标的含义、计算以及判别基准均与新设项目法人项目相同，只是依据的表格不同，采用的是“有无对比”的增量数据。

当项目范围与企业范围一致时，“有项目”数据和报表都与企业一致，可直接进行借款偿还计算、资金平衡分析和资产负债分析；当改建、扩建项目的范围与企业不一致时，偿债能力分析就有可能出现项目和企业两个层次。

1. 项目层次的借款偿还能力

由于项目自身不是偿债的主体，项目的债务是由既有法人借入并负责偿还的，因此，计算得到的项目层次偿债能力指标可以给企业法人两种提示：一是靠本项目自身收益可以偿还债务，不会给企业法人增加筹资还债的额外负担；二是本项目的自身收益不能偿还债务，需要企业法人另筹资金偿还债务。

同样道理，计算得到的拟建项目偿债能力指标对银行的金融机构也有两种参考：一是本项目自身有偿债能力；二是项目自身偿债能力不够，需企业另外筹资偿还。为了满足金融机构的信贷要求，在计算项目层次的借款偿还能力的同时，企业要向银行提供前 3～5 年的主要财务报表。

2. 企业层次的借款偿还能力

为了从整体上考察企业的经济实力，降低贷款的风险，银行的金融机构不仅考察现有企业的财务状况，而且还要了解企业各笔借款的综合偿债能力。为了满足债权人的要求，企业不仅要提供项目建设前 3～5 年的主要财务报表，还需要编制企业在拟建项目建设期和投产后 3～5 年内(或项目偿还期内)的综合借款还本付息计划表、利润与利润分配表、资金来源与运用表和资产负债表，分析企业整体偿还能力。

任务三　国民经济评价

一、建设项目国民经济评价概述

(一)国民经济评价的含义和作用

1. 国民经济评价的含义

国民经济评价是按照资源合理配置的原则，从国家整体角度考察项目的效益和费用，用货物影子价格、影子工资、影子汇率和社会折现率等经济参数，分析、计算项目对国民经济带来的净贡献，评估项目的经济合理性，为项目的投资决策提供依据。

2. 国民经济评价的作用

(1)国民经济评价是宏观上合理配置资源的需要。

(2)国民经济评价是真实反映项目对国民经济贡献的需要。

(3)国民经济评价有利于项目投资决策科学化(有利于引导投资方向，有利于控制投资规模，有利于提高计划质量）。

(二)国民经济评价与财务评价的关系

1. 共同之处

(1)两者都是经济效果评价，都使用基本的经济评价理论和方法，都要寻求以最小的投入获得最大的产出，都要考虑资金的时间价值，采用内部收益率、净现值等经济盈利性指标进行经济效果分析。

(2)两种评价都要在可行性研究内容的基础上进行。

2. 主要区别

(1)评价角度不同。

(2)评价任务不同。

(3)评价范围不同。

(4)项目费用与效益范围划分不同。

(5)使用价格体系不同。

(6)依据评价参数不同。

(7)评价对象不同。

二、建设项目国民经济评价效益与费用的确定

(一)国民经济效益的确定

1. 国民经济效益的概念

国民经济效益，是指项目对国民经济所做的贡献。即项目的投资建设和投产为国民经济提供的所有经济效益，它一般包括直接效益和间接效益。

2. 国民经济效益的识别

(1)直接效益的识别。直接效益是指由项目产出物生成或直接生成，并在项目范围内用影子价格计算的经济效益。

1)增加该产出物或服务的数量以满足国内需求的效益。

2)替代效益较低的相同或类似企业的产出物或服务，使被替代企业减产(停产)以致减少国家有用资源耗费或者损失的效益。

3)增加出口或减少进口从而增加或节支的外汇等。

(2)间接效益的识别。间接效益是指由项目引起的而在直接效益中未得到反映的那部分效益，是由于项目的投资兴建、经营，使配套项目和相关部门因增加产量和劳务量而获得的效益。

(二)国民经济费用的确定

1. 国民经济费用的概念

国民经济费用是指国民经济为项目所付出的代价。其可分为直接费用和间接费用。

2. 国民经济费用的识别

(1)直接费用的识别。直接费用的识别是指项目使用投入物所产生的并在项目范围内用影子价格计算的经济费用。

1)其他部门为供应本项目投入物而扩大生产规模所耗用的资源费用。

2)减少对其他项目(或最终消费者)投入物的供应而放弃的效益。

3)增加进口(或减少出口)所耗用(或减少)的外汇等。

(2)间接费用的识别。间接费用的识别是指由项目引起而在直接费用中未得到反映的那部分费用。

3. 对转移支付的处理

转移支付是指在国民经济内部各部门发生的，没有造成国内资源的真正增加或耗费的支付行为。即直接与项目有关而支付的国内各种税金、国内借款利息、职工工资等。在国民经济评估中，对上述转移支付应予以剔除。

(1)税金是调节分配的一种手段。从国民经济角度看，税收实际上并未花费国家任何资源，它只是企部门之间、企业和税收部门之间的一项资金转移。

(2)补贴是货币在政府和项目之间的转移，是转移支付，应剔除。

(3)利息项目支付的国内借款利息，是国民经济内部企业与银行之间的资金转移，并不涉及社会资源的增减变化，是转移支付，应剔除。国外借款的利息由国内向国外转移，应列为费用。

(4)土地费用为项目建设征用土地(主要是可耕地或已开垦土地)而支付的费用，是由项目转移给地方、集体或个人的一种支付行为，故在国民经济效益评价时不列为费用(作为转移支付)。应列为费用的是被占用土地的机会成本和使国家新增的资源消耗(如拆迁费用等)。

在进行国民经济评价时，应认真地复核是否已从项目原效益和费用中剔除了这些转移支付及以影子费用(价格)形式作为项目费用的计算是否正确。

(三)国民经济评价的步骤

投资项目的国民经济评价可在财务评价的基础上进行。因此，国民经济评价的步骤可以从下面两个方面进行。

1. 在财务评价的基础上进行国民经济评价的步骤

投资项目的国民经济评价在财务评价基础上进行，主要是将财务评价中的财务费用和财务效益调整为经济费用和经济效益，即调整不属于国民经济效益和费用的内容，剔除国民经济内部的转移支付；计算和分析项目的间接费用和效益；按投入物和产出物的影子价格及其他经济参数(如影子汇率、影子工资、社会折现率等)对有关经济数据进行调整。具体步骤如下：

(1)对有关的费用和效益范围的调整。

1)剔除已经计入财务效益和费用中的国民经济内部的转移支付，如税金、补贴、国内借款利息等。

2)识别项目的间接效益和间接费用，对能定量的应进行定量计算，不能定量的，应作定性描述。

(2)效益和费用数值的调整。根据收集来的数据资料，结合费用和效益的计算范围，将各项投入物和产出物的现行价格调整为影子价格。价格调整对合理地进行费用效益计算，正确地进行国民经济效益评估是至关重要的。

1)建设投资的调整。用影子价格、影子汇率逐项调整构成投资的各项费用，剔除涨价预备费、税金、国内借款建设期利息等转移支付项目。进口设备价格调整通常要剔除进口关税、增值税等转移支付；建筑工程费和安装工程费按材料费、劳动力的影子价格进行调整；土地费用按土地影子价格进行调整。

2)流动资金的调整。调整由于流动资金估算基础的变动引起的流动资金占用量的变动。

3)经营费用的调整。用影子价格调整各项经营费用，对主要原材料、燃料及动力费用用影子价格进行调整；对劳动工资及福利费，用影子工资进行调整。

4)销售收入的调整。用影子价格调整计算项目产出物的销售收入。

5)调整外汇价值。国民经济评价各项销售收入和费用支出中的外汇部分，应用影子汇率进行调整；计算外汇价值，从国外引入的资金和向国外支付的投资收益、贷款利息，也应用影子汇率进行调整。

(3)编制表格与计算指标。

2. 直接进行国民经济效益评价的步骤

(1)识别和计算项目的直接效益。

(2)效益和费用数据的计算。

(3)识别和计算项目的间接效益和费用。

(4)编制有关报表，并计算相应的评价指标。

三、国民经济效益评估的价格调整

(一)社会折现率、影子价格和影子汇率的含义

1. 社会折现率

社会折现率是指建设项目国民经济评价中衡量经济内部收益率的基准值，也是计算项目经济净现值的折现率，是项目经济可行性和方案必选的主要判据。

社会折现率应根据国家的社会经济发展目标、发展战略、发展优先顺序、发展水平、宏观调控意图、社会成员的费用效益时间偏好、社会投资收益水平、资金供给状况、资金机会成本等因素综合测定。根据上述考虑的主要因素，结合当前的实际情况，测定社会折现率为8%；对于收益期长的建设项目，如果远期效益较大，效益实现的风险较小，社会折现率可适当降低，但不应低于6%。

2. 影子价格

影子价格又称“最优计划价格”，是为实现一定的经济发展目标而人为确定的，比交换价格更能反映出合理利用资源的效率价格。其是指资源在最优利用情况下，单位效益增量价值。

3. 影子汇率

影子汇率是指能正确反映国家外汇经济价值的汇率。在建设项目国民经济评价中，项目的进口投入物和出口产出物，应采用影子汇率换算系数调整计算进出口外汇收支的价值。

影子汇率可通过影子汇率换算系数得出。影子汇率换算系数是指影子汇率与外汇牌价之间的比值。影子汇率应按下式计算：

$$影子汇率=外汇牌价\times影子汇率换算系数 \tag{7-16}$$

根据我国外汇收支、外汇供求、进出口结构、进出口关税、进出口增值税及出口退税

补贴等情况，影子汇率的换算系数为1.08。

(二)外贸货物影子价格的确定

1. 投入物影子价格的计算

(1)直接进口产品。

影子价格＝CIF(到岸价格)×影子汇率＋项目到口岸的国内运费和贸易费用 (7-17)

(2)间接进口产品。

影子价格＝CIF(到岸价格)×影子汇率＋口岸到原用户的运输费用和贸易费用－供应厂到用户的运输费用和贸易费用＋供应厂到项目的运输费用和贸易费用 (7-18)

(3)减少出口产品。

影子价格＝FOB(离岸价格)×影子汇率－供应厂到口岸的运输费用和贸易费用＋供应厂到项目的运输费用和贸易费用 (7-19)

2. 产出物影子价格的计算

(1)直接出口产品。

影子价格＝FOB(离岸价格)×影子汇率－项目到口岸的运输费用和贸易费用 (7-20)

(2)间接出口产品。

影子价格＝FOB(离岸价格)×影子汇率－原供应厂到口岸的运输费用和贸易费用＋原供应厂到用户的运输费用和贸易费用－项目到用户的运输费用和贸易费用 (7-21)

(3)替代进口产品。

影子价格＝CIF(到岸价格)×影子汇率＋口岸到用户的运输费用和贸易费用－项目到用户的运输费用和贸易费用 (7-22)

(三)非外贸货物影子价格的确定

1. 产出品

(1)增加供应数量满足国内消费的产出品。供求平衡的，按国家统一价格，价格不合理的，按国内类似企业产品的平均成本分解定价；供不应求的，取国内市场价格，无法判断供求状况的，取上述价格最低者。

(2)替代其他相同或者类似企业的产出物，致使被代替企业停产或减产的，质量相同，原则上应按被代替企业相应产品的可变成本分解定价；提高产品质量的，按国内市场价格或参照国际市场价格确定。

2. 投入品

(1)能通过原有企业挖潜(不增加投资)增加供应的，按成本分解法定价。

(2)在拟建项目计算期内，通过增加投资扩大生产规模来满足拟建项目需要的，按成本分解法定价。

(3)项目计算期内无法通过扩大生产规模增加供应的(减少原用户的供应量)，取国内市场价格、国家统一价格加补贴中价格较高者。

非外贸货物是指生产和使用不影响国家进出口水平的货物。根据不能外贸的原因，可分为：天然非外贸货物，使用和服务天然地限于国内；非天然非外贸货物，由于经济或政策原因不能外贸的货物。国内生产成本大于到岸价，不应出口；国内生产成本小于到岸价，不应进口。

市场定价的非外贸货物的影子价格按下述公式计算：

产出物的影子价格(出厂价格)＝市场价格－国内运杂费　　(7-23)

投入物的影子价格(到厂价格)＝市场价格＋国内运杂费　　(7-24)

(四)特殊投入物影子价格的确定

1. 劳动力的影子价格计算

(1)影子工资是指建设项目使用劳动力资源而使社会付出的代价。建设项目国民经济评价中以影子工资计算劳动力费用。

(2)影子工资应按下式计算：

影子工资＝劳动力机会成本＋新增资源消耗　　(7-25)

式中，劳动力机会成本是指劳动力在本项目被使用，而不能在其他项目中使用而被迫放弃的劳动收益；新增资源消耗是指劳动力在本项目新就业或由其他就业岗位转移来本项目而发生的社会资源消耗，这些资源的消耗并没有提高劳动力的生活水平。

(3)影子工资可通过影子工资换算系数得到。影子工资换算系数是指影子工资与项目财务分析中的劳动力工资之间的比值，影子工资可按下式计算：

影子工资＝财务工资×影子工资换算系数　　(7-26)

(4)影子工资的确定，应符合下列规定：

1)影子工资应根据项目所在地劳动力就业状况、劳动力就业或转移成本测定。

2)技术劳动力的工资报酬一般可由市场供求决定，即影子工资一般可以财务实际支付工资计算。

3)对于非技术劳动力，根据我国非技术劳动力就业状况，其影子工资换算系数一般取0.25～0.8，具体可根据当地的非技术劳动力供求状况确定。非技术劳动力较为富余的地区可取较低值；不太富余的地区可取较高值；中间状况可取0.5。

2. 土地的影子费用计算

(1)土地影子价格是指建设项目使用土地资源而使社会付出的代价。建设项目国民经济评价中以土地影子价格计算土地费用。

(2)土地影子价格应按下式计算：

土地影子价格＝土地机会成本＋新增资源消耗　　(7-27)

式中，土地机会成本按拟建项目占用土地而使国民经济为此放弃的该土地“最佳替代用途”的净效益计算；土地改变用途而发生的新增资源消耗主要包括拆迁补偿费、农民安置补助费等。在实践中，土地平整等开发成本通常计入工程建设费用中，在土地影子价格中不再重复计算。

(3)土地影子价格应根据项目占用土地所处地理位置、项目情况以及取得方式的不同分别确定，具体应符合下列规定：

1)通过招标、拍卖和挂牌出让方式取得使用权的国有土地，其影子价格应按财务价格计算。

2)通过划拨、双方协议方式取得使用权的土地，应分析价格优惠或扭曲情况，参照公平市场交易价格，对价格进行调整。

3)经济开发区优惠出让使用权的国有土地，其影子价格应参照当地土地市场交易价格类比确定。

4)当难以用市场交易价格类比方法确定土地影子价格时，可采用收益现值法或以开发投资应得收益加土地开发成本确定。

5)当采用收益现值法确定土地影子价格时，应以社会折现率对土地的未来收益及费用进行折现。

(4)建设项目如需占用农村土地，以土地征用费用调整计算土地影子价格。具体应符合下列规定：

1)项目占用农村土地，土地征收补偿费中的土地补偿费及青苗补偿费应视为土地机会成本，地上附着物补偿费及安置补助费应视为新增资源消耗，征地管理费、耕地占用税、耕地开垦费、土地管理费、土地开发费等其他费用应视为转移支付，不列为费用。

2)土地补偿费、青苗补偿费、安置补助费的确定，如与农民进行了充分的协商，能够充分保证农民的应得利益，土地影子价格可按土地征收补偿费中的相关费用确定。

3)如果存在征地费用优惠，或在征地过程中缺乏充分协商，导致土地征收补偿费低于市场定价，不能充分保证农民利益，土地影子价格应参照当地正常土地征收补偿费标准进行调整。

四、建设项目国民经济评价报表及评价指标

(一)项目评价报表体系

在国民经济评价中，一般要求在剔除转移支付的基础上，按影子价格、影子工资、影子汇率等评价参数调整编制以下经济费用效益分析报表及辅助报表。

(1)项目投资经济费用效益流量表(表 7-16)。

表 7-16　项目投资经济费用效益流量表　　万元

序号	项目	合计	计算期					
			1	2	3	4	…	n
1	效益流量							
1.1	项目直接效益							
1.2	资产余值回收							
1.3	项目间接效益							
2	费用流量							
2.1	建设投资							
2.2	维持运营投资							
2.3	流动资金							
2.4	经营费用							
2.5	项目间接费用							
3	净效益流量(1－2)							
计算指标： 经济内部收益率： 经济净现值：								

(2)经济费用效益分析投资费用估算调整表(表 7-17)。此表主要为了调整投资(包括建设投资和流动资金)中价格不合理的部分，以确定经济费用效益分析中的投资额。

表 7-17　经济费用效益分析投资费用估算调整表　　万元

序号	项目	财务分析			经济费用效益分析			经济费用效益分析比财务分析增减(±)
		外汇	人民币	合计	外汇	人民币	合计	
1	建设投资							
1.1	建设工程费							
1.2	设备购置费							
1.3	安装工程费							
1.4	其他费用							
1.4.1	其中：土地费用							
1.4.2	专利及专有技术费							
1.5	基本预备费							
1.6	涨价预备费							
1.7	建设期利息							
2	流动资金							
合计(1+2)								
注：若投资费用是通过直接估算得到的，本表应略去财务分析的相关栏目。								

(3)经济费用效益分析经营费用估算调整表(表 7-18)。

表 7-18　经济费用效益分析经营费用估算调整表　　万元

序号	项目	单位	投入量	财务分析		经济费用效益分析	
				单价/元	成本	单价/元	费用
1	外购原材料						
1.1	原材料 A						
1.2	原材料 B						
1.3	原材料 C						
1.4	…						
2	外购燃料和动力						
2.1	煤						
2.2	水						
2.3	电						
2.4	重油						
2.5	…						
3	工资及福利费						
4	维修费						
5	其他费用						
合计							
注：若经营费用是通过直接估算得到的，本表应略去财务分析的相关栏目。							

(4)项目直接效益估算调整表(表 7-19)。

表 7-19　项目直接效益估算调整表

<table>
<tr><td colspan="3" rowspan="2">产出物名称</td><td colspan="4">投产第一期负荷/%</td><td rowspan="2">…</td><td colspan="4">正常生产年份/%</td></tr>
<tr><td>A产品</td><td>B产品</td><td>…</td><td>小计</td><td>A产品</td><td>B产品</td><td>…</td><td>小计</td></tr>
<tr><td rowspan="4">年产出量</td><td colspan="2">计算单位</td><td></td><td></td><td></td><td></td><td></td><td></td><td></td><td></td><td></td></tr>
<tr><td colspan="2">国内</td><td></td><td></td><td></td><td></td><td></td><td></td><td></td><td></td><td></td></tr>
<tr><td colspan="2">国际</td><td></td><td></td><td></td><td></td><td></td><td></td><td></td><td></td><td></td></tr>
<tr><td colspan="2">合计</td><td></td><td></td><td></td><td></td><td></td><td></td><td></td><td></td><td></td></tr>
<tr><td rowspan="4">财务分析</td><td rowspan="2">国内市场</td><td>单价/元</td><td></td><td></td><td></td><td></td><td></td><td></td><td></td><td></td><td></td></tr>
<tr><td>现金收入</td><td></td><td></td><td></td><td></td><td></td><td></td><td></td><td></td><td></td></tr>
<tr><td rowspan="2">国际市场</td><td>单价/美元</td><td></td><td></td><td></td><td></td><td></td><td></td><td></td><td></td><td></td></tr>
<tr><td>现金收入</td><td></td><td></td><td></td><td></td><td></td><td></td><td></td><td></td><td></td></tr>
<tr><td rowspan="4">经济费用效益分析</td><td rowspan="2">国内市场</td><td>单价/元</td><td></td><td></td><td></td><td></td><td></td><td></td><td></td><td></td><td></td></tr>
<tr><td>直接效应</td><td></td><td></td><td></td><td></td><td></td><td></td><td></td><td></td><td></td></tr>
<tr><td rowspan="2">国际市场</td><td>单价/美元</td><td></td><td></td><td></td><td></td><td></td><td></td><td></td><td></td><td></td></tr>
<tr><td>直接效应</td><td></td><td></td><td></td><td></td><td></td><td></td><td></td><td></td><td></td></tr>
<tr><td colspan="3">合计/万元</td><td></td><td></td><td></td><td></td><td></td><td></td><td></td><td></td><td></td></tr>
<tr><td colspan="12">注：若直接效益是通过直接估算得到的，本表应略去财务分析的相关项目。</td></tr>
</table>

(5)项目间接费用估算表(表 7-20)。

表 7-20　项目间接费用估算表　　万元

序号	项目	合计	计算期					
			1	2	3	4	…	n

(6)项目间接效益估算表(表 7-21)。

表 7-21　项目间接效益估算表

万元

序号	项目	合计	计算期					
			1	2	3	4	…	n

(二)项目评价指标

国民经济评价以盈利能力为主，评价指标包括经济内部收益率和经济净现值。

1. 经济内部收益率

经济内部收益率($EIRR$)，应按下式计算：

$$\sum_{t=0}^{n}(B-C)_t(1+EIRR)^{-t}=0 \tag{7-28}$$

式中　$EIRR$——经济内部收益率；

B——效益流量；

C——费用流量；

$(B-C)_t$——第 t 年的净效益流量；

n——计算期。

如果经济内部收益率等于或者大于社会折现率，表明项目资源配置的经济效益达到了可以被接受的水平。

2. 经济净现值

经济净现值($ENPV$)，应按下式计算：

$$ENPV = \sum_{t=0}^{n} (B-C)_t (1+i_s)^{-t} \tag{7-29}$$

式中　$ENPV$——经济净现值；

$(B-C)_t$——第 t 年的净效益流量；

i_s——社会折现率。

在经济费用效益分析中，如果经济净现值等于或大于 0，表明项目可以达到符合社会折现率的效率水平，认为该项目从经济资源配置的角度可以被接受。

3. 经济效益费用比

经济效益费用比(R_{BC})是指项目在计算期内效益流量的现值与费用流量的现值之比，应按下式计算：

$$R_{BC} = \frac{\sum\limits_{t-1}^{n} B_t (1+i_s)^{-t}}{\sum\limits_{t-1}^{n} C_t (1+i_s)^{-t}} \tag{7-30}$$

式中　B_t——第 t 期的经济效益；

C_t——第 t 期的费用效益。

如果经济效益费用比大于 1，表明项目资源配置的经济效益达到了可以被接受的水平。

本章重点

1. 可行性研究的内容。
2. 新设项目法人项目财务评价和既有项目法人项目财务评价。

本章难点

影子价格的确定方法。

本章课时

6 课时

本章要求

通过本章的学习，学生应熟悉可行性研究的内容；了解财务评价内容；掌握新设项目法人项目财务评价和既有项目法人项目财务评价；掌握国民经济评价的概念；了解效益和费用及影子价格的确定方法。

思考与练习

一、单项选择题

1. 下列属于盈利能力分析指标的是（　　）。

A. 财务外汇净现值　　B. 投资回收期

C. 资本金利润率　　D. 速动比率

2. 下列属于项目清偿能力分析指标的是（　　）。

A. 资产负债率　　B. 销售税金及附加

C. 机会成本　　D. 经营成本

3. 下列不属于财务评价的基本报表的是（　　）。

A. 现金流量表　　B. 审议表

C. 总成本费用估算表　　D. 资产负债表

4. 下列关于国民经济评价的表述错误的是（　　）。

A. 评价角度是国民经济和社会　　B. 以国家整体利益为准

C. 评价中使用的价格是影子价格　　D. 是财务评价的基础

5. 国民经济评价应当采取（　　）方法识别项目的费用和效益。

A. 影子价格　　B. 有无对比分析　C. 前后对比分析　D. 内部收益率

6. 下列属于财务评价与国民经济评价的共同之处的是（　　）。

A. 评价角度　　B. 费用和效益的计算价格

C. 主要评价参数　　D. 评价基础

7. 下列各项中，属于投资方案静态评价指标的是（　　）。

A. 内部收益率　　B. 投资收益率　　C. 净现值率　　D. 净现值

8. 下列财务评价指标中，属于动态评价指标的是（　　）。

A. 投资收益率　　B. 偿债备付率

C. 财务内部收益率　　D. 借款偿还期

9. 如果方案经济上可行，则有该方案财务净现值（　　）。

A. 大于零　　B. 大于总利润

C. 大于建设项目总投资　　D. 大于总成本

10. 为了分析项目的财务生存能力，计算累计盈余资金可以通过某种财务报表进行。该种财务报表是（　　）。

A. 项目投资现金流量表　　B. 投资各方现金流量表

C. 项目资本金现金流量表　　D. 财务计划现金流量表

二、多项选择题

1. 财务现金流量表按其评价角度不同，可分为（　　）。

A. 项目投资现金流量表　　B. 项目资本金现金流量表

C. 投资各方现金流量表　　D. 项目增量现金流量表

E. 财务计划现金流量表

2. 静态财务分析指标包括（　　）。

A. 财务内部收益率　　B. 总投资收益率

C. 利息备付率　　　　D. 财务净现值率

E. 借款偿还期

3. 动态财务分析指标包括(　　)。

A. 偿债备付率　　　　B. 财务净现值

C. 借款偿还期　　　　D. 财务净现值率

E. 财务内部收益率

4. 下列指标中，能反映项目盈利能力的有(　　)。

A. 利息备付率　　　　B. 财务内部收益率

C. 资产负债率　　　　D. 财务净现值

E. 总投资收益率

5. 如果投资方案在经济上可行，则有(　　)。

A. 财务内部收益率大于基准收益率

B. 财务内部收益率大于单位资金成本

C. 财务净现值大于建设项目总投资

D. 财务净现值大于零

E. 财务净年值大于零

三、思考题

1. 什么是建设项目？如何界定一个建设项目的范围？

2. 项目建设周期包括哪几个阶段？各阶段有哪些主要工作内容？

3. 联合国工业发展组织将项目可行性研究分为哪几个阶段？各阶段的作用和任务是什么？

4. 投资项目可行性研究的内容有哪些？

5. 什么是财务评价，财务评价的作用是什么？

6. 简述建筑工程项目财务评价的基本程序和评价内容、评价指标。

7. 新设项目法人项目财务评价的主要内容是什么？

8. 既有项目法人项目财务评价与新设项目法人项目相比有什么特殊性？

9. 项目财务评价中有哪些报表？它们有何作用？

10. 项目财务评价中盈利能力分析包括哪些指标？如何计算这些指标？

11. 项目财务评价中偿债能力分析包括哪些指标？如何计算这些指标？

12. 什么是项目国民经济评价，它与财务评价有什么不同？

四、计算题

1. 某项目计算期为 20 年，各年净现金流量($CI-CO$)见表 7-22，财务基准收益率为 10%。试根据项目的财务净现值($FNPV$)判断此项目是否可行，并计算项目的财务内部收益率($FIRR$)。

表 7-22　各年净现金流量　　万元

年份	1	2	3	4	5	6～20
净现金流量	−180	−250	150	84	112	150

2. 某一进口产品，其影子价格为 945 元/t，国内现行价格为 598 元/t，求其价格换算

系数。

3. 某进口产品，其国内现行价格是216元/t，其价格系数是2.36，国内运费及贸易费为38元，影子汇率为6.0元，试求该进口产品的到岸价格CIF。

4. 某项目M的投入物为G厂生产的A产品，由于项目M的建成使原用户W厂供应的投入物减少，一部分要靠进口，已知条件如下：M距W 130 km，W距港口200 km，进口到岸价为300美元/t，影子汇率为9元/美元，贸易费按采购价的6%计算，国内运费为0.05元/(t·km)，试求项目M投入物到厂价的影子价格。

项目八　价值工程

知识目标

了解价值工程的基本原理；了解价值工程的基本概念；掌握价值工程的工作程序；掌握价值工程的分析与评价方法。

技能目标

能对实际问题进行价值工程分析。

素质目标

营造课堂活跃气氛；提升规范意识、质量意识、绿色环保意识，强化动手能力、社会责任心、合作意识及沟通协调能力。

导　入

某市高新技术开发区有两幢科研楼和一幢综合楼，其设计方案对比项目如下：

A楼方案：结构方案为大柱网框架轻墙体系，采用预应力大跨度叠合楼板，墙体材料采用多孔砖及移动式可拆装式分室隔墙，窗户采用单框双玻璃钢塑窗，面积利用系数为93%，单方造价为1 438元/m^2；B楼方案：结构方案同A方案，墙体采用内浇外砌，窗户采用单框双玻璃空腹钢窗，面积利用系数为87%，单方造价为1 108元/m^2；C楼方案：结构方案采用砖混结构体系，采用多孔预应力板，墙体材料采用标准烧结普通砖，窗户采用单玻璃空腹钢窗，面积利用系数为79%，单方造价为1 082元/m^2。各方案功能的权重及得分见表8-14，请你为该项目选择最优设计方案。

本章内容

任务一　价值工程的基本原理

一、价值工程的产生与发展

(一)价值工程的产生

价值工程是一种新兴的研究产品功能和成本费用之间关系问题的科学管理技术，是降

低成本费用、提高产品功能的一种有效方法。价值工程是由美国通用电气(GE)公司一位叫L. D. Miles的采购部门的工程师首先提出并研究的。Miles负责公司石棉板的采购。在公司急需大量石棉板时，石棉板的价格却成倍增长，为了降低采购成本，他开始研究材料替代的问题，通过对石棉板的功能进行分析，在市场上找到了一种防火纸，这种纸可以起到同样的作用，并且价格低，容易买到，取得了很好的经济效益。通过这个改善，Miles将其推广到企业其他地方，对产品的功能、费用与价值进行深入的系统研究，提出了功能分析、功能定义、功能评价、如何区分必要和不必要功能以及消除不必要功能的方法，最后形成了以最低成本提供必备功能，获取最大价值的科学方法。1947年，他发表了《价值分析》一书，标志着这门学科的正式诞生。

Miles在长期实践过程中，总结了一套开展价值工程的原则，用于指导价值工程活动的各步骤的工作。这些原则包括：①分析问题要避免一般化、概念化，要作具体分析；②收集一切可用的成本资料；③使用最好、最可靠的情报；④打破现有框架，进行创新和提高；⑤发挥真正的独创性；⑥找出障碍，克服障碍；⑦充分利用有关专家，扩大专业知识面；⑧对于重要的公差，要换算成加工费用来认真考虑；⑨尽量采用专业化工厂的现成产品；⑩利用和购买专业化工厂的生产技术；⑪采用专门生产工艺；⑫尽量采用标准；⑬以“我是否这样花自己的钱”作为判断标准。在这13条原则中，第①条至第⑤条是属于思想方法和精神状态的要求，提出要实事求是，要有创新精神；第⑥条至第⑫条是组织方法和技术方法的要求，提出要重专家、重专业化、重标准化；第⑬条则提出了价值分析的判断标准。

从事产品设计、开发的工程师都希望他设计的产品技术先进、性能可靠、外观新颖、价格低廉，在市场竞争中获得成功。达到这一目标是要有一定条件的。产品要受用户欢迎必须具备以下两个条件：

第一，产品应具有一定的功能，可以满足用户的某种需求；

第二，产品价格便宜，低于消费者愿意支付的代价。消费者总是试图用较低的价格买到性能较好的产品。价值分析正是针对消费者的此种心理，围绕产品的物美价廉进行分析以提高产品的价值。

(二)价值工程的发展

价值工程首先在美国产生并迅速发展起来。在价值工程产生后，立即引起了美国军工部门和大企业的浓厚兴趣，以后又逐步推广到民用部门。

1952年，Miles举办了首批价值分析研究班，在他的领导下进行了有关价值分析的基础训练，这些专门从事价值分析的人员在后来工作中所创造的一系列重大成果，为在更多的产业界推行价值分析产生了重要的影响。

1954年，美国海军部首先制订了推行价值工程的计划。美国海军舰船局首先用这种方法指导新产品设计并将价值分析改名为价值工程。1956年正式用于签订订货合同，即在合同中规定，承包厂商可以采取价值工程方法，在保证功能的前提下，改进产品或工程项目，将节约下来的费用的20%～30%归承包商，这种带有刺激性的条款有力地促进了价值工程的推广，美国海军部在应用价值工程的第一年就节约3 500万美元。据报道，由于采用价值工程，美国国防部在1963年财政年度节约支出7 200万美元；1964年，财政年度节约开支2.5亿美元；1965年，财政年度节约开支3.27亿美元；到1969年，就连美国航天局这个最不考虑成本的部门也开始培训人员着手推行价值工程。

1961 年，Miles 在《价值分析》的基础上进一步加以系统化，出版了专著《价值分析与价值工程技术》(Techniques of Value Analysis and Engineering)，1972 年又出了修订版并被译成十多种文字在国外出版。

由于国际市场的扩大和科学技术的发展，企业之间的竞争日益加强，价值工程的经济效果十分明显，因而，价值工程在企业界得到迅速发展。20 世纪 50 年代，美国福特汽车公司竞争不过通用汽车公司，面临着失败倒闭的危险，麦克纳马拉组成一个班子，大力开展价值工程活动，使福特汽车公司很快就扭亏为盈，因而，麦克纳马拉也就成为福特汽车公司第一个非福特家族成员的高层人士。在军工企业大力推广价值工程之时，民用产品也自发地应用价值工程，在美国内政部垦荒局系统、建筑施工系统、邮政科研工程系统、卫生系统等得到广泛应用。

价值工程不仅为工程技术有关部门所关心，也成为当时美国政府所关注的内容之一。1977 年，美国参议院第 172 号决议案中大量列举了价值工程应用效果，说明这是节约能量、改善服务和节省资金的有效方法，并呼吁各部门尽可能采用价值工程。1979 年，美国价值工程师协会(SAVE)举行年会，卡特总统在给年会的贺信中说："价值工程是工业和政府各部门降低成本、节约能源、改善服务和提高生产率的一种行之有效的分析方法。"

1955 年，日本派出一个成本管理考察团到美国，了解到价值工程十分有效，就引进采用，他们将价值工程与全面质量管理结合起来，形成具有日本特色的管理方法。1960 年，价值工程首先在日本的物资和采购部门得到应用，而后又发展到老产品更新、新产品设计、系统分析等方面。1965 年，日本成立了价值工程师协会(SJVE)，价值工程得到了迅速推广。

价值工程在传入日本后，又传到了西欧、东欧、原西德、苏联等一些国家，他们有的还制定了关于价值工程的国家标准，成立了价值工程或价值分析的学会或协会；在政府技术经济部门和企业界推广应用价值工程，也都得到不同程度的发展并收到显著成效。

我国运用价值工程是 20 世纪 70 年代末开始。1984 年，国家经济贸易委员会(以下简称国家经委)将价值工程作为十八种现代化管理方法之一，向全国推广。1987 年，国家标准局颁布了第一个价值工程国家标准《价值工程基本术语和一般工作程序》。

(三)价值工程迅速发展的背景与原因

价值工程从产生至今，仅仅 50 多年的时间，它之所以能够迅速推广和发展，不是偶然的，而是有它的客观背景和内在原因。

在二次世界大战中，美国政府向企业订购军火，所注重的是武器的性能和交货期，这种不顾成本、浪费资源的现象一直持续到战后。战后，无论政府还是其他用户都不会以成本补偿方式支付生产费用，价值工程在美国得到迅速发展，其历史背景和经济条件在于：一方面，随着国际市场的扩大和科技的发展，企业之间的竞争日益加剧，促使企业必须运用价值工程来提高产品竞争能力；另一方面，美国由于扩军备战，发动战争，尖端武器和核竞赛要求增加军工生产，国内人民的反抗又不允许国防开支无限上升。

价值工程在其他国家也得到了飞速发展。一是在二十世纪六七十年代各国工业有了新发展，使得材料供应日趋紧张，如何解决材料奇缺问题成为资本主义各国的重要课题，价值工程的应运而生，为研究材料代用、产品改型、设计改进等问题提供了系统方法；二是国际交通运输日益发达，资本主义竞争更为剧烈，产品要立足市场，不但要降低成本、售价，而且还要实现同样的功能，因而，价值工程代替了以往的那种点滴节约，达到了竞争要求的新方法；三是科技飞速发展，新材料、新工艺不断涌现，为设计人员改进旧方法，采用新材料、新工艺，提供了现实的可能性。

价值工程之所以能得到迅速推广，是因为它给企业带来了较好的经济效益，其内在的原因主要有两个方面：一方面是传统的管理方式强调分系统，分工各搞一套，造成人为的割裂，管理人员注重经营效果，侧重产品产量和成本，而技术人员只管技术设计，侧重产品性能方面的考虑，加上设计者个人考虑，自然会提高设计标准，特别是诸如保险系数、安全系数等标准，这就形成了技术与经济脱节的状态，而价值工程则着眼于从两个方面挖潜达到最佳经济效益，是符合现代化生产和现代科技发展规律的有效方法；另一方面传统的人才培训方法也是分割的、孤立式的，而价值工程则是二者合理的结合，以求得到最佳价值。

总之，价值工程是随着现代化工业产品和科学技术的发展，随着人类经营管理思想的进步而在实践中创立和发展起来的。

(四)价值工程在我国的发展与应用

1. 我国价值工程的发展

我国自1978年引进价值工程至今已有30余年的历史。价值工程首先在机械工业部门得到应用，1981年8月原国家第一机械工业部以一机企字(81)1047号文件发出了《关于积极推行价值工程的通知》，要求机械工业企业和科研单位应努力学习和掌握价值工程的原理与方法，从实际出发，用实事求是的科学态度，积极推行价值工程，努力把价值工程贯穿到科研、设计、制造工艺和销售服务的全过程。1982年10月，我国创办了唯一的价值工程专业性刊物《价值工程通讯》，后更名为《价值工程》杂志。1984年国家经委将价值工程作为18种现代化管理方法之一向全国推广。1986年由国家标准局组织制定了《中华人民共和国价值工程国家标准》(征求意见稿)，1987年国家标准局颁布了第一个价值工程标准《价值工程基本术语和一般工作程序》，1988年5月我国成立了价值工程的全国学术团体——中国企业管理协会价值工程研究会，并将《价值工程》杂志作为会刊。

政府及领导的重视与关注，使价值工程得以迅速发展。价值工程自1978年引入我国后，很快就引起了科技教育界的重视。价值工程通过宣传、培训进一步被一些工业企业所采用，均取得了明显的效果，从而引起了政府有关部门的重视。政府有关部门的关心与支持给价值工程在我国的应用注入了动力。特别是1988年，江泽民同志精辟的题词“价值工程常用常新”对价值工程的发展具有深远的意义。1989年4月，原国家经委副主任、中国企业管理协会会长袁宝华同志提出“要像推广全面质量管理一样推广应用价值工程!”促进了价值工程的推广与应用。

几十年来，一些高等院校、学术团体通过教材、刊物、讲座、培训等方式陆续介绍价值工程的原理与方法及其在国内外有关行业的应用，许多部门、行业和地方以及企业、大专院校、行业协会和专业学会，纷纷成立价值工程学会、研究会，通过会议、学习班、讨论等方式组织宣传推广，同时，还编著出版了数十种价值工程的专著，开展了国际价值工程学术交流活动，有效地推动了价值工程在我国的推广应用。

2. 我国价值工程的应用成果

价值工程在我国首先应用于机械行业，而后又扩展到其他行业，通常被认为价值工程难以推行的采矿、冶金、化工、纺织等部门，也相继出现了好的势头。价值工程的应用领域逐步拓展，从开始阶段的工业产品开发到工程项目，从企业的工艺、技术、设备等硬件的改进，到企业的生产、经营、供销、成本等管理软件的开发；从工业领域应用进一步拓展到农业、商业、金融、服务、教育、行政事业领域；在国防军工领域的应用也获明显效果。**如今，价值工程广泛应用于机械、电子、纺织、军工、轻工、化工、冶金、矿山、石油、煤炭、电力船舶、建筑以及物资、交通、邮电、水利、教育、商业和服务业等各个部门；分析的对象从产品的研究、设计、工艺等扩展到能源、工程、设备、技术引进、改造以及作业、采购、销售服务等领域，还应用到机构改革和优化劳动组合、人力资源开发等方面，另外，在农业、林业、园林等方面几乎涉及各大门类，并在各行各业得到应用。**

要提高经济效益和市场竞争力并获得持续发展，企业的经营管理离不开价值管理，也离不开产品(包括劳务等)的价值创造，还离不开各项生产要素及其投入的有效的价值转化。企业经营管理的本质就是价值经营、价值管理、价值创造，力求投入少而产出高，不断为社会需要创造出有更高价值的财富。我们面临的是一个丰富多彩、纷繁复杂的价值世界，任何有效管理和有效劳动都是在做有益于社会发展的价值转化工作，都在创造价值；反之，则既无效又无益，甚至起负面作用，形成一种“零价值”或“负价值”。树立正确的价值观念，应用价值工程原理和价值分析技术，对事物作出价值评论，并进行价值管理和开展价值创新，目的是为社会创造价值。

价值工程引进我国以后，它在降低产品成本、提高经济效益、扩大社会资源的利用效果等方面所具有的特定作用，在短短几年的实践中已经充分显示出来，一批企业在应用中取得了显著的实效，为价值工程在不同行业广泛地推广应用提供了重要经验。据不完全统计，1978—1985 年，全国应用价值工程的收益达 2 亿元；到 1987 年达 5 亿元。开展应用价值工程较早的是上海市，他们在应用价值工程的深度与广度上都有一定经验，其他如辽宁、浙江、河北等地在推行价值工程中也取得了较好的经济效果。中国第一汽车制造厂应用推广价值工程的第一个 10 年，共进行 270 多项价值分析，取得效益为 3 000 万元。河北省石家庄拖拉机厂在改造小型拖拉机老产品和设计新产品中应用价值工程，提高产品功能，降低成本，据 8 种零部件统计，每台节约成本 170 元。

实践证明，价值工程在我国现代化管理成果中占有较大的比重，为提高经济效益作出了积极贡献，价值工程在我国经济建设中大有可为，它应用范围广，成效显著。我国应用价值工程取得了巨大的经济效益，价值工程的应用和研究，从工业拓展到农业、商业、金融、国防、教育等领域，从产品、工艺、配方扩展到经营、管理、服务等对象。

据不完全统计，应用价值工程取得的效益至少在 20 亿元以上，出版的价值工程书籍就达 70 余种。随着技术与经济发展的客观需要，以及价值工程本身的理论与方法日臻完善，它必将在更多国家中的更多行业得到广泛的应用与发展。但我们必须承认差距和潜力还很大：一是应用面还不很普及和不平衡，仍需广泛宣传和普及价值工程知识，大力开展培训活动；二是持久性不够，这与相当多的原来抓价值工程的领导和骨干、研究价值工程的学者和学术团体人员，以及大量参加过培训的员工已退离岗位有关，削弱了价值工程活动的开展，需要继续加大推广应用的力度，深入持久地坚持开展；三是与“常用常新”更有差距，尤其在价值管理、价值转化和价值创新方面，从理论到实践都在不断发展和深化，我们应当加以重视和关注，加强研究和开发应用。

二、价值工程的基本概念

价值工程(Value Engineering，VE)，也称为价值分析(Value Analysis，VA)，是指通过有组织的协作，对其研究对象的功能与费用进行系统分析，争取用最低的寿命周期成本，可靠地实现研究对象必备的功能，从而提高研究对象价值的思想方法和管理技术。

价值工程涉及价值、功能和寿命周期成本三个基本要素。价值工程是一门工程技术理论，其基本思想是以最少的费用换取所需要的功能。这门学科以提高工业企业的经济效益为主要目标，以促进老产品的改进和新产品的开发为核心内容。

(一)价值(Value)

价值工程中所说的"价值"有其特定的含义，与哲学、政治经济学、经济学等学科关于价值的概念有所不同。价值工程中的"价值"就是一种"评价事物有益程度的尺度"。价值高说明该事物的有益程度高、效益大、好处多；价值低则说明有益程度低、效益差、好处少。例如，人们在购买商品时，总是希望"物美而价廉"，即花费最少的代价换取最多、最好的商品。价值工程把价值定义为："对象所具有的功能与获得该功能的全部费用之比"，即

$$V=F/C \tag{8-1}$$

式中，V 为价值，F 为功能，C 为成本。

价值工程的主要特点是：以提高价值为目的，要求以最低的寿命周期成本实现产品的必要功能；以功能分析为核心；以有组织、有领导的活动为基础；以科学的技术方法为工具。**提高价值的基本途径有以下 5 种：**

(1)成本降低，功能提高。

(2)功能不变，成本降低。

(3)成本不变，功能提高。

(4)成本略有提高而功能大大提高。

(5)功能稍微降低，成本较大幅度降低。

(二)功能(Function)

功能是指产品的功能、效用、能力等，即产品所担负的职能或者说是产品所具有的性能。价值工程认为，功能对于不同的对象有着不同的含义：对于物品来说，功能就是它的用途或效用；对于作业或方法来说，功能就是它所起的作用或要达到的目的；对于人来说，功能就是他应该完成的任务；对于企业来说，功能就是它应为社会提供的产品和效用。总之，功能是对象满足某种需求的一种属性。认真分析一下价值工程所阐述的"功能"内涵，实际上等同于使用价值的内涵，也就是说，功能是使用价值的具体表现形式。任何功能无论是针对机器还是针对工程，最终都是针对人类主体的一定需求目的，最终都是为了人类主体的生存与发展服务，因而最终将体现为相应的使用价值。因此，价值工程所谓的"功能"实际上就是使用价值的产出量。

(三)成本(Cost)

成本是指产品周期成本，即产品从研制、生产、销售、使用过程中全部耗费的成本之和。衡量价值的大小主要看功能(F)与成本(C)的比值如何。人们一般对商品有"物美价廉"的要求，"物美"实际上就是反映商品的性能、质量水平；"价廉"就是反映商品的成本水平，

顾客购买时考虑“合算不合算”就是针对商品的价值而言的。

产品寿命周期从产品的研制开始算起，包括产品的生产、销售、使用等环节(图 8-1)，直至报废的整个时期。在这个时期发生的所有费用与成本，就是价值工程的产品成本。

$$寿命周期成本=生产成本+使用成本$$

即
$$C=C_1+C_2 \tag{8-2}$$

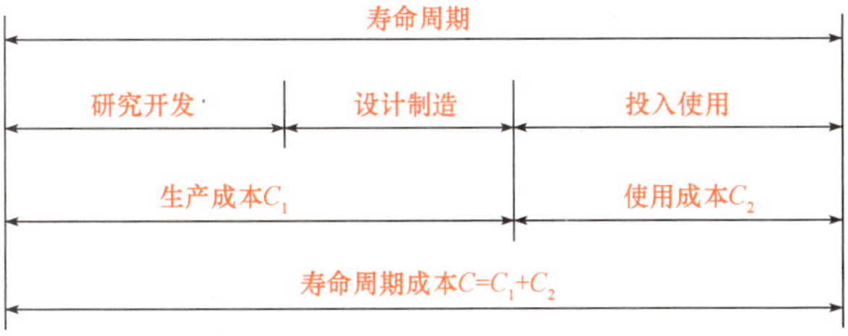

寿命周期

研究开发 设计制造 投入使用

生产成本C_1 使用成本C_2

寿命周期成本$C=C_1+C_2$

图 8-1　寿命周期成本

与一般意义上的成本相比，价值工程的成本最大的区别在于：将消费者或用户的使用成本也算在内。这使得企业在考虑产品成本时，不仅要考虑降低设计与制造成本，还要考虑降低使用成本，从而使消费者或用户既买得合算，又用得合算。

产品的寿命周期与产品的功能有关，这种关系的存在，决定了寿命周期费用存在最低值。

三、价值工程的特点

由价值工程的概念可知，价值工程涉及价值、功能和寿命周期成本三个基本要素，它具有以下特点：

(1)价值工程的目标，是以最低的寿命周期成本，使产品具备它所必须具备的功能。产品的寿命周期成本由生产成本和使用及维护成本组成。产品生产成本 C_1 是指发生在生产企业内部的成本，也是用户购买产品的费用，包括产品的科研、试验、设计、试制、生产、销售等费用及税金等；而产品使用及维护成本 C_2 是指用户在使用过程中支付的各种费用的总和，它包括使用过程中的能耗费用、维修费用、人工费用、管理费用等，有时还包括报废拆除所需的费用(扣除残值)。

在一定范围内，产品的生产成本与使用及维护成本存在此消彼长的关系。随着产品功能水平的提高，产品的生产成本 C_1 增加，使用及维护成本 C_2 降低；反之，产品功能水平降低，其生产成本 C_1 降低但是使用及维护成本 C_2 增加。因此，当功能水平逐步提高时，寿命周期成本 $C=C_1+C_2$，呈马鞍形变化，如图 8-2 所示。在 F' 点，产品功能较少，此时虽然生产成本较低，但由于不能满足使用者的基本需要，使用及维护成本较

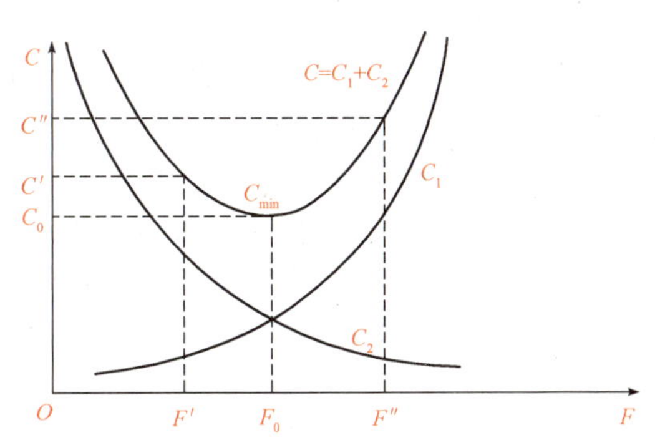

图 8-2　产品功能与成本的关系

高，因而，使用寿命周期成本较高；在 F''点，虽然使用及维护成本较低，但由于存在着多余的功能，因而致使生产成本过高，同样寿命周期成本也较高。只有在 F_0 点，产品功能既能满足用户的需求，产品成本 C_1 和使用及维护成本 C_2 两条曲线叠加所对应的寿命周期成本又为最小值 C_{min}，体现了比较理想的功能与成本的关系。由此可见，工程产品的寿命周期成本与其功能是辩证统一的关系。寿命周期成本的降低，不仅关系到生产企业的利益，同时，也是满足用户的要求并与社会节约程度密切相关。因此，价值工程的活动应贯穿于生产和使用的全过程，要兼顾生产者和用户的利益，以获得最佳的社会综合效益。

(2)价值工程的核心，是对产品进行功能分析。价值工程中的功能是指对象能够满足某种要求的一种属性，具体来说，功能就是某种特定效能、功用或效用。对于一个具体的产品来说，“它是干什么用的?”问题答案就是产品的功能。任何产品都具备相应的功能。假如产品不具备功能则产品就将失去存在的价值。例如，手表有计时、显时的功能，电冰箱具有冷藏、冷冻的功能，住宅的功能是提供居住空间等。用户向生产企业购买产品，是要求生产企业提供这种产品的功能，而不是产品的具体结构。企业生产的目的，也是通过生产获得用户所期望的功能，而结构、材质等是实现这些功能的手段，目的是主要的，手段可以广泛选择。因此，价值工程分析产品，首先不是分析它的结构，而是分析它的功能，是在分析功能的基础之上，再去研究结构、材质等问题，以达到保证用户所需功能的同时降低成本，实现价值提高的目的。

(3)价值工程将产品价值、功能和成本作为一个整体同时来考虑。在现实中，人们一般对产品(或作业)有“性价比”的要求，“性”就是反映产品(或作业)的性能和质量水平，即功能水平；“价”就是反映产品(或作业)的成本水平。价值工程并不是单纯追求低成本水平，也不片面追求高功能、多功能水平，而是力求正确处理好功能与成本的对立统一关系，提高它们之间的比值水平，研究产品功能和成本的最佳配置。因此，价值工程对价值、功能、成本的考虑，不是片面和孤立的，而是在确保产品功能的基础上综合考虑生产成本和使用及维护成本，兼顾生产者和用户的利益，创造出总体价值最高的产品。

(4)价值工程强调不断改革和创新。价值工程强调不断改革和创新，开拓新构思和新途径，获得新方案，创造新功能载体，从而简化产品结构，节约原材料，提高产品的技术经济效益。

(5)价值工程要求将功能定量化。价值工程要求将功能定量化，即将功能转化为能够与成本直接相比的量化值。

(6)价值工程是以集体智慧开展的有计划、有组织、有领导的管理活动。由于价值工程研究的问题涉及产品的整个寿命周期，涉及面广，研究过程复杂，如提高产品价值涉及产品的设计、生产、采购和销售等过程。这不能靠个别人员和个别部门，而要经过许多部门和环节的配合，才能收到良好的效果。因此，企业在开展价值工程活动时，必须集中人才，组织科研、设计、生产、管理、采购、供销、财务，甚至用户等各方面有经验的人员参加，以适当的组织形式组成一个智力结构合理的集体，共同研究，发挥集体智慧、经验和积极性，排除片面性和盲目性，博采众长，有计划、有领导、有组织地开展活动，以达到提高方案价值的目的。

四、提高价值的途径

由于价值工程以提高产品价值为目的，这既是用户的需要，又是生产经营者追求的目标，两者的根本利益是一致的。因此，企业应当研究产品功能与成本的最佳匹配。价值工程的基本原理公式$V=F/C$，不仅深刻地反映出产品价值与产品功能和实现此功能所耗成本之间的关系，**而且也为如何提高价值提供了以下五种途径：**

(1)双向型——在提高产品功能的同时，又降低产品成本，这是提高价值最为理想的途径，也是对资源最有效的利用。但对生产者要求较高，往往要借助技术的突破和管理的改善才能实现。例如，重庆轻轨较新线一期工程，根据自身的城市特点，引进跨座式单轨技术。其梁轨一体化的构造，决定了施工要求的高精度，易造成工程返工甚至PC轨道梁报废的难题。在国外长期以来均采用“先墩后梁”的模式组织建设，缺点是建设周期太长。为实现建设目标，重庆轻轨在项目上打破常规，成功运用了“墩梁并举”的技术与管理模式，大幅度缩短了工期(仅有4年工期，远少于常规7～10年的工期)；各项精度水平均有大幅度提高，确保了建设质量；减少了资金积压时间，降低了工程融资成本，降低了工程总造价；同时，减少了占用城市道路施工的时间，方便了市民出行，减少了堵车，既节省宝贵的资源，又降低了环境污染。

(2)改进型——在产品成本不变的条件下，通过改进设计，提高产品的功能，提高利用资源的成果或效用(如提高产品的性能、可靠性、寿命、维修性)，增加某些用户希望的功能等，达到提高产品价值的目的。例如，人防工程，若仅仅考虑战时的隐蔽功能，平时闲置不用，将需要投入大量的人力、财力予以维护；若在设计时，考虑战时能发挥隐蔽功能，平时能发挥多种功能，则可将人防工程平时利用为地下商场、地下停车场等。这些都大大提高了人防工程的功能，并增加了经济效益。

(3)节约型——在保持产品功能不变的前提下，通过降低成本达到提高价值的目的。从发展趋势上说，科学技术水平以及劳动生产率是在不断提高的，因此，消耗在某种功能水平上的产品或系统的费用应不断降低。新设计、新材料、新结构、新技术、新的施工方法和新型高效管理方法，无疑会提高劳动生产率，在功能不发生变化的条件下，降低产品或系统的费用。例如，某市一电影院，由于夏季气温高，需设计空调系统降温，以满足人们舒适度的要求。经过相关人员价值分析，决定采用人防地道风降温系统替代机械制冷系统。该系统实施后，在满足电影院空调要求的前提下，不仅降低了造价，而且节约了运行费和维修费。

(4)投资型——产品功能有较大幅度提高，产品成本有较少提高。即成本虽然增加了一些，但功能的提高超过了成本的提高，因此价值还是提高了。例如，电视塔的主要功能是发射电视和广播节目，若只考虑塔的单一功能，塔建成后只能作为发射电视和广播节目，每年国家还要拿出数百万元对塔及内部设备进行维护和更新，经济效益差。但从价值工程应用来看，若利用塔的高度，在塔上部增加综合利用机房，可为气象、环保、交通、消防、通信等各部门服务；在塔的上部增加观景厅和旋转餐厅等，工程造价虽增加了一些，但功能大增，每年的综合服务和游览收入显著增加，既可加快投资回收，又可实现“以塔养塔”。

(5)牺牲型——在产品功能略有下降、产品成本大幅度降低的情况下，也可达到提高产品价值的目的。这是一种灵活的企业经营策略，去除一些用户不需要的功能，从而较大幅度地降低费用，能够更好地满足用户的要求。例如，老年人手机，在保证接听拨打电话这一基本功能的基础上，根据老年人的实际需求，采用保留或增加有别于普通手机的大字体、大按键、大音量、一键亲情拨号、收音机、一键求救、手电筒、监护定位、助听等功能，减少普通手机的办公、游戏、拍照、多媒体娱乐、数据应用等功能，从总体来看，老年手机功能比普通手机降低了些，但仍能满足老年顾客对手机特定功能的要求，而整体生产成本却大大地降低了。在实际中，对这种牺牲型途径要持慎重态度。

总之，在产品形成的各个阶段都可以应用价值工程提高产品的价值。但在不同的阶段进行价值工程活动，其经济效果的提高幅度却是大不相同的。对于建设工程，应用价值工程的重点是在规划和设计阶段，因为这两个阶段是提高技术方案经济效果的关键环节。一旦设计完成并施工，建设工程的价值就基本决定了，这时再进行价值工程分析就变得更加复杂，不仅原来的许多工作成果要付诸东流，而且更改可能会造成很大的浪费，使价值工程活动的技术经济效果大大下降。当然，在施工阶段建造师也可开展大量价值工程活动，以寻求技术、经济、管理的突破，获得最佳的综合效果。如对施工项目展开价值工程活动，可以更加明确业主的要求，更加熟悉设计要求、结构特点和项目所在地的自然地理条件，从而更利于施工方案的制订，更能有效地组织和控制项目施工；通过价值工程活动，可以在保证质量的前提下，为用户节约投资，提高功能，降低寿命周期成本，从而赢得业主的信任，有利于甲乙双方关系的和谐与协作，同时提高自身的社会知名度，增强市场竞争能力；通过对施工项目进行价值工程活动，对提高项目组织的素质，改善内部组织管理，降低不合理消耗等，也有积极的直接影响。

目前，价值工程在我国建筑业中的应用还处于比较初级的阶段。但从世界范围来看，建筑业一直是价值工程实践的热点领域，究其原因是它能适应建筑业发展的自身需求，在降低工程成本、保证业主投资效益方面具有显著的功效。根据美国建筑业应用价值工程的统计结果表明：一般情况下，应用价值工程可以降低整个建设项目初始投资的5%～10%，同时，可以降低项目建成后的运行费用5%～10%。而在某些情况下这一节约的比例更是可以高达35%以上。而整个价值工程研究的投入经费仅为项目建设成本的0.1%～0.3%。因此，推动价值工程在我国建筑业中的发展和应用，不仅可以获得良好的经济效益，而且也可以提高我国建筑业的整体经营管理水平。

任务二　价值工程的工作程序与方法

一、价值工程的工作程序

价值工程已发展成为一项比较完善的管理技术，在实践中已形成了一套科学的工作实施程序。这套实施程序实际上是发现矛盾、分析矛盾和解决矛盾的过程，通常是围绕以下七个合乎逻辑程序的问题展开的。

(1)这是什么？

(2)这是干什么用的？

(3)它的成本是多少？

(4)它的价值是多少？

(5)有其他方法能实现这一功能吗？

(6)新方案的成本是多少？功能如何？

(7)新的方案能满足功能要求吗？

按顺序回答和解决这七个问题的过程，就是价值工程的工作程序和步骤。即选定对象，收集情报资料，进行功能分析，提出改进方案，分析和评价方案，实施方案，评价活动成果。

价值工程的一般工作程序见表 8-1。由于价值工程的应用范围广泛，其活动形式也不尽相同，因此，在实际应用中，可参照工作程序，根据对象的具体情况，应用价值工程的基本原理和思想方法，考虑具体的实施措施和方法步骤。但是对象选择、功能分析、功能评价和方案创新与评价是工作程序的关键内容，体现了价值工程的基本原理和思想，是不可缺少的。

表 8-1　价值工程的一般工作程序

<table>
<tr><th rowspan="2">价值工程工作阶段</th><th rowspan="2">设计程序</th><th colspan="2">工作步骤</th><th rowspan="2">价值工程对应问题</th></tr>
<tr><th>基本步骤</th><th>详细步骤</th></tr>
<tr><td rowspan="2">准备阶段</td><td rowspan="2">制订工作计划</td><td rowspan="2">确定目标</td><td>1. 对象选择</td><td rowspan="2">1. 这是什么？</td></tr>
<tr><td>2. 信息搜集</td></tr>
<tr><td rowspan="5">分析阶段</td><td rowspan="5">规定评价标准</td><td rowspan="2">功能分析</td><td>3. 功能定义</td><td rowspan="2">2. 这是干什么用的？</td></tr>
<tr><td>4. 功能整理</td></tr>
<tr><td rowspan="3">功能评价</td><td>5. 功能成本分析</td><td>3. 它的成本是多少？</td></tr>
<tr><td>6. 功能评价</td><td rowspan="2">4. 它的价值是多少？</td></tr>
<tr><td>7. 确定改进范围</td></tr>
<tr><td rowspan="5">创新阶段</td><td>初步设计</td><td rowspan="5">制定改进方案</td><td>8. 方案创造</td><td>5. 有其他方法实现这一功能吗？</td></tr>
<tr><td rowspan="3">评价各设计方案，
对方案进行
改进、选优</td><td>9. 概略评价</td><td rowspan="3">6. 新方案的成本是多少？</td></tr>
<tr><td>10. 调整完善</td></tr>
<tr><td>11. 详细评价</td></tr>
<tr><td>书面化</td><td>12. 提出提案</td><td>7. 新方案能满足功能要求吗？</td></tr>
<tr><td rowspan="3">实施阶段</td><td rowspan="3">检查实施情况
并评价活动成果</td><td rowspan="3">实施评价成果</td><td>13. 审批</td><td rowspan="3">8. 偏离目标了吗？</td></tr>
<tr><td>14. 实施与检查</td></tr>
<tr><td>15. 成果鉴定</td></tr>
</table>

二、价值工程准备阶段

价值工程准备阶段主要是工作对象选择与信息资料搜集，目的是明确价值工程的研究对象是什么。

在一个企业或项目里并不是对所有产品都进行价值分析，而是有一定选择的。能否找准价值工程的研究对象，将直接关系到价值工程的成败。因此，价值工程的第一步就是正确确定研究对象。由于企业的产品和零件种类复杂、工序繁多，不可能将所有的产品都作为研究对象。因此，企业往往将精力投入到重点产品上。实际做法是：企业首先就研究对象的特性达成共识；再采取一定的方法，进行定量、定性分析，依据分析和计算的结果确定研究目标。

(一)选择 VE 对象的基本原则

选择对象的原则主要根据企业的发展方向、市场预测、用户反映，存在问题、薄弱环节以及提高劳动生产率、提高质量降低成本的目标来决定对象。以下几点可供参考。

1. 从设计上看

结构复杂的、重量大的、尺寸大的、材料贵的、性能差的、技术水平低的部分等。

2. 从生产上看

产量多的、工艺复杂的、原材料消耗高的、成品率低、废品率高的部分等。

3. 从销售上看

用户意见多的、竞争能力差的、销不出去的，市场饱和状态，如不改进就要亏本的部分等。

4. 从成本上看

成本比同类产品成本高、价值低于竞争的产品，在产品成本构成中高的构成部分等。

(二)选择 VE 工作对象的基本方法

采用一些定性与定量的分析方法，可以有助于我们分析某些问题，帮助找出价值工程的主要对象。

1. 经验分析法

经验分析法也称因素分析法，是一种定性的分析方法。它凭借价值工程活动人员的经验，按照上述原则对各种因素进行分析，区分轻重、主次，既考虑需要又考虑可能地选择和确定分析对象。这种方法简便易行，但精度差，通常在资料不全或时间紧迫的情形下使用。使用时要注意发挥集体智慧来进行决策。

2. ABC 分类法

ABC 分类法也称重点法、成本比重分析法或巴列特法。该方法是根据“关键的少数，次要的多数”思想，抓住主要矛盾的定量分析方法，即把占总成本的 70%～80%，而占零部件总数的 10%～20%的零部件划分为 A 类部件；把占总成本的 20%左右，而占总零件总数的 80%左右的零部件划分为 C 类；其余为 B 类。在确定 VE 对象时，一般选取 A 类作为 VE 对象，B 类作为一般对象，C 类则不作为对象。

此种方法的优点是能抓住重点，把数量少而成本大的零部件或工序作为 VE 对象，便于重点突破；缺点是对 A 类开展 VE 时通常所需时间、人力和财力水平较高，实践时应充分考虑；除此之外，可能一些现实成本属于 C 类而功能却十分重要且有 VE 潜力的零件没被选上，这时需要运用其他方法进行综合分析。

3. 比重分析法

比重分析法是针对不同指标(或目标)，通过计算不同对象的相对比重来选择 VE 对象。如以降低能源消耗为目标，见表 8-2，首先计算产品或项目消耗能源的比重，产品 B、D 能源消耗比重较大，分别占总量的 25%和 30%，可将二者列为 VE 对象；又如以提高设备组中各设备成本利润为目标，见表 8-3，其中设备 A 成本利润率最低，可将其列为 VE 对象。

表 8-2 能源消耗费用比重表

项目	产品				管理设施		生活设置	
	A	B	C	D	E	F	G	H
能源消耗费用比重/%	10	25	20	30	2	6	4	2

表 8-3 设备工时利润对比表

设备名称	A	B	C	D	合计
成本/千元	10.0	6.0	20.0	14.0	50
利润/千元	1.2	3.0	4.0	2.8	11
利润/成本	0.12	0.50	0.20	0.20	

除上述方法外，还可通过用户打分的方法对产品的各项性能指标的重要程度进行评分。典型的评分等级为：90～100“最重要”；70～89“很重要”；50～69“中等重要”；30～49“略重要”；10～29“不重要”，把用户认为最重要的功能选择出来作为 VE 对象。使用该方法时应注意使参加的用户具有同一参考等级。

(三)信息资料收集

价值工程所需的信息资料，应视具体情况而定。对于一般工程产品(或作业)分析来说，应收集以下几个方面的信息资料：

(1)用户方面的信息资料。如用户性质、经济能力；使用产品的目的、使用环境、使用条件；所要求的功能和性能；对产品外观要求，如造型、体积、色彩等；对产品价格、交货期、构配件供应、技术服务等方面的要求等。

(2)市场方面的信息资料。如产品产销量的演变及目前产销情况、市场需求量及市场占有率的预测；产品竞争的情况，目前有哪些竞争企业和产品，其产量、质量、价格、销售服务、成本、利润、经营特点、管理水平等情况；同类企业和同类产品的发展计划，拟增投资额、规模大小，重新布点、扩建、改建或合并调整情况等。

(3)技术方面的信息资料。如与产品有关的学术研究或科研成果、新结构、新工艺、新材料、新技术以及标准化方面的资料；该产品研制设计的历史及演变、本企业产品及国内外同类产品有关的技术资料等。

(4)经济方面的信息资料。其包括产品及构配件的工时定额、材料消耗定额、机械设备定额、各种费用定额、企业历年来各种有关成本费用数据、国内外其他厂家与价值工程对象有关的成本费用资料等。

(5)本企业的基本资料。其包括企业的内部供应、生产、组织，以及产品成本等方面的资料，如生产批量、生产能力、施工方法、工艺装备、生产节拍、检验方法、废次品率、运输方式等。

(6)环境保护方面的信息资料。其包括环境保护的现状，“三废”状况，处理方法和国家法规标准；改善环境和劳动条件，减少粉尘、有害液体和气体外泄，减少噪声污染，减轻劳动强度，保障人身安全等相关信息等。

(7)外协方面的信息资料。如原材料及外协或外购件种类、质量、数量、交货期、价格、材料利用率等情报；供应与协作部门的布局、生产经营情况、技术水平、价格、成本、利润等；运输方式及运输经营情况等。

(8)政府和社会有关部门的法规、条例等方面信息资料。信息资料的收集不是一项简单的工作，应收集何种信息资料很难完全列举出来。但收集的信息资料要求准确可靠，并且要求经过归纳、鉴别、分析、整理，剔除无效资料，使用有效资料，以利于价值工程活动的分析研究。

三、价值工程分析阶段

价值工程分析阶段的主要工作是功能定义、功能整理与功能评价。

(一)功能定义

任何产品都具有使用价值，即任何产品的存在是由于它们具有能满足用户所需求的特有功能，这是存在于产品中的一种本质。人们购买产品的实质是为了获得产品的功能。

1. 功能分类

为了弄清楚功能的定义，根据功能的不同特性，可以先将功能分为以下几类：

(1)按功能的重要程度分类，产品的功能一般可分为基本功能和辅助功能。

1)基本功能就是要达到这种产品的目的所必不可少的功能，是产品的主要功能，如果不具有这种功能，这种产品就失去其存在的价值。例如，承重外墙的基本功能是承受荷载，室内间壁墙的基本功能是分隔空间。基本功能一般可以产品基本功能的作用为什么是必不可少的，其重要性如何表达，其作用是不是产品的主要目的，如果作用变化了则相应的工艺和构配件是否要改变等方面来确定。

2)辅助功能是为了更有效地实现基本功能而添加的功能，是次要功能，是为了实现基本功能而附加的功能。如墙体的隔声、隔热就是墙体的辅助功能。辅助功能可以从它是不是对基本功能起辅助作用，它的重要性和基本功能的重要性相比，是不是起次要作用等方面来确定。

(2)按功能的性质分类，功能可划分为使用功能和美学功能。使用功能从功能的内涵上反映其使用属性(包括可用性、可靠性、安全性、易维修性等)如住宅的使用功能是提供人们“居住的空间功能”，桥梁的使用功能是交通，使用功能最容易为用户所了解。而美学功能是从产品外观(造型、形状、色彩、图案等)反映功能的艺术属性。无论是使用功能还是美学功能，它们都是通过基本功能和辅助功能来实现的。产品的使用功能和美学功能要根据产品的特点而有所侧重。有的产品应突出其使用功能，如地下电缆、地下管道等；有的应突出其美学功能，如墙纸、陶瓷壁画等。当然，有的产品如房屋建筑、桥梁等，二者功能兼而有之。

(3)按用户的需求分类，功能可分为必要功能和不必要功能。在价值工程分析中，功能水平是功能的实现程度。但并不是功能水平越高就越符合用户的要求，价值工程强调产品的功能水平必须符合用户的要求。必要功能就是指用户所要求的功能以及与实现用户所需求功能有关的功能，使用功能、美学功能、基本功能、辅助功能等均为必要功能；不必要功能是指不符合用户要求的功能。不必要的功能包括三类：一是多余功能；二是重复功能；

三是过剩功能。不必要的功能必然产生不必要的费用，这不仅增加了用户的经济负担，而且还浪费资源。因此，价值工程的功能，一般是指必要功能，即充分满足用户必不可少的功能要求。

(4)按功能的量化标准分类，产品的功能可分为过剩功能与不足功能。

1)过剩功能是指某些功能虽属必要，但满足需要有余，在数量上超过了用户要求或标准功能水平，这将导致成本增加，给用户造成不合理的负担。

2)不足功能是相对于过剩功能而言的，表现为产品整体功能或构配件功能水平在数量上低于标准功能水平，不能完全满足用户需要，将影响产品正常安全使用，最终也将给用户造成不合理的负担。因此，不足功能和过剩功能要作为价值工程的对象，通过设计进行改进和完善。

(5)按总体与局部分类，产品的功能可分为总体功能和局部功能。总体功能和局部功能是目的与手段的关系，产品各局部功能是实现产品总体功能的基础，而产品的总体功能又是产品各局部功能要达到的目的。

(6)按功能整理的逻辑关系分类，产品功能可分为并列功能和上下位功能。并列功能是指产品功能之间属于并列关系，如住宅必须具有遮风、避雨、保温、隔热、采光、通风、隔声、防潮、防火、防震等功能，这些功能之间是属于并列关系的。上下位功能也是目的与手段的关系，上位功能是目的性功能，下位功能是实现上位功能的手段性功能。如住宅的最基本功能是居住，是上位功能；而上述所列的并列功能则是实现居住目的所必需的下位功能。但上下位关系是相对的，如为达到居住的目的必须通风，则居住是目的，是上位功能；通风是手段，是下位功能。而为了通风必须组织自然通风，则通风又是目的，是上位功能；组织自然通风是手段，是下位功能。

上述功能的分类不是功能分析的必要步骤，而是用以分辨确定各种功能的性质、关系和其重要的程度。价值工程正是抓住产品功能这一本质，通过对产品功能的分析研究，正确、合理地确定产品的必要功能、消除不必要功能，加强不足功能、削弱过剩功能，改进设计，降低产品成本。因此，可以说价值工程是以功能为中心，在可靠地实现必要功能基础上来考虑降低产品成本的。

2. 功能定义

功能定义就是根据收集到的信息资料，透过对象产品或构配件的物理特征(或现象)，找出其效用或功用的本质东西，并逐项加以区分和规定，以简洁的语言描述出来。通常用一个动词加一个名词表述，如传递荷载、分隔空间、保温、采光等。这里要求描述的是产品的“功能”，而不是对象的结构、外形或材质。因此，对产品功能进行定义，必须对产品的作用有深刻的认识和理解，功能定义的过程就是解剖分析的过程，如图 8-3 所示。

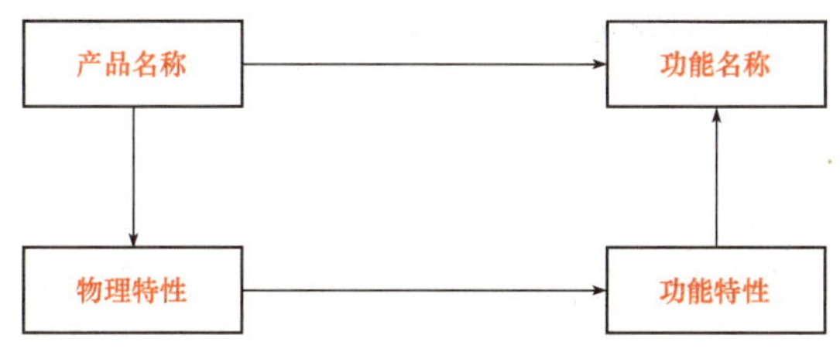

图 8-3　功能定义的过程

功能定义的目的如下：

(1)明确对象产品和组成产品各构配件的功能，借以弄清楚产品的特性。

(2)便于进行功能评价，通过评价弄清楚哪些是价值低的功能和有问题的功能，实现价值工程的目的。

(3)便于构思方案，对功能下定义的过程实际上也是为对象产品改进设计的构思过程，为价值工程的方案创造工作阶段作了准备。

(二)功能整理

产品中各功能之间都是相互配合、相互联系的，都在为实现产品的整体功能而发挥各自的作用。**因此，功能整理是用系统的观点将已经定义了的功能加以系统化，找出各局部功能相互之间的逻辑关系是并列关系还是上下位置关系，并用图表形式表达(图8-4)，以明确产品的功能系统，从而为功能评价和方案构思提供依据。**

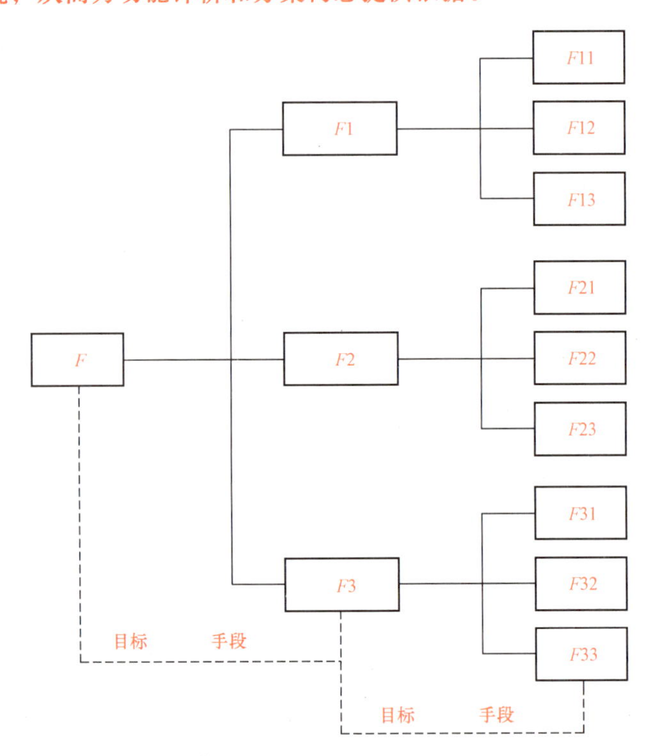

图8-4　各局部功能相互之间的逻辑关系

(三)功能评价

功能评价是在功能定义和功能整理完成之后，在已定性确定问题的基础上进一步作定量的确定，即评定功能的价值。功能价值 V 的计算方法可分为两大类，即功能成本法与功能指数法。

1. 功能成本法

(1)功能评价的程序。价值工程的成本有两种，一种是现实成本，是指目前的实际成本；另一种是目标成本。**功能评价就是找出实现功能的最低费用作为功能的目标成本，以功能目标成本为基准，通过与功能现实成本的比较，求出两者的比值(功能价值)和两者的**

差异值(改善期望值)，然后选择功能价值低、改善期望值大的功能作为价值工程活动的重点对象。功能评价的程序如图 8-5 所示。

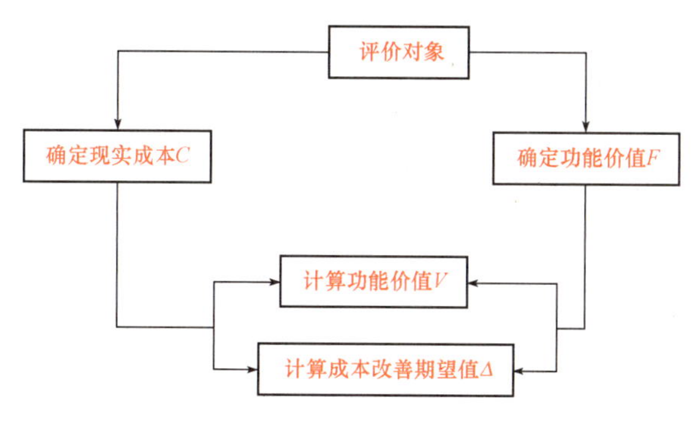

图 8-5　功能评价的程序

(2)功能现实成本的计算。功能现实成本的计算与一般传统的成本核算既有相同点，也有不同之处。两者相同点是指它们在成本费用的构成项目上是完全相同的；而两者的不同之处在于功能现实成本的计算是以对象的功能为单位，而传统的成本核算是以产品或构配件为单位。因此，在计算功能现实成本时，就需要根据传统的成本核算资料，将产品或构配件的现实成本换算成功能的现实成本。具体地讲，当一个构配件只具有一个功能时，该构配件的成本就是它本身的功能成本；当一项功能要由多个构配件共同实现时，该功能的成本就等于这些构配件的成本之和。当一个构配件具有多项功能或同时与多项功能有关时，就需要将构配件成本分摊给各项有关功能，至于分摊的方法和分摊的比例，可根据具体情况决定。

(3)功能评价值 *F* 的计算。对象的功能评价值 F(目标成本)，是指可靠地实现用户要求功能的最低成本，可以根据图纸和定额，也可根据国内外先进水平或根据市场竞争的价格等来确定。它可以理解为是企业有把握，或者说应该达到的实现用户要求功能的最低成本。从企业目标的角度来看，功能评价值可以看成是企业预期的理想的成本目标值，常用功能重要性系数评价法计算。

(4)计算功能价值 V，分析成本功能的合理匹配程度。应用功能成本法计算功能价值 V，是通过一定的测算方法，测定实现应有功能所必须消耗的最低成本，同时计算为实现应有功能所耗费的现实成本，经过分析、对比，求得对象的价值系数和成本降低期望值，确定价值工程的改进对象。其表达式如下：

$$\text{价值系数}(V)=\frac{\text{功能评价值}(F)}{\text{功能目前成本}(C)} \tag{8-3}$$

【例 8-1】　某项目施工方案 A 的生产成本为 500 万元；在相同条件下，其他项目生产成本为 450 万元。这用价值工程如何表示？

【解】(1)施工方案 A 功能评价值：　　450 万元

施工方案 A 功能的实际投入：　　500 万元

施工方案 A 的价值：　　450/500=0.9

(2)如果施工方案 B 花费 450 万元能完成该项目施工，则

施工方案 B 功能评价值：　　450 万元

施工方案 B 功能的实际投入：　　　　　　　　450 万元

施工方案 B 的价值：　　　　　　　　　　　　450/450＝1

从例 8-1 可以看出，最恰当的价值应该为 1，因为满足用户要求的功能最理想、最值得的投入与实际投入一致。但在一般情况下价值往往小于 1，因为技术不断进步，“低成本”战略将日趋被重视，竞争也将更激烈。随之，同一产品的功能评价值也将降低。

根据式(8-3)，功能的价值系数有以下几种结果：

$V=1$，表示功能评价值等于功能现实成本。这表明评价对象的功能现实成本与实现功能所必需的最低成本大致相当，说明评价对象的价值为最佳，一般无须改进。

$V<1$，此时功能现实成本大于功能评价值。这表明评价对象的现实成本偏高，而功能要求不高，一种可能是存在着过剩的功能；另一种可能是功能虽无过剩，但实现功能的条件或方法不佳，以致使实现功能的成本大于功能的实际需要。

$V>1$，说明该评价对象的功能比较重要，但分配的成本较少，即功能现实成本低于功能评价值。应具体分析，可能功能与成本分配已较理想，或者有不必要的功能，或者应该提高成本。

$V=0$ 时，因为只有分子为 0，或分母为∞时，才能是 $V=0$。根据上述对功能评价值 F 的定义，分子不应为 0，而分母也不会为∞，要进一步分析。如果是不必要的功能，则取消该评价对象；但如果是最不重要的必要功能，要根据实际情况处理。

2. 功能指数法

功能指数法是通过评定各对象功能的重要程度，用功能指数来表示其功能程度的大小。然后将评价对象的功能指数与相对应的成本指数进行比较，得出该评价对象的价值指数，从而确定改进对象，并指出该对象的成本改进期望值。其表达式如下：

$$V_i = \frac{F_i}{C_i} \tag{8-4}$$

式中　V_i——第 i 个评价对象的价值系数；

F_i——第 i 个评价对象的功能指数；

C_i——第 i 个评价对象的成本指数。

其中，成本指数是指评价对象的现实成本在全部成本中所占的比率。

功能指数主要就是评定功能分值，即按用户要求应该达到的功能程度，采用适当的评分方法，评定各功能应有的分值。主要方法包括直接评分法、强制评分法和环比评分法等。

直接评分法就是由专家或用户对产品的各项功能，根据重要程度采用五分制或百分制进行评分。

强制评分法又称 FD 法，包括 0-1 评分法和 0-4 评分法两种。

(1)0-1 评分法首先是按照功能的重要程度一一对比打分，重要的得一分，不重要的得 0 分，要分析的对象自己相比不得分，用“×”表示，最后算出该功能的功能累计得分。为避免功能指数出现 0 的情况，可将功能累计得分加 1 进行修正，用修正得分除以总得分即为功能系数。

(2)0-4 评分法是为弥补 0-1 评分法中重要程度差别仅为 1 分而不能拉开档次的不足，将档次扩大为 4 级，很重要时得 4 分，对方得 0 分；较重要时得 3 分，对方得 1 分；相等重要时得 2 分，对方得 2 分。

【例 8-2】 某产品各零部件功能重要程度采用 0-4 评分法，评分结果见表 8-4，在不修正各功能累计得分的前提下，零部件Ⅱ的功能重要性系数为(　　)。

表 8-4　评分表

	Ⅰ	Ⅱ	Ⅲ	Ⅳ	Ⅴ
Ⅰ	×				
Ⅱ	1	×			
Ⅲ	2	3	×		
Ⅳ	0	1	0	×	
Ⅴ	4	4	4	4	×

A. 0.025　　B. 0.125　　C. 0.225　　D. 0.04

【解】根据 0-4 评分法填表，见表 8-5。

表 8-5　评分表

	Ⅰ	Ⅱ	Ⅲ	Ⅳ	Ⅴ
Ⅰ	×	3	2	4	0
Ⅱ	1	×	1	3	0
Ⅲ	2	3	×	4	0
Ⅳ	0	1	0	×	0
Ⅴ	4	4	4	4	×

Ⅰ的总得分是 9；

Ⅱ的总得分是 5；

Ⅲ的总得分是 9；

Ⅳ的总得分是 1；

Ⅴ的总得分是 16。

Ⅱ的功能系数是 5÷40＝0.125，选 B

$V_i=1$，表示功能比重等于成本比重。这表明评价对象的目前成本比较合理，一般无须改进。

$V_i<1$，此时功能比重小于成本比重。表明评价对象的成本比重偏高，应列为改进对象。

$V_i>1$，说明该评价对象的功能比重大于成本比重，表明该功能重要而成本很少的情况，或者有不必要(过剩)的功能，或者应该提高成本。

3. 确定价值工程对象的改进范围

从以上分析可以看出，对产品进行价值分析，就是使产品每个构配件的价值系数尽可能趋近于 1。为此，确定的改进对象如下：

(1)F_i/C_i 值低的功能。计算出来的 $V_i<1$ 的功能区域，基本上都应进行改进，特别是 V_i 值比 1 小得较多的功能区域，力求使 $V_i=1$。

(2)$\Delta C_i=(C_i-F_i)$值大的功能。ΔC_i 是成本降低期望值，也是成本应降低的绝对值。当

n 个功能区域的价值系数同样低时，就要优先选择 ΔC_i 数值大的功能区域作为重点对象。

(3)复杂的功能。复杂的功能区域，说明其功能是通过很多构配件(或作业)来实现的，通常复杂的功能区域其价值系数也较低。

(4)问题多的功能。尽管在功能系统图上的任何一级改进都可以达到提高价值的目的，但是改进的多少、取得效果的大小却是不同的。越接近功能系统图的末端，改进的余地越小，越只能作结构上的小改小革；相反，越接近功能系统图的前端，功能改进就可以越大，就越有可能作原理上的改变，从而带来显著效益。

四、价值工程创新阶段

方案创造是从提高对象的功能价值出发，在正确的功能分析和评价的基础上，针对应改进的具体目标，通过创造性的思维活动，提出能够可靠地实现必要功能的新方案。

方案创造的理论依据是功能载体具有替代性。方案创造的方法很多，如头脑风暴法、歌顿法(模糊目标法)、专家意见法(德尔菲法)、专家检查法等。总的精神是要充分发挥各有关人员的智慧，集思广益，多提方案，从而为评价方案创造条件。

任务三　价值工程在项目方案评选中的应用

北方某城市建筑设计院在建筑设计中用价值工程法进行住宅设计方案优选，具体应用程序如下。

1. 价值工程对象选择

该院承担设计的工程种类繁多，表 8-6 是该院近三年各种建筑设计项目类别统计表。从表中可以看出住宅所占比重最大，因此，将住宅作为价值工程的主要研究对象。

表 8-6　近三年各类建筑设计项目类别统计表

工程类别	比重/%	工程类别	比重/%	工程类别	比重/%
住宅	22.19	实验楼	3.87	体育建筑	1.89
综合楼	10.86	宾馆	3.10	影剧院	1.85
办公楼	9.35	招待所	2.95	仓库	1.42
教学楼	5.26	图书馆	2.55	医院	1.31
车间	4.24	商业建筑	2.10	其他 38 类	27.06

2. 资料收集

主要收集以下几个方面资料：

(1)工程回访，收集用户对住宅的意见。

(2)对不同地质情况和基础形式的住宅进行定期沉降观测，获取地基方面的资料。

(3)了解有关住宅施工方面的情况。

(4)收集大量有关住宅建设的新工艺和新材料等数据资料。

(5)分地区按不同地质情况、基础形式和类型标准统计分析近年来住宅建筑的各种技术经济指标。

3. 功能分析

由设计、施工及建设单位的有关人员组成价值工程研究小组，共同讨论，对住宅的以下各种功能进行定义、整理和评价分析：

(1)平面布局。

(2)采光、通风、隔热以及隔声等。

(3)层高与层数。

(4)牢固耐久。

(5)三防设施(防震、防火和防空)。

(6)建筑造型。

(7)室内外装饰。

(8)环境设计。

(9)技术参数。

在功能分析中，用户、设计人员、施工人员以百分形式分别对各功能进行评分，即假设住宅功能合计为100分(也可为10分、1分等)，分别确定各项功能在总体功能中所占比例，然后将所选定的用户、设计人员、施工人员的评分意见进行综合，三者的权重分别为0.6、0.3、0.1，各功能重要性系数见表8-7。

表8-7　功能评分及重要性系数

功能		用户评分		设计人员评分		施工人员评分		功能重要性系数 ϕ_i
		得分 f_{i1}	$0.6f_{i1}$	得分 f_{i2}	$0.3f_{i3}$	得分 f_{i3}	$0.1f_{i3}$	
适用	平面布局	37.25	22.35	32.25	9.675	31.87	3.187	0.352 1
	采光通风	16.275	9.765	15.28	4.584	17.5	1.75	0.161 0
	层高、层数	3.875	2.325	3.32	0.996	3.255	0.325 5	0.036 45
安全	牢固耐用	22.25	13.35	14.15	4.245	20.87	2.087	0.196 8
	三防设施	3.475	2.085	6.36	1.908	2.30	0.230	0.042 2
美观	建筑造型	2.75	1.65	5.765	1.729 5	5.63	0.563	0.039 4
	室外装修	3.25	1.95	5.35	1.605	5.5	0.55	0.041 5
	室内装饰	5.25	3.15	6.00	1.8	3.225	0.322 5	0.527
适用	环境设计	4.025	2.415	8.125	2.437 5	3.975	0.397 5	0.052 5
	技术参数	1.60	0.96	3.40	1.02	5.875	0.587 5	0.025 7
总计		100	60	100	30	100	10	1.000 0

表中，功能重要性系数 $\phi_i=\dfrac{0.6f_{i1}+0.3f_{i2}+0.1f_{i3}}{100}$

4. 方案设计评价

在某住宅小区设计中，该地块的地质条件较差，上部覆盖层较薄，地下淤泥较深。根据收集的资料及上述功能重要性系数的分析结果，价值工程研究推广小组集思广益，创造设计了 10 余种方案。在采用优缺点列举法进行定性分析筛选后，对所保留的各较优方案进行定量评价选优，见表 8-8、表 8-9、表 8-10，其中：

$$成本系数\ C_K=\frac{方案成本}{各方案成本总和}$$

$$方案总分\ Y_K=\sum_{i=1}^{100}重要性系数\ \phi_i\times方案功能评分值\ P_{ik}$$

表 8-8 方案成本及成本系数表

方案	主要特征	单位造价/元	成本系数
方案一	7 层混合结构，层高 3 m，240 mm 内外砖墙，预制桩基础，半地下室储存间，外装修一般，内装饰好，室内设置较好	1 324	0.257 1
方案二	7 层混合结构，层高 2.9 m，240 mm 内外砖墙，120 mm 非承重内砖墙，条形基础(基底经过真空预压处理)，外装修一般，内装饰较好	926	0.176 0
方案三	7 层混合结构，层高 3 m，240 mm 内外砖墙，沉管灌筑桩基础，外装修一般，内装饰和设备较好	1 250	0.237 6
方案四	5 层混合结构，层高 3 m，空心砖内外墙，条形基础，装修及室内设备一般，屋顶无水箱	896	0.170 3
方案五	层高 3 m，其他特征同方案二	865	0.164 4

表 8-9 方案功能评分表

评价因素		方案功能评分值 P_{ik}				
功能因素	重要性系数 ϕ_i	方案一	方案二	方案三	方案四	方案五
F_1	0.352 1	10	10	9	9	10
F_2	0.161 0	10	9	10	10	9
F_3	0.036 45	9	8	9	10	9
F_4	0.196 8	10	10	10	8	10
F_5	0.042 2	8	7	8	7	7
F_6	0.039 4	10	8	9	7	6
F_7	0.041 1	6	6	6	6	6
F_8	0.052 7	10	8	8	6	6
F_9	0.052 5	9	8	9	8	8
F_{10}	0.025 7	8	10	9	2	10
方案总分		9.610 4	9.126 3	9.139 2	8.264 1	8.978 6

表 8-10 最佳方案的选择

方案	方案功能得分	功能评价系数	成本系数	价值系数	选择
方案一	9.610 4	0.213 0	0.251 7	0.846 2	
方案二	9.126 3	0.202 3	0.176 0	1.149 4	
方案三	9.139 2	0.202 6	0.237 6	0.852 7	
方案四	8.264 1	0.183 2	0.170 3	1.076 0	
方案五	8.978 6	0.199 0	0.164 4	1.210 5	*

5. 效果评价

近年来，该地区在建设条件与该工程大致相同的住宅，每平方米建筑面积造价平均为 1 080 元，方案五只有 865 元，节约 215 元，可节约投资 19.91%。该小区 18.4 万平方米的住宅可节省投资 3 956 万元。功能评价系数分数越高，说明方案越满足功能要求，据此计算的价值系数也就越大越好。因此，方案五为最佳方案。

本章重点

1. 价值工程中价值、功能、成本的概念和相关关系。
2. 功能分析与评价方法。

本章难点

功能分析，包括功能定义、功能整理和功能评价。

本章课时

6 课时

本章要求

通过本章的学习，学生应了解价值工程的基本原理和基本概念；重点掌握价值工程的工作程序；掌握功能分析与评价方法。

思考与练习

一、单项选择题

1. 价值工程的核心是(　　)。

A. 功能分析　　B. 功能整理　　C. 方案创新　　D. 价值提高

2. 价值工程的寿命周期成本是指(　　)。

A. 设计成本

B. 生产成本+使用及维护成本

C. 设计成本+生产成本+使用及维护成本

D. 生产成本

3. 在价值工程中，ABC分析法选择(　　)为分析的主要对象。

A. 数量占总数的30%，成本占总成本的70%

B. 数量占总数的70%，成本占总成本的30%

C. 数量占总数的10%～20%，成本占总成本的70%～80%

D. 数量占总数的70%～80%，成本占总成本的10%～20%

4. 价值工程的基本要素是(　　)。

A. 功能和价值　　B. 功能和成本

C. 价值、功能和寿命周期成本　　D. 价值和寿命周期成本

5. 甲、乙和丙三种零件的数据见表8-11，应选择(　　)为价值工程的对象。

表8-11　甲、乙、丙零件的数据

项目	甲	乙	丙
功能系数	0.2	0.02	0.09
目前成本	100	10	9
成本系数	0.1	0.01	0.09

A. 甲　　B. 乙　　C. 丙　　D. 甲、丙

6. 某产品的零件甲，功能平均得分为3.8分，成本为30元，该产品的各零件功能总分为10分，产品成本为150元，零件甲的价值系数为(　　)。

A. 0.3　　B. 1.9　　C. 0.38　　D. 0.79

7. 价值工程的对象选择方法是(　　)。

A. 头脑风暴法　　B. ABC法　　C. 德尔菲法　　D. 哥顿法

8. (　　)是指价值工程研究对象所具有的能够满足某种需求的一种属性。

A. 成本　　B. 价值　　C. 价值指数　　D. 功能

9. 价值工程是一种(　　)方法。

A. 工程技术　　B. 技术经济　　C. 经济分析　　D. 综合分析

10. 某产品零部件功能重要程度采用0-1评分法，评分结果见表8-12，在不修正各功能累计得分的前提下，零部件Ⅲ的功能重要性系数为(　　)。

表8-12　某产品零部件功能评分表

	Ⅰ	Ⅱ	Ⅲ	Ⅳ	Ⅴ
Ⅰ	×	1	0	1	1
Ⅱ	0	×	1	0	0
Ⅲ	1	0	×	1	0
Ⅳ	0	1	0	×	1
Ⅴ	0	1	1	0	×

A. 0.13　　B. 0.20　　C. 0.25　　D. 0.33

二、多项选择题

1. 价值工程中功能分析包括(　　)。

A. 功能配置　　B. 功能定义　　C. 功能整理　　D. 功能评价

E. 功能组合

2. 产品寿命周期是指产品从(　　)直至报废为止的整个周期。

A. 开发　　B. 设计　　C. 制造　　D. 使用

E. 维护

3. 价值工程中为提高价值，可通过(　　)途径来实现。

A. 成本不变，功能提高　　B. 功能不变，成本降低

C. 功能降低，成本降低　　D. 成本提高，功能提高

E. 功能提高，成本降低

4. 功能的特性包括(　　)。

A. 性能　　B. 可靠性　　C. 安全性　　D. 操作性

E. 可行性

5. 功能按其性质分，可分为(　　)。

A. 主要功能　　B. 基本功能　　C. 辅助功能　　E. 次要功能

E. 关键功能

三、思考题

1. 简述 ABC 分类法。

2. 简述价值工程的工作程序。

3. 选择 VE 对象的方法有哪些?

四、计算题

某工程项目有甲、乙、丙、丁四个单位工程，造价工程师拟对该工程进行价值工程分析。在选择分析对象时，相关数据见表 8-13。

表 8-13　某工程项目单位工程相关数据

项目名称	造价/万元	功能评价系数
甲	650	0.36
乙	450	0.15
丙	550	0.25
丁	150	0.24
合计	1 800	1.00

要求：计算出成本系数和价值系数，选择出价值工程分析对象。

五、案例题

某市高新技术开发区有两幢科研楼和一幢综合楼，其设计方案对比项目如下：

A 楼方案：结构方案为大柱网框架轻墙体系，采用预应力大跨度叠合楼板，墙体材料采用多孔砖及移动式可拆装式分室隔墙，窗户采用单框双玻璃钢塑窗，面积利用系数为 93%，单方造价为 1 438 元/m^2；

B 楼方案：结构方案同 A 方案，墙体采用内浇外砌，窗户采用单框双玻璃空腹钢窗，

面积利用系数为87%，单方造价为1 108元/m²；

C楼方案：结构方案采用砖混结构体系，采用多孔预应力板，墙体材料采用标准烧结普通砖，窗户采用单玻璃空腹钢窗，面积利用系数为79%，单方造价为1 082元/m²。

各方案功能的权重及得分见表8-14。

表8-14　各方案功能的权重及得分

方案功能	功能权重	方案功能得分		
		A	B	C
结构体系	0.25	10	10	8
模板类型	0.05	10	10	9
墙体材料	0.25	8	9	7
面积系数	0.35	9	8	7
窗户类型	0.10	9	7	8

问题：

1. 试应用价值工程方法选择最优设计方案。

2. 为控制工程造价和进一步降低费用，拟针对所选的最优设计方案的土建工程部分，以工程材料费为对象开展价值工程分析。将土建工程划分为四个功能项目，各功能项目评分值及其目前成本见表8-15。按限额设计要求，目标成本额应控制为12 170万元。

表8-15　各功能项目得分及目前成本

功能项目	功能得分	目前成本/万元
A桩基维护工程	10	1 520
B地下室工程	11	1 482
C主体结构工程	35	4 705
D装饰工程	38	5 105
合计	94	12 812

试分析各功能项目的目标成本及可能降低的额度，并确定功能改进的顺序。

项目九　工程项目资金筹措与融资

知识目标

掌握既有法人融资的概念、适用条件、特点；掌握新设法人融资的概念、适用条件、特点和与既有法人融资的区别；掌握资金成本的含义及作用；掌握个别资金成本的计算公式；掌握加权平均资金成本的计算公式；熟悉项目资本金的筹措方式、发行股票的优缺点及筹措项目资本金应注意的问题；熟悉债券的概念、债券筹资的优缺点；了解项目资本金的来源。

技能目标

能够运用资金成本的计算公式计算资金成本；能够计算优先股成本和普通股成本；能够计算债券成本、银行借款成本、租赁成本；能够运用加权平均资金成本计算公式计算企业资金总成本。

素质目标

营造课堂活跃气氛；提升规范意识、质量意识、绿色环保意识，强化动手能力、社会责任心、合作意识及沟通协调能力。

导　入

第四建筑企业拟发行总面额为 500 万元的 5 年期债券，票面利率为 10%，发行费率为 4%，企业所得税税率为 25%。根据市场环境的不同，企业可能采取平价发行为 500 万元。请你测算该债券的资金成本。

本章内容

任务一　工程项目资金筹措与融资

一、项目融资主体

项目的融资主体是指进行融资活动并承担融资责任和风险的项目法人单位。项目融资主体的组织形式主要有既有法人融资和新设法人融资两种形式。

1. 既有法人融资

（1）既有法人融资的概念。**既有法人融资是指建设项目所需的资金来源于既有法人内部融资、新增资本金和新增债务资金。**新增债务资金依靠既有法人整体的盈利能力来偿还，并以既有法人整体的资产和信用承担债务担保。既有法人项目的总投资构成及资金来源如图 9-1 所示。

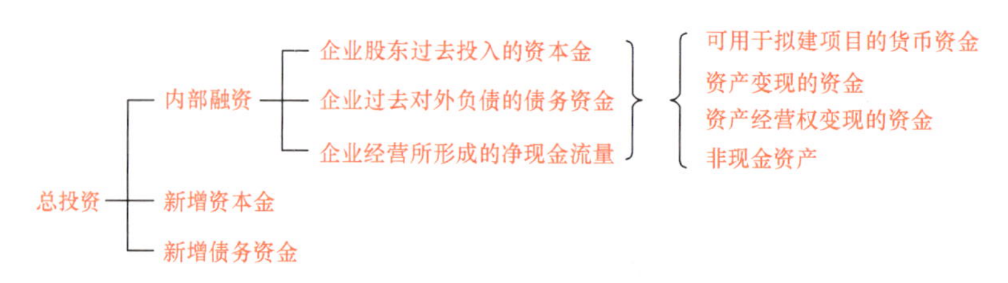

图 9-1　既有法人项目的总投资构成及资金来源

1）可用于拟建项目的货币资金包括既有法人现有的货币资金和未来经营活动中可能获得的盈余现金。现有的货币资金是指现有的库存现金和银行存款，这些资金扣除必要的日常经营所需的货币资金额后，可用于拟建项目。未来经营活动中可能获得的盈余现金，是指在拟建项目的建设期内，企业在经营活动中获得的净现金节余，这些资金可抽出一部分用于项目建设。

2）资产变现的资金包括转让长期投资、提高流动资产使用效率、出售固定资产而获得的资金。企业的长期投资包括长期股权投资和长期债权投资，一般都可以通过转让而变现。存货和应收账款对流动资金需要量影响较大，企业可以通过加强财务管理，提高流动资产周转率，减少存货、应收账款等流动资产占用而取得现金，也可以出让有价证券取得现金。企业的固定资产中，有些由于产品方案改变而被闲置，也有些由于技术更新而被替换，都可以出售变现。

3）资产经营权变现的资金是指既有法人可以将其所属资产经营权的一部分或全部转让而取得的用于项目建设的现金。例如，某公司将其已建成的一条高速公路的 20%的经营权转让给另一家公司，转让价格为未来 20 年这条高速公路收益的 20%，将取得的资金用于建设另一条高速公路。

4）非现金资产包括实物、工业产权、非专利技术、土地使用权等，当这些资产适用于拟建项目时，经资产评估可直接用于项目建设。

以既有法人融资方式筹集的债务资金虽然用于项目投资，但债务人是既有法人。债权人可对既有法人的全部资产（包括拟建项目的资产）进行债务追索，因而债权人的债务风险较低。在这种融资方式下，无论项目未来的盈利能力如何，只要有法人能够保证按期还本付息，银行就愿意提供信贷资金。因此，采用这种融资方式，必须充分考虑既有法人整体的盈利能力和信用状况，分析可用于偿还债务的既有法人整体（包括拟建项目）的未来的净现金流量。

（2）既有法人融资主体的适用条件。

1）既有法人为扩大生产能力而兴建的扩建项目或原有生产线的技术改造项目。

2)既有法人为新增生产经营所需水、电、气等动力供应及环境保护设施而兴建的项目。

3)项目与既有法人的资产以及经营活动联系密切。

4)既有法人具有为项目进行融资和承担全部融资责任的经济实力。

5)项目盈利能力较差，但项目对整个企业的持续发展具有重要的作用，需要利用既有法人的整体资信获得债务资金。

(3)既有法人融资的特点。既有法人融资是指依托现有法人进行的融资活动，其特点如下：

1)拟建项目不组建新的项目法人，由既有法人统一组织融资活动并承担融资责任和风险。

2)拟建项目一般是在既有法人资产和信用的基础上进行的，并形成增量资产。

3)从既有法人的财务整体状况考察融资后的偿债能力。

2. 新设法人融资

(1)新设法人融资的概念。新设法人融资是指由项目发起人(企业或政府)发起组建新的具有独立法人资格的项目公司，由新组建的项目公司承担融资责任和风险，依靠项目自身的盈利能力来偿还债务，以项目投资形成的资产、未来收益或权益作为融资担保的基础。

(2)新设法人融资主体的适用条件。

1)项目发起人希望拟建项目的生产经营活动相对独立，且拟建项目与既有法人的经营活动联系不密切。

2)拟建项目的投资规模较大，既有法人财务状况较差，不具有为项目进行融资和承担全部融资责任的经济实力，需要新设法人募集股本金。

3)项目自身具有较强的盈利能力，依靠项目自身未来的现金流量可以按期偿还债务。

(3)新设法人融资的特点。新设法人融资是指新组建项目法人进行的融资活动，其特点如下：

1)项目投资由新设项目法人筹集的资本金和债务资金构成。

2)由新设项目法人承担融资责任和风险。

3)从项目投产后的经济效益情况考察偿债能力。

建设项目所需资金来源包括项目公司股东投资的资本金和项目公司承担的债务资金。

(三)既有法人融资方式和新设法人融资方式的比较

狭义上讲，新设法人融资就是具有无追索权或有限追索权形式的融资活动。项目融资是指以项目的资产、收益作抵押来融资。项目融资本质上是资金提供方对项目的发起人无追索权或有限追索权(无担保或有限担保)的融资贷款。它的一个重要特点是，贷款方在决定是否发放贷款时，通常不把项目发起方现在的信用能力作为重要因素来考虑。如果项目本身有潜力，即使项目发起方现在的资产少，收益情况不理想，项目融资也完全可以成功；相反，如果项目本身发展前景不好，即使项目发起方现在的规模再大，资产再多，项目融资也不一定成功。

例如，某自来水公司现拥有甲、乙两个自来水厂。为了增建丙厂，决定从金融市场上筹集资金，并有如下三个方案可供选择：

方案 1：贷款用于建设丙厂，而归还贷款的款项来源于甲、乙、丙三个水厂的收益。如果丙厂建设失败，该公司就把原来的甲、乙两个水厂的收益作为偿债的担保。

方案 2：用借来的钱建丙厂，还款的资金仅限于丙厂建成后的水费和其他收入。如果新项目失败，贷方只能从清理丙厂的资产中收回一都分，除此之外，不能要求自来水公司从别的资金来源包括甲、乙两个厂的收入，归还贷款。

方案 3：在签订贷款协议时，只要求自来水公司把特定的一部分资产作为贷款担保。

上述三个方案中，方案 1 是既有法人融资，方案 2 和方案 3 属于项目融资。

相对于既有法人融资(以下称公司融资)形式，新设法人融资(以下称项目融资)具有显著不同的特点。

(1)以项目为导向安排融资。项目融资不是依赖于项目投资者或发起人的资信，而是依赖于项目的现金流和资产。债权人关心的是项目在贷款期间能够产生多少现金流量用于还款，贷款的数量、融资成本的高低都是与项目的预期现金流量和资产价值密切相关的。正是因为如此，有些投资人或发起人以自身的资信难以借到的资金，或难以得到的担保条件，可以通过项目融资来实现。

采用项目融资方式与采用公司融资方式相比，一般可以获得更高的贷款比例。根据项目经济强度状况不同，通常可为项目提供 60％～70％的资本需求量。不仅如此，项目的贷款期限也可以根据项目的经济生命周期来安排，一般比商业贷款期限长。

(2)有限追索权。债权人对项目借款人的追索形式和程度是区分项目融资和公司融资形式的重要标志。对于公司融资而言，债权人为项目借款人提供的是完全追索形式的债务资金，主要依赖的是借款人自身的资信状况，而不是项目的现金流量和资产价值。

而对于项目融资而言，债权人可在借款的某个特定时期(如项目的建设期)或特定的范围内对项目借款人实施追索。

(3)资产负债表外的会计处理。若项目资金采用公司融资方式获得，而项目发起方或投资人要直接从金融机构贷款，后果是其资产负债率会大大提高，增大了发起人或投资人的财务风险，也会限制其进一步举债的能力。特别是当一家在从事超过自身资产规模的项目，或者同时进行几个较大项目的开发时，这种融资方式会对公司造成极大的压力。

如果这种项目贷款安排体现在公司的资产负债表上，会造成公司的资产负债比例失衡，影响未来的发展能力。

项目融资则可以通过对其投资结构和融资结构的设计，将贷款安排为一种非公司负债型的融资。采用项目融资形式时，贷款人对项目的债务追索权主要被限制在项目资产和现金流量中，项目发起人和投资人所承担的是有限责任，其资产负债表不会因此而受到影响。项目发起人或投资人向金融机构提供了一些担保，也不会直接影响到其资产负债表上的负债和权益比例，这些债务最多只是以报表说明的形式反映在公司资产负债表中。

(4)融资周期长，融资成本较高。与传统的公司融资方式相比，新设项目法人融资花费的时间要更长，通常从开始准备到完成整个融资计划需要 3～6 个月的时间，有些大型工程项目融资甚至要几年的时间才能完成。由于前期工作繁多，加之有限追索的性质，导致融资成本显著提高。项目融资成本包括以下几项：

1)资金筹集成本。资金筹集成本包括融资前期花费的咨询费、承诺费、手续费、律师费等。前期的资金筹集成本与融资规模有直接关系，一般占贷款金额的 0.5％～2％。融资规模越大，资金筹集成本所占比例越小。

2)利息成本。项目融资的利息一般要高于同等条件下的公司贷款利息。这也使融资成本明显增加。

项目融资与传统的公司融资主要不同之处见表9-1。

表9-1　项目融资与公司融资方式比较

项目	项目融资	公司融资
融资基础	项目的资产和现金流量(放贷者最关注的是项目的效益)	投资者/发起人的资信
追索程度	有限追索权(特定阶段或范围内)或无追索权	完全追索权(用抵押资产以外的其他资产偿还债务)
风险分担	所有参与者	投资/放贷/担保者
股权比例	投资者出资比例低，杠杆比例高	投资者出资比例较高
会计处理	资产负债表外融资(债务不出现在发起人的资产负债表上，仅出现在项目公司的资产负债表上)	项目债务是投资者债务的一部分，出现在其资产负债表上
融资成本	资金的筹集费用和使用费用一般均高于公司融资方式	融资成本一般低于项目融资方式

二、项目资本金的筹措

项目资本金(外商投资项目为注册资本)是指在建设项目总投资(外商投资项目为投资总额)中，由投资者认缴的出资额，对建设项目来说是非债务性资金，项目法人不承担这部分资金的任何利息和债务；投资者可按其出资的比例依法享有所有者权益，也可转让其出资，但一般不得以任何方式抽回。资本金是确定项目产权关系的依据，也是项目获得债务资金的信用基础。资本金没有固定的按期还本付息压力，股利是否支付和支付多少，视项目投产运营后的实际经营效果而定，因此，项目法人的财务负担较小。

1. 项目资本金的来源

根据《国务院关于固定资产投资项目试行资本金制度的通知》的要求，项目资本金的来源有以下几种：

(1)各级人民政府预算内资金；国家批准的各种专项建设基金；“拨改贷”和经营性基本建设基金回收的本息；土地批租收入；国有企业产权转让收入；地方人民政府按国家有关规定收取的各种税费及其他预算外资金。

(2)国家授权的投资机构及企业法人的所有者权益(包括资本金、资本公积金、盈余公积金、未分配利润、股票上市收益资金等)；企业折旧资金以及投资者按照国家规定从资本市场上筹措的资金。

(3)社会个人合法所有的资金。

(4)国家规定的其他可用作项目资本金的资金。

2. 项目资本金的筹措

(1)股东直接投资。股东直接投资包括政府授权投资机构入股资金、国内外企业入股资

金、社会团体和个人入股资金以及基金投资公司入股资金，分别构成国家资本金、法人资本金、个人资本金和外商资本金。

既有法人融资项目，股东直接投资表现为扩充既有企业的资本金，包括原有股东增资扩股和吸收新股东投资。

新设法人融资项目，股东直接投资表现为项目投资者为项目提供资本金。合资经营公司的资本金由企业的股东按股权比例认缴，合作经营公司的资本金由合作投资方按预先约定的金额投入。

(2)发行股票。股票是股份公司发给股东作为已投资入股的证书和索取股息的凭证，是可作为买卖对象或担保的有价证券。

1)股票的种类。按股东承担风险和享有权益的大小，股票可分为普通股和优先股两大类。

①普通股。普通股票简称普通股，是股份公司依法发行的具有管理权、股利不固定的股票。普通股具备股票的最一般的特征，是股份公司最基本的部分。普通股股东除分得股息和红利外，还可参加企业经营管理，出让股权、优先认股、剩余财产要求权等一系列权利。

②优先股。优先股是股份公司依法发行的具有一定优先权的股票。优先股与普通股有很多相似之处，但又具有债券的某些特征。但从法律的角度来讲，优先股属于自有资金。

优先股股东所拥有的权利与普通股股东近似。优先股的股利不能像债务利息那样从税前利润中扣除，而必须从净利润中支付。但优先股有固定的股利，这与债券利息相似，优先股对盈利的分配和剩余资产的求偿具有优先权，这也类似于债券。

2)发行股票筹资的优点。

①以股票筹资是一种有弹性的融资方式。由于股息或红利不像利息那样必须按期支付，当公司经营不佳或现金短缺时，董事会有权决定不发股息或红利，因而公司融资风险低。

②股票无到期日。其投资属于永久性投资，公司无须为偿还资金而担心。

③发行股票筹集资金可降低公司负债比例，提高公司财务信用，增加公司今后的融资能力。

3)发行股票筹资的缺点。

①资金成本高。购买股票承担的风险比购买债券高，投资者只有在股票的投资报酬率高于债券的利息收入时，才愿意投资于股票。另外，债券利息可在税前扣除，而股息和红利需在税后利润中支付，这样就使股票筹资的资金成本大大高于债券筹资的资金成本。

②增发普通股需给新股东投票权和控制权，从而降低原有股东的控制权。

(3)政府投资。政府投资资金包括各级政府的财政预算内资金、国家批准的各种专项建设基金、统借国外贷款、土地批租收入、地方政府按规定收取的各种费用及其他预算外资金等。政府投资主要用于基础性项目和公益性项目，如三峡工程、青藏铁路等。

对政府投资资金，国家根据资金来源、项目性质和调控需要，分别采取直接投资、资本金注入、投资补助、转贷和贷款贴息等方式，并按项目安排使用。

3. 筹集项目资本金应注意的问题

(1)确定项目资本金的具体来源渠道。对于一个工程项目来说，资本金是否落实，或者是否到位是非常重要的，因为资本金是否到位，不但决定着项目能否开工，它还是决定其他资金提供者(如金融机构)的资金是否能够及时到位的重要因素。从前述内容可以看出，一个工程项目的资本金可能来自多种渠道，既可能有投资者自己的积累，也可能有政府的拨款、主管部门的投入或通过发行股票而获得等。但作为一个具体的工程项目，其资本金的来源渠道可能是有限的一个或几个。项目的投资者可根据自己所掌握的有关信息，确定资本金具体的、可能的来源渠道。

(2)根据资本金的额度确定项目的投资额。无论是审批项目的政府职能部门，还是提供贷款的金融机构，都要求投资者投入一定比例的资本金，如果达不到要求，项目可能得不到审批，金融机构可能不会提供贷款。这就要求投资者根据自己所能筹集的资本金确定一个工程项目的投资额。

(3)合理掌握资本金投入比例。无论是从承担风险的角度，还是从合理避税、提高投资回报率的角度看，投资者投入的资本金比例越低越好。所以，投资者在投入资本金时，除了满足政府有关职能部门和其他资金提供者的要求外，不宜过多地投入资本金。如果企业自有资金比较充足，可以在项目上多投一些，但不宜全部作为资本金。这样，不但可以相应地减少企业的风险，而且可以提高投资收益水平。

(4)合理安排资本金的到位时间。实施一个工程项目，特别是大中型工程项目，往往需要比较长的时间，短则1～2年，长则2年以上甚至10多年。这就出现了一个项目资本金什么时间到位的问题。一般情况下，一个工程项目的资金供应根据其实施进度进行安排。如果资金到位的时间与工程进度不符，要么会影响工程进度，要么会形成资金的积压，从而增加了筹资成本。作为投资者，投入的项目资本金不一定要一次到位，可以根据工程进度和其他相关因素，安排资本金的到位时间。

三、项目债务筹资

债务资金是项目法人依约筹措并使用、按期偿还本息的借入资金。债务资金体现了项目法人与债权人的债权债务关系，它属于项目的债务，是债权人的权利。债权人有权依约按期索取本息，但不参与企业的经营管理，对企业的经营状况不承担责任。项目法人对借入资金在约定的期限内享有使用权，承担按期付息还本的义务。**常见的项目债务筹资方式有银行贷款、发行债券和融资租赁等。**

1. 银行贷款

银行贷款是指项目法人通过借款合同与银行建立资金借贷关系的筹措方式。

(1)银行贷款的分类。

1)按提供贷款的银行性质可分为政策性银行贷款和商业性银行贷款。政策性银行是指由政府创立、参股或保证的，专门为贯彻和配合政府特定的社会经济政策或意图，直接或间接地从事某种特殊政策性融资活动的金融机构。目前，我国的政策性银行有国家开发银行、中国进出口信贷银行和中国农业发展银行。政策性银行贷款的特点是：贷款期限长、利率低，但对申请贷款的企业或项目有比较严格的要求。商业性银行有中国建设银行、中国工商银行等。从商业银行获得贷款是我国项目建设取得短期、中长期资金的主要方式。国内商业银行贷款手续简单、成本较低。

2)按有无担保可分为担保贷款和信用贷款。担保贷款包括保证贷款、抵押贷款和质押贷款。保证贷款是指按法律规定的保证方式以第三人(即保证人)向贷款人承诺在借款人不能依约偿还贷款时，按约定由其承担一般保证或连带保证责任而发放的贷款；抵押贷款是指按法律规定的抵押方式以借款人或第三人的财产作为抵押物，在借款人不能依约偿还贷款时，由贷款人(即抵押权人)行使抵押物权，即扣留并依法变卖抵押物并优先受偿而发放的贷款；质押贷款是指按法律规定的质押方式以借款人或第三人的动产或权利作为质押物，在借款人不能依约偿还贷款时，由贷款人(即质押权人)行使质押物权，即依法扣留并变卖质押物并优先受偿而发放的贷款。

信用贷款是指仅凭借款人的信用而发放的贷款。信用贷款一般仅贷给那些资信优良的单位。这种贷款银行承担着较大的风险，所以通常要根据借款单位的领导人素质、经济实力、资金结构、履约情况和发展前景等因素评定借款人信用等级，并对借款的合法性、安全性、盈利性等情况进行调查，测定贷款人的风险度。为了降低贷款风险，银行一般要收取较高的利息，并附加一些限制条件。

(2)银行贷款的优缺点。

1)银行贷款的优点。

①筹资速度快。利用银行贷款筹资，一般所需时间较短，程序较为简单，可以快速获得资金。

②借款成本低。借款筹资的利息支出可在所得税前列支，所以可以减少企业实际负担的成本，而且借款属于间接筹资，筹资费用也很少。

③借款弹性较大。在借款时项目法人和银行可就借款时限、额度和利率等进行协商；在用款过程中，企业还可以依据财务情况与银行就期限展期、贷款额度调整等进行再协商。

2)银行贷款的缺点。

①筹资风险较高。借款一般有固定的利息负担和确定的偿付时限，故借款企业的筹资风险较高。

②贷款的限制条件较多。

③筹资数量有限。银行一般对借款人的资质、信用、财务、有无不良贷款等各方面都有严格的限制，各种手续审批都有规范要求。

借款人的借款金额往往会受到银行方的限制，这也往往成为银行控制不良贷款的方式。

2. 发行债券

债券是债务人为筹集债务资金而向债券认购人(债权人)发行的，约定在一定期限以确定的利率向债权人还本付息的有价证券。发行债券是项目法人筹集借入资本的重要方式。

(1)债券的种类。债券的种类很多，主要分类见表9-2。

表 9-2　债券的划分标准与种类

划分标准	种类
按发行方式分	记名债券、无记名债券
按还本期限分	短期债券、中期债券、长期债券
按发行条件分	抵押债券、信用债券
按可否转换为公司股票分	可转换债券、不可转换债券
按偿还方式分	定期偿还债券、随时偿还债券
按发行主体分	国家债券、地方政府债券、企业债券、金融债券

(2)债券筹资的优缺点。

1)债券筹资的优点。

①债券成本较低。与股票的股利相比而言，债券的利息允许在所得税前支付，发行公司可享受税收上的利益，故公司实际负担的债券成本一般较低。

②可利用财务杠杆。无论发行公司盈利多少，债券持有人一般只收取固定的利息，而更多的收益可用于分配给股东或用于公司经营，从而增加股东和公司的财富。

③保障股东控制权。债券持有人无权参与发行公司的管理决策，因此，公司发行债券不会像增发新股那样可能会分散股东对公司的控制权。

④便于调整资本结构。在公司发行可转换债券以及可提前赎回债券的情况下，便于公司主动、合理地调整资本结构。

2)债券筹资的缺点。

①财务风险较高。债券有固定的到期日，并需支付利息，发行公司必须承担按期付息偿本的义务。在公司经营不景气时，也须向债券持有人付息偿本，这会给公司现金流量带来更大的困难，有时甚至导致破产。

②限制条件较多。发行债券的限制条件一般要比长期借款、租赁筹资的限制条件多且严格，从而限制了对债券筹资方式的使用，甚至影响公司以后的筹资能力。

③筹资数量有限。公司利用债券筹资一般受一定额度的限制。多数国家对此都有严格限定。《中华人民共和国公司法》规定，发行公司流通在外的债券累计总额不得超过公司净资产的40%。

3. 融资租赁

融资租赁也称金融租赁或资本租赁，是指不带维修条件的设备租赁业务。融资租赁与分期付款购入设备相类似，实质上是承租者通过设备租赁公司筹集设备投资的一种方式。

在融资租赁方式下，设备(即租赁物件)是由出租人完全按照承租人的要求选定的，所以出租人对设备的性能、物理性质、老化风险以及维修保养不负任何责任。在大多数情况下，出租人在租期内分期回收全部成本、利息和利润，租赁期满后，出租人通过收取名义货价的形式，将租赁物件的所有权转移给承租人。

任务二　工程项目资金成本

一、资金成本的概念与作用

1. 资金成本的概念

资金成本是指建筑企业为筹集和使用资金而发生的代价。在市场经济条件下，任何企业都不能无偿使用资金，必须向资金提供者支付一定数量的费用作为补偿。

资金成本包括用资费用和筹资费用两部分内容。用资费用是指企业在生产经营、投资过程中因使用资金而支付的代价，如向股东支付的股利、向债权人支付的利息等，这是资金成本的主要内容。筹资费用是指企业在筹措资金过程中为获取资金而支付的费用，如向银行支付的借款手续费，因发行股票、债券而支付的发行费等。筹资费用与用资费用不同，它通常是在筹措资金时一次支付的，在用资过程中不再发生。

资金成本可以用绝对数表示，也可以用相对数表示，但在财务管理中，一般用相对数表示，即表示为用资费用与实际筹得资金(即筹资数额扣除筹资费用后的差额)的比率。其通用计算公式如下：

$$资金成本=\frac{每年的用资费用}{筹资总额-筹资费用}\times 100\% \tag{9-1}$$

2. 资金成本的作用

资金成本在许多方面都可加以应用，主要表现在以下几个方面：

(1)资金成本是建筑企业筹资决策的主要依据。资金成本的高低是决定筹资活动的首要因素，因为在不同的资金来源和筹资方式下，资金成本各不相同，为了提高筹资效果，就必须分析各种筹资方式资金成本的高低，并进行合理配置，使资金成本降到最低。

资金成本并不是企业筹资决策中所要考虑的唯一因素。企业筹资还要考虑财务风险、资金期限、偿还方式、限制条件等。但资金成本作为一项重要的因素，直接关系到企业的经济效益，是筹资决策时需要考虑的一个首要问题。

(2)资金成本是评价投资项目的重要标准。建筑企业投资项目的决策通常采用净现值、现值指数和内含报酬率等指标来进行评价。其中，净现值的计算一般就是以资金成本为折现率，当净现值大于0时方案可行，否则方案不可行；而用内含报酬率评价方案的可行性时，一般以资金成本作为基准收益率，当内含报酬率大于资金成本时，说明方案可行，否则不可行。

(3)资金成本可以作为衡量建筑企业经营成果的尺度。当企业投资利润率大于资金成本时，说明经营业绩好。

二、资金成本的计算

1. 个别资金成本

个别资金成本是指各种筹资方式的成本。其主要包括债券成本、银行借款成本、融资租赁成本、优先股成本、普通股成本和留存收益成本，前三者可统称为负债资金成本，后三者统称为权益资金成本。

建筑企业项目资金来源及取得方式不同，其筹资成本也不相同，因此，对于不同来源和方式下的资金，应分别计算其资金成本。

(1)债券筹资成本。 债券利息在税前支付，具有减税效应。债券成本主要是指债券利息和筹资费用。债券的筹资费用一般较高，主要包括申请发行债券的手续费、债券注册费、印刷费、上市费以及推销费用等。

债券的发行价格有等价、溢价、折价三种。债券利息按面额(即本金)和票面利率确定，但债券的筹资额应按具体发行价格计算，以便正确计算债券资金成本。债券筹资成本的计算公式为

$$\text{债券筹资成本}=\frac{\text{年利息}\times(1-\text{所得税税率})}{\text{债券筹资金额}\times(1-\text{债券筹资费费率})}\times 100\% \tag{9-2}$$

【例 9-1】 假设某建筑企业拟发行总面额为500万元的5年期债券，票面利率为10%，发行费费率为4%，企业所得税税率为25%。根据市场环境的不同，企业可能采取平价发行为500万元。则债券的资金成本为

$$\frac{500\times 10\%\times(1-25\%)}{500\times(1-4\%)}\times 100\%=7.81\%$$

(2)银行借款筹资成本。 银行借款筹资成本的计算与债券成本的计算相同。借款利息也在税前支付，但筹资费用一般较低(主要是借款的手续费)。银行借款成本的计算公式为

$$\text{银行借款筹资成本}=\frac{\text{年利息}\times(1-\text{所得税税率})}{\text{银行借款筹资总额}\times(1-\text{银行借款筹资费费率})}\times 100\% \tag{9-3}$$

【例 9-2】 某建筑企业向银行取得借款为100万元，年利率为8.28%，期限为3年，每年付息一次，到期一次还本。筹措这笔借款的筹资费费率为0.3%，企业适用所得税税率为25%。则该项借款的资金成本为

$$\frac{100\times 8.28\%\times(1-25\%)}{100\times(1-0.3\%)}\times 100\%=6.23\%$$

(3)融资租赁筹资成本。 企业租入某项资产，获得其使用权，要定期支付租金，并且租金列入企业成本，可以减少所得税。融资租赁资金成本计算公式为

$$\text{融资租赁筹资成本}=\frac{\text{年租金额}\times(1-\text{所得税税率})}{\text{租赁资产价值}}\times 100\% \tag{9-4}$$

(4)优先股筹资成本。 与债券相同，优先股的股利通常是固定的，这使得优先股筹资成本的计算与债券筹资成本的计算有相同之处。不同的是，优先股无届满期限(在一定意义上可以把优先股看成无期限的债券)；另外，优先股股利是不免税的。优先股筹资成本的计算公式为

$$\text{优先股筹资成本}=\frac{\text{优先股每年的股利}}{\text{发行优先股总额}\times(1-\text{优先股筹资费费率})}\times 100\% \tag{9-5}$$

【例 9-3】 某建筑企业按面值发行100万优先股，发行费用为4%，每年支付股利率10%。则该企业优先股筹资成本为

$$\frac{100\times 10\%}{100\times(1-4\%)}\times 100\%=10.42\%$$

(5)普通股筹资成本。 确定普通股成本通常比确定债务成本及优先股成本更困难些，这

是因为支付给普通股股东的现金流量难以确定，即普通股股东的收益是随着企业税后收益额的大小而变动的。普通股股利一般是一个变动的值，每年股利可能各不相同。而这种变化深受企业筹资意向与投资意向及股票市场股价变动因素的影响。从理论上分析，普通股的资金成本就是普通股投资的必要报酬率，其测算方法一般有三种，即股利折现模型、资本资产定价模型和无风险利率加风险溢价法。

1)股利折现模型。股利折现模型的基本形式是：

$$P_0 = \sum_{t=1}^{n} \frac{D_t}{(1+K_c)^t} \tag{9-6}$$

式中，P_0 为普通股筹资净额，即发行价格扣除发行费用；D_t 为普通股第 t 年股利；K_c 为普通股投资必要收益率，即普通股资金成本率。

运用上面的模型测算普通股筹资成本，因具体的股利政策而有所不同。

①公司采用固定股利政策。如果公司采用固定股利政策，即每年分派固定数额的现金股利，则普通股筹资成本可按下式测算：

$$\text{普通股筹资成本} = \frac{\text{每年固定股利}}{\text{普通股筹资金额} \times (1-\text{普通股筹资费费率})} \times 100\% \tag{9-7}$$

②公司采用固定股利增长率的政策。如果采用固定股利增长率的政策，股利固定增长率为 g，则普通股筹资成本可按下式测算：

$$\text{普通股筹资成本} = \frac{\text{第一年预期年股利}}{\text{普通股筹资金额} \times (1-\text{普通股筹资费费率})} \times 100\% + \text{股利固定增长率} \tag{9-8}$$

【例 9-4】 某公司发行面值总额为 1 450 万元普通股股票，每股面值为 1 元，发行价为每股 2.89 元，下一年的股利率为 28%(按票面金额计算)，以后每年增长 5%。发行完毕，发行费用为实收金额 4 190.5 万元的 6%。则普通股成本为

$$\text{普通股筹资成本} = \frac{1\ 450 \times 28\%}{4\ 190.5 \times (1-6\%)} \times 100\% + 5\% = 15.31\%$$

2)资本资产定价模型。资本资产定价模型的含义可以简单地描述为：普通股投资的必要报酬率等于无风险报酬率加上风险报酬率。可用公式表示如下：

$$K_c = R_f + \beta(R_m - R_f) \tag{9-9}$$

式中，R_f 代表无风险报酬率；R_m 代表市场报酬率或市场投资组合的期望收益率；β 代表某公司股票收益率相对于市场投资组合期望收益率的变动幅度。

【例 9-5】 某公司普通股的系数为 1.20，市场股票平均收益率为 12%，无风险利率为 6%，则该普通股资金成本为

$$\text{普通股资金成本} = 6\% + 1.20 \times (12\% - 6\%) = 13.2\%$$

3)无风险利率加风险溢价法。根据风险和收益相匹配的原理，由于普通股的求偿权不仅在债权之后，而且还次于优先股，因此，持有普通股股票的风险要大于持有债券的风险。普通股股东要求的收益率，应该以债券投资者要求的收益率，也即企业的税前债务成本为基础，追加一定的风险溢价。一般情况来看，通过一段时间的统计数据，可以测算出某公司普通股股票期望收益率超出无风险利率的大小，即风险溢价。无风险利率一般用同期国债收益率表示，这是证券市场最基础的数据。因此，用无风险利率加风险溢价法计算普通股筹资成本的公式为

$$普通股筹资成本=无风险利率+风险溢价 \quad (9\text{-}10)$$

(6)留存收益成本。一般企业都不会把全部收益以股利形式分给股东，所以，留存收益是企业资金的一种重要来源。企业留存收益，等于股东对企业进行追加投资，股东对这部分投资与以前缴给企业的股本一样，也要求有一定的报酬，所以留存收益也要计算成本。留存收益筹资成本的计算与普通股基本相同，但不用考虑筹资费用。

1)在普通股股利固定的情况下，留存收益筹资成本的计算公式为

$$留存收益筹资成本=\frac{每年固定股利}{普通股筹资金额}\times 100\% \quad (9\text{-}11)$$

2)在普通股股利逐年固定增长的情况下，留存收益筹资成本的计算公式为

$$留存收益筹资成本=\frac{第一年预期股利}{普通股筹资金额}\times 100\%+股利年增长率 \quad (9\text{-}12)$$

2. 加权平均资金成本

建筑企业可以从多种渠道用多种方式来筹集资金，而各种方式的筹资成本是不一样的。为了正确进行筹资和投资决策，就必须计算建筑企业的加权平均资金成本。加权平均资金成本是指分别以各种资金成本为基础，以各种资金占全部资金的比重为权数计算出来的综合资金成本。综合资金成本率是由个别资金成本率和各种长期资金比例这两个因素所决定的。各种长期资金比例是指一个企业各种长期资金分别占企业全部长期资金的比例，即狭义的资本结构。其计算公式为

$$加权平均资金成本=\sum(某种资金占总资金的比重\times 该种资金的成本) \quad (9\text{-}13)$$

【例 9-6】 某建筑企业拟筹资为 8 000 万元。其中，按面值发行债券为 2 000 万元，筹资费费率为 2%，债券年利率为 5%；普通股为 6 000 万元，发行价为 10 元/股，筹资费费率为 4%，第一年预期股利为 1.2 元/股，以后各年增长 6%。所得税税率为 25%。计算该筹资方案的加权平均资金成本。

【解】$债券筹资成本=\frac{2\,000\times 5\%\times(1-25\%)}{2\,000\times(1-2\%)}\times 100\%=3.83\%$

$普通股筹资成本=\frac{1.2}{10\times(1-4\%)}\times 100\%+6\%=18.5\%$

$加权平均资金成本=\frac{2\,000}{8\,000}\times 3.83\%+\frac{6\,000}{8\,000}\times 18.5\%=14.83\%$

本章重点

1. 项目融资主体及其融资方式。
2. 项目资本金的筹措和债务筹措。
3. 资金成本的计算。

本章难点

各种筹资方式个别资金成本的计算。

本章课时

6 课时

本章要求

通过本章的学习，学生应掌握项目融资主体及其融资方式；熟悉具体资本金和债务筹资方式；熟悉资金成本的性质、作用；掌握各种个别资金成本计算方式和加权平均资金成本计算。

思考与练习

一、单项选择题

1. 下列各项中，不是既有法人融资的特点的是(　　)。

A. 拟建项目不组建新的项目法人，由既有法人统一组织融资活动并承担融资责任和风险

B. 拟建项目一般是在既有法人资产和信用的基础上进行的，并形成增量资产

C. 由新设项目法人承担融资责任和风险

D. 从既有法人的财务整体状况考察融资后的偿债能力

2. 项目资本金的筹措不包括(　　)。

A. 股东直接投资　　B. 银行贷款

C. 股票融资　　D. 政府投资

3. 项目债务筹资不包括(　　)。

A. 政府投资　　B. 银行贷款　　C. 发行债券　　D. 融资租赁

4. 与资产相关的政府补助，包括先征后返的增值税、按销量或工作量等依据国家规定的补助定额计算并按期给予的定额补贴，以及属于财政扶持而给予的其他形式的补贴等，记作补贴收入，但不列入(　　)。

A. 项目投资现金流量表　　B. 项目资本金现金流量表

C. 投资各方现金流量表　　D. 财务计划现金流量表

5. 资金成本不包括(　　)。

A. 取得资金使用权所支付的费用　　B. 投资的机会成本

C. 筹资费　　D. 资金的使用费

6. 不属于筹资费的是(　　)。

A. 委托金融机构代理发行股票而支付的代理费

B. 从银行贷款而支付的手续费

C. 向股东支付红利

D. 发行债券所发生的费用

二、多项选择题

1. 反映项目偿债能力的指标包括(　　)。

A. 借款偿还期　　B. 投资回收期　　C. 利息备付率　　D. 偿债备付率

E. 财务内部收益率

2. 既有法人融资项目的新增资本金筹集渠道包括(　　)。

A. 原有股东增资扩股　　B. 吸收新股东投资

C. 发行股票　　　　　　　　　D. 社会集资

E. 政府投资

3. 资金筹集费是指在资金筹集过程中支付的各项费用，包括(　　)。

A. 代理发行费　　B. 股票股利　　C. 律师费　　D. 银行借款利息

E. 广告费

4. 企业现金具体包括(　　)。

A. 库存现金　　B. 银行本票　　C. 银行汇票　　D. 商业汇票

E. 各种形式的银行存款

三、思考题

1. 工程项目融资与传统企业融资相比，有哪些区别？

2. 既有法人融资与新设法人融资的特点分别是什么？

3. 筹集项目资本金应注意哪些问题？

4. 股票的种类以及股票筹资的优缺点是什么？

四、计算题

1. 某公司发行一笔期限为 5 年的债券，债券面值为 1 000 万元，溢价发行。实际发行价格为面值的 110%，票面利率为 10%，每年末付一次息，筹资费用率为 5%，所得税税率为 25%。试计算该公司债券筹资成本。

2. 某项目从银行贷款 200 万元，年利率为 8%，在借贷期内每年支付利息两次，所得税税率为 25%，筹资费费率为 1%。试计算该借贷资金的借款成本率。

3. 某公司发行优先股股票，票面价格为 100 元，实际发行价格为 98 元，股息率为 9%，筹资费费率为 1%。试计算该优先股的资金成本率。

4. 某公司拟筹资 5 000 万元，其中按面值发行债券 2 000 万元，票面利率 10%，筹资费费率为 2%；发行优先股为 800 万元，股利率为 12%，筹资费费率为 3%；发行普通股为 2 200 万元，筹资费费率为 5%，预计第一年股利率为 12%，以后每年按 4%递增，所得税税率为 25%。要求：(1)计算债券筹资成本；(2)计算优先股筹资成本；(3)计算普通股筹资成本；(4)计算综合资金成本。

附录

附录 A　复利终值系数表

附表 1　复利终值系数表(F/P, i, n)

n/i	6%	7%	8%	9%	10%	11%	12%
1	1.060 0	1.070 0	1.080 0	1.090 0	1.100 0	1.110 0	1.120 0
2	1.123 6	1.144 9	1.166 4	1.188 1	1.210 0	1.232 1	1.254 4
3	1.191 0	1.225 0	1.259 7	1.295 0	1.331 0	1.367 6	1.404 9
4	1.262 5	1.310 8	1.360 5	1.411 6	1.464 1	1.518 1	1.573 5
5	1.338 2	1.402 6	1.469 3	1.538 6	1.610 5	1.685 1	1.762 3
6	1.418 5	1.500 7	1.586 9	1.677 1	1.771 6	1.870 4	1.973 8
7	1.503 6	1.605 8	1.713 8	1.828 0	1.948 7	2.076 2	2.210 7
8	1.593 8	1.718 2	1.850 9	1.992 6	2.143 6	2.304 5	2.476 0
9	1.689 5	1.838 5	1.999 0	2.171 9	2.357 9	2.558 0	2.773 1
10	1.790 8	1.967 2	2.158 9	2.367 4	2.593 7	2.839 4	3.105 8
11	1.898 3	2.104 9	2.331 6	2.580 4	2.853 1	3.151 8	3.478 5
12	2.012 2	2.252 2	2.518 2	2.812 7	3.138 4	3.498 5	3.896 0
13	2.132 9	2.409 8	2.719 6	3.065 8	3.452 3	3.883 3	4.363 5
14	2.260 9	2.578 5	2.937 2	3.341 7	3.797 5	4.310 4	4.887 1
15	2.396 6	2.759 0	3.172 2	3.642 5	4.177 2	4.784 6	5.473 6
16	2.540 4	2.952 2	3.425 9	3.970 3	4.595 0	5.310 9	6.130 4
17	2.692 8	3.158 8	3.700 0	4.327 6	5.054 5	5.895 1	6.866 0
18	2.854 3	3.379 9	3.996 0	4.717 1	5.559 9	6.543 6	7.690 0

附录B　复利现值系数表

附表2　复利现值系数表(P/F, i, n)

n/i	6%	7%	8%	9%	10%	11%	12%
1	0.943 4	0.934 6	0.925 9	0.917 4	0.909 1	0.900 9	0.892 9
2	0.890 0	0.873 4	0.857 3	0.841 7	0.826 4	0.811 6	0.797 2
3	0.839 6	0.816 3	0.793 8	0.772 2	0.751 3	0.731 2	0.711 8
4	0.792 1	0.762 9	0.735 0	0.708 4	0.683 0	0.658 7	0.635 5
5	0.747 3	0.713 0	0.680 6	0.649 9	0.620 9	0.593 5	0.567 4
6	0.705 0	0.666 3	0.630 2	0.596 3	0.564 5	0.534 6	0.506 6
7	0.665 1	0.622 7	0.583 5	0.547 0	0.513 2	0.481 7	0.452 3
8	0.627 4	0.582 0	0.540 3	0.501 9	0.466 5	0.433 9	0.403 9
9	0.591 9	0.543 9	0.500 2	0.460 4	0.424 1	0.390 9	0.360 6
10	0.558 4	0.508 3	0.463 2	0.422 4	0.385 5	0.352 2	0.322 0
11	0.526 8	0.475 1	0.428 9	0.387 5	0.350 5	0.317 3	0.287 5
12	0.497 0	0.444 0	0.397 1	0.355 5	0.318 6	0.285 8	0.256 7
13	0.468 8	0.415 0	0.367 7	0.326 2	0.289 7	0.257 5	0.229 2
14	0.442 3	0.387 8	0.340 5	0.299 2	0.263 3	0.232 0	0.204 6
15	0.417 3	0.362 4	0.315 2	0.274 5	0.239 4	0.209 0	0.182 7
16	0.393 6	0.338 7	0.291 9	0.251 9	0.217 6	0.188 3	0.163 1
17	0.371 4	0.316 6	0.270 3	0.231 1	0.197 8	0.169 6	0.145 6
18	0.350 3	0.295 9	0.250 2	0.212 0	0.179 9	0.152 8	0.130 0
19	0.330 5	0.276 5	0.231 7	0.194 5	0.163 5	0.137 7	0.116 1
20	0.311 8	0.258 4	0.214 5	0.178 4	0.148 6	0.124 0	0.103 7

附录C 年金终值系数表

附表3 年金终值系数表(F/A, i, n)

n/i	6%	7%	8%	9%	10%	11%	12%
1	1.000 0	1.000 0	1.000 0	1.000 0	1.000 0	1.000 0	1.000 0
2	2.060 0	2.070 0	2.080 0	2.090 0	2.100 0	2.110 0	2.120 0
3	3.183 6	3.214 9	3.246 4	3.278 1	3.310 0	3.342 1	3.374 4
4	4.374 6	4.439 9	4.506 1	4.573 1	4.641 0	4.709 7	4.779 3
5	5.637 1	5.750 7	5.866 6	5.984 7	6.105 1	6.227 8	6.352 8
6	6.975 3	7.153 3	7.335 9	7.523 3	7.715 6	7.912 9	8.115 2
7	8.393 8	8.654 0	8.922 8	9.200 4	9.487 2	9.783 3	10.089 0
8	9.897 5	10.259 8	10.636 6	11.028 5	11.435 9	11.859 4	12.299 7
9	11.491 3	11.978 0	12.487 6	13.021 0	13.579 5	14.164 0	14.775 7
10	13.180 8	13.816 4	14.486 6	15.192 9	15.937 4	16.722 0	17.548 7
11	14.971 6	15.783 6	16.645 5	17.560 3	18.531 2	19.561 4	20.654 6
12	16.869 9	17.888 5	18.977 1	20.140 7	21.384 3	22.713 2	24.133 1
13	18.882 1	20.140 6	21.495 3	22.953 4	24.522 7	26.211 6	28.029 1
14	21.015 1	22.550 5	24.214 9	26.019 2	27.975 0	30.094 9	32.392 6
15	23.276 0	25.129 0	27.152 1	29.360 9	31.772 5	34.405 4	37.279 7
16	25.672 5	27.888 1	30.324 3	33.003 4	35.949 7	39.189 9	42.753 3
17	28.212 9	30.840 2	33.750 2	36.973 7	40.544 7	44.500 8	48.883 7
18	30.905 7	33.999 0	37.450 2	41.301 3	45.599 2	50.395 9	55.749 7
19	33.760 0	37.379 0	41.446 3	46.018 5	51.159 1	56.939 5	63.439 7

附录 D　年金现值系数表

附表 4　年金现值系数表(P/A, i, n)

n/i	6%	7%	8%	9%	10%	11%	12%
1	0.943 4	0.934 6	0.925 9	0.917 4	0.909 1	0.900 9	0.892 9
2	1.833 4	1.808 0	1.783 3	1.759 1	1.735 5	1.712 5	1.690 1
3	2.673 0	2.624 3	2.577 1	2.531 3	2.486 9	2.443 7	2.401 8
4	3.465 1	3.387 2	3.312 1	3.239 7	3.169 9	3.102 4	3.037 3
5	4.212 4	4.100 2	3.992 7	3.889 7	3.790 8	3.695 9	3.604 8
6	4.917 3	4.766 5	4.622 9	4.485 9	4.355 3	4.230 5	4.111 4
7	5.582 4	5.389 3	5.206 4	5.033 0	4.868 4	4.712 2	4.563 8
8	6.209 8	5.971 3	5.746 6	5.534 8	5.334 9	5.146 1	4.967 6
9	6.801 7	6.515 2	6.246 9	5.995 2	5.759 0	5.537 0	5.328 2
10	7.360 1	7.023 6	6.710 1	6.417 7	6.144 6	5.889 2	5.650 2
11	7.886 9	7.498 7	7.139 0	6.805 2	6.495 1	6.206 5	5.937 7
12	8.383 8	7.942 7	7.536 1	7.160 7	6.813 7	6.492 4	6.194 4
13	8.852 7	8.357 7	7.903 8	7.486 9	7.103 4	6.749 9	6.423 5
14	9.295 0	8.745 5	8.244 2	7.786 2	7.366 7	6.981 9	6.628 2
15	9.712 2	9.107 9	8.559 5	8.060 7	7.606 1	7.190 9	6.810 9
16	10.105 9	9.446 6	8.851 4	8.312 6	7.823 7	7.379 2	6.974 0
17	10.477 3	9.763 2	9.121 6	8.543 6	8.021 6	7.548 8	7.119 6
18	10.827 6	10.059 1	9.371 9	8.755 6	8.201 4	7.701 6	7.249 7
19	11.158 1	10.335 6	9.603 6	8.950 1	8.364 9	7.839 3	7.365 8
20	11.469 9	10.594 0	9.818 1	9.128 5	8.513 6	7.963 3	7.469 4

参考文献

[1] 刘晓君．工程经济学[M]．2版．北京：中国建筑工业出版社，2011.
[2] 吴锋，叶锋．工程经济学[M]．2版．北京：机械工业出版社，2015.
[3] 杨庆丰，侯聪霞．建筑工程经济[M]．北京：北京大学出版社，2009.
[4] 全国一级建造师执行资格考试用书编写委员会．建设工程经济[M]．北京：中国建筑工业出版社，2016.